Das Buch der Inquisition

Das Buch der Inquisition

Das Originalhandbuch des
Inquisitors Bernard Gui

Eingeführt und herausgegeben
von Petra Seifert

Übersetzt aus dem Lateinischen
von Manfred Pawlik

Pattloch

Die Deutsche Bibliothek – CIP-Einheitsaufnahme

Bernardus <Guidonis>:
Das Buch der Inquisition : das Originalhandbuch des Inquisitors Bernard Gui / eingeführt und hrsg. von Petra Seifert. Übers. aus dem Lat. von Manfred Pawlik. - Augsburg : Pattloch, 1999
Einheitssacht.: Practica officii inquisitionis <dt.>
ISBN 3-629-00855-0

Umschlaggestaltung: Atelier Höpfner-Thoma, München
unter Verwendung von Eugenio Lucas, Condenado por la Inquisition
Satz: Fotosatz Völkl, Puchheim
Gesetzt aus 11½/15 p. Fairfield light
Druck und Bindung: Bercker, Kevelaer
Printed in Germany

ISBN 3-629-00855-0

Inhalt

Teil 1
Einführung

Teil 2
Das Inquisitionshandbuch des Bernard Gui

Teil 3
Anhang

Teil 1

Einführung

1. Bernard Gui

„Der Abt erwartete uns mit besorgter Miene. Er hielt einen Brief in der Hand.
‚Ich habe ein Schreiben vom Abt von Conques erhalten‘, begann er sogleich. ‚Er teilt mir mit, wem der Papst das Kommando über die französischen Bogenschützen und die Sorge für die Sicherheit seiner Legaten anvertraut hat: Es ist weder ein Kriegsmann noch einer des Hofes, und er wird gleichzeitig Mitglied der pontifikalen Legation sein.‘
‚Ungewöhnliche Mischung verschiedener Tugenden‘, sagte William. ‚Wer ist es denn?‘
‚Bernard Gui.‘
William fuhr auf wie von der Tarantel gestochen und stieß einen heftigen Ausruf in seiner Muttersprache hervor, den weder ich noch der Abt verstanden – was vielleicht auch besser für alle war, denn das kurze Wort, das William da ausrief, zischte recht unanständig.
‚Das gefällt mir gar nicht‘, fügte er rasch hinzu. ‚Bernard Gui war jahrelang die Geißel der Ketzer in Okzitanien, er hat sogar eine Practica officii inquisitionis heretice pravitatis geschrieben, ein Handbuch für alle, die sich bemüßigt fühlen, Waldenser, Beginen, Freigeister, Fratizellen und Dolcinianer zu jagen.‘“

Umberto Eco, Der Name der Rose. Dritter Tag, Vesper

Umberto Ecos Hauptfigur, der Franziskaner William von Baskerville, verbindet mit dem Inquisitor Bernard Gui eine innige, mit subtilen Mitteln ausgetragene Feindschaft. Während William von Baskerville die Morde in einer abgelegenen Benediktinerabtei im Apennin mit Scharfsinn, Gelassenheit und Lebenserfahrung aufklärt und dabei auch noch das teuflisch gutgehütete Geheimnis der Klosterbibliothek lüftet, macht sein Gegenspieler Bernard unermüdlich Hatz auf arme Bauernmädchen, in denen er Gespielinnen des Teufels zu erkennen glaubt, läßt von ihrer Vergangenheit gezeichnete Mönche foltern und stellt unbotmäßigen Franziskanern rhetorische Fallen. Und dies alles mit unerbittlichem Fanatismus, kalter Professionalität und sturem Bürokratismus. Bei Eco kommt Bernard Gui nicht besonders gut weg.

Ganz anders dachten seine Mitbrüder über den Dominikaner Bernard Gui. Sie hätten es gerne gesehen, wenn mit ihm ein weiterer verdienter Bruder heiliggesprochen worden wäre. Sagte man doch Bernard Gui einige Wunderheilungen noch zu Lebzeiten, aber auch posthum und eine Erscheinung kurz nach seinem Tod nach.

Welche historische Persönlichkeit verbirgt sich hinter dem einerseits zur „Geißel der Ketzer", andererseits zum Heiligen stilisierten Ordensmann?

Aufgrund seines hohen Ansehens im Dominikanerorden und als loyaler Kirchenmann ist gut dokumentiert, wann Bernard Gui welche Aufgaben erfüllt hat bzw. mit welchen Ämtern er jeweils betraut war. Über ihn als Person weiß man dagegen verhältnismäßig wenig. Aber das ist für die damalige Zeit auch nicht besonders verwunderlich.

Welcher sozialen Schicht er entstammte, ist nicht bekannt. Sein Name **Bernard Gui** oder **Guidon** gibt auch keine Aufschlüsse darüber, ob seine Familie zum Beispiel zum südfranzösischen Kleinadel gehörte. Der Gebrauch der lateinischen Schreibweise seines Namens, nämlich **Bernardus Guidonis**, ist für einen Angehörigen der Kirche und Gelehrten absolut üblich.

Bernard Gui wurde 1261 oder 1262 in Royère, einer kleinen Ortschaft südlich von La Roche-l'Abeille in der Diözese Limoges geboren. Über seine Eltern ist nichts bekannt. Man weiß nur, daß Bernards Onkel, Bertrand Auterii, Priester war und die Franziskaner sehr verehrte. Er hinterließ Bernard Geld, wovon sich dieser Bücher kaufen sollte.

Zwischen 1266 und 1275 trat Bernard Gui in das Dominikanerkloster in Limoges ein und bekam dort als Novize vom ehemaligen Bischof von Périgueux, Pierre de Saint-Astier, die Tonsur. Der 16. September 1280 blieb für Bernard einer der wichtigsten Tage seines Lebens. An diesem Tag legte er sein endgültiges Ordensgelübde ab, und zwar zwischen die Hände des damals bekannten und hochverehrten Dominikaners Étienne de Salanhac, der auch ein bedeutender Gelehrter war.

Nach der Grundausbildung im Kloster, die er während seines Noviziats genossen hatte, hielt man ihn für fähig, zu studieren und die Laufbahn eines Ordensgelehrten einzuschlagen. Er begann, wie damals üblich, im Grundstudium mit den Fächern Logik und Naturwissenschaften in seinem Kloster in Limoges. Anschließend wechselte er den Studienort und widmete sich in Bordeaux der Philosophie. Im Mittelpunkt dürften Aristoteles und die aktuellen Kommentare der großen dominikanischen Gelehrten Albertus Magnus und Thomas von Aquin gestanden haben. Sie hatten die aristotelische Philosophie für die Ausbildung der Dominikaner für verbindlich erklärt. Den dritten Teil seiner Ausbildung, das Theologiestudium, absolvierte er wieder im Konvent in Limoges, der über sehr gute Lehrer und einen guten Bücherbestand verfügte. Bernard vertiefte in dieser Zeit sein Bibelstudium und las die bedeutende Sentenzensammlung des Petrus Lombardus mit den dazugehörigen Kommentaren und vermutlich auch dessen dogmatisches Kompendium, das bis ins Spätmittelalter absolute Gültigkeit hatte. Für die Dominikaner war das Studium der Theologie vorgeschrieben. Alle Brüder mußten an Theologievorlesungen teilnehmen, und jeder Konvent hatte mindestens einen Lehrer, der Theologie unterrichten konnte. Was darüber hinaus ging, war den jungen Brüdern vorbehalten, denen man zutraute, später verantwortliche Positionen im Orden zu übernehmen. Bernard Gui hielt sich für dieses „Aufbaustudium" zwei bis drei Jahre, von 1289–1291, im Konvent von Montpellier auf, einer Art Eliteschule für den Führungskräftenachwuchs der südfranzösischen Dominikaner. Der dortige Dominikanerorden unterhielt ein Ausbildungszentrum, an dem nur die besten Dozenten lasen, von denen einige sogar an der Universität von Paris gewesen waren. Bernard Gui scheint im Laufe des Studiums an die Grenzen seiner akademischen Möglichkeiten gestoßen zu sein, jedenfalls gehörte er nicht zum dominikanischen Wissenschaftlernachwuchs, der zur Vollendung der Studien an die Universität nach Paris geschickt wurde.

Guis primäre Fähigkeiten sahen seine Vorgesetzten im Orden offensichtlich eher im organisatorischen und administrativen Bereich und darin, seine Kenntnisse an seine Mitbrüder weiterzugeben: Nachdem er bereits 1284–1285 in Brive Lektor, d. h. Lehrer bzw. Dozent für Theologie, gewesen war, wurde er 1291–1292 als Unterlektor in seinem Heimatkonvent in Limoges eingesetzt. Dies war durchaus keine Degradierung, sondern beruhte lediglich auf der unterschiedlichen Größe und Bedeutung der Klöster. Während in kleineren und ärmeren Konventen häufig der Prior die Aufgabe des Lektors mitzuerfüllen hatte, waren bedeutendere Konvente, wie der von Limoges, mit dem Amt eines Lektors und eines Unterlektors ausgestattet.

Anschließend war er zwei Jahre lang Lektor im Dominikanerkonvent von Albi, wurde 1294 als Lektor für die Dominikaner nach Carcassonne berufen, aber gleichzeitig im Alter von erst 33 Jahren zum Prior von Albi gewählt. Dieses Amt hatte er drei Jahre lang inne und hielt während dieser Zeit auch Vorlesungen. Danach war er jeweils drei Jahre Prior des Dominikanerklosters in Carcassonne und Castres. An beiden Konventen war er ebenfalls mehrere Jahre lang gleichzeitig neben seinem Priorat als Lektor tätig. 1305 wurde er schließlich Prior seines Heimatklosters in Limoges.

Bernard Gui scheint ganz dem Ideal eines Dominikaners entsprochen zu haben: gehorsam gegen Gott und die Ordensoberen, verantwortungsbewußt und engagiert in den jeweiligen Ämtern und Aufgaben – eine Stütze des Ordens, vor allem für die administrativen und organisatorischen Aufgaben. Bernard Guis Karriere innerhalb der Ordenshierarchie verlief reibungslos und zügig: Es war für den Führungskräftenachwuchs der Dominikaner üblich, mit etwa 30 Jahren das Studium beendet zu haben und das erste Mal als Lektor bzw. Unterlektor in Erscheinung zu treten. Mit ungefähr 35 Jahren bekam man erstmals das Amt des Priors übertragen, was man pro Konvent im Durchschnitt ein bis maximal drei Jahre innehatte, bevor man zum Prior eines anderen Konvents ernannt wurde. So verbrachte man normalerweise sein halbes Leben in verantwortungsvollen Positionen im Orden, bis man sich mit etwa 60 bis 70 Jahren von den Ämtern zurückzog und sein Leben im Kloster beschloß. Der Traum eines Predigerbruders, wie sich die Dominikaner auch nannten, war es, während der Predigt zu sterben. Bernard Gui starb zwar nicht auf der Kanzel oder am Katheder, aber es war ihm noch vergönnt, den 50. Jahrestag seiner Profeß zu feiern: Er erneuerte 1330 sein Ordensgelübde am damaligen Sitz des Papstes in Avignon und legte es zwischen den Händen des Generalmeisters Barnabé von Verceil ab. Am 30. Dezember 1331 starb Bernard Gui ungefähr 70jährig auf der Burg Lauroux in der Diözese Lodéve und wurde in der Dominikanerkirche von Limoges beigesetzt.

In der Todesnacht Bernard Guis hatte der Prior des Dominikanerkonvents in Limoges eine Erscheinung: Während er im Gebet vertieft war, sah er ein gleißend helles Licht, das vom Platz des Priors ausging, das Chorgestühl überquerte und zum Hochaltar schwebte, um plötzlich wieder zu verschwinden. Dieses Licht wurde später gedeutet als die Seele Bernard Guis, des verdienten Mitbruders und Klostervorstehers von Limoges, die zu Gott eingeht.

Wiewohl sich Dominikaner und Franziskaner als Bettelorden gegründet hatten, war das Selbstverständnis und der Auftrag der Dominikaner jedoch in erster Linie durch ihre Predigt- und Lehrtätigkeit geprägt. Das profunde und engagierte Studium spielte bei ihnen eine wichtige Rolle. Daher ist es nicht verwunderlich, daß die Avantgarde der mittelalterlichen Philosophie und Theologie aus dem Dominikanerorden kam: z. B. Albertus Magnus, der berühmte Kenner der Philosophie des Aristoteles, der Scholastiker Thomas von Aquin und die Mystiker Meister Eckhart, Heinrich Seuse und Johannes Tauler. Allerdings war ein Teil der Schriften Meister Eckharts alles andere als unumstritten, so daß sie von seinen Mitbrüdern, die im Dienste der Inquisition standen, beanstandet und verworfen wurden. Der Dominikanerorden war, anders als der streitbare Zweig der Franziskaner, dem Papst stets treu ergeben, was die Ordensmänner nahezu dazu prädestinierte, als Abgesandte des Papstes, als Legaten, zu fungieren. Außerdem lebte vor allem in der südfranzösischen Ordensprovinz eine Tradition fort, die schon die Brüder der ersten Stunde gepflegt hatten, nämlich die Geschichtsschreibung. Diese beiden Aufgabengebiete spielen in der weiteren Biographie Bernard Guis eine große Rolle.

Der päpstliche Nuntius Bernard Gui

Am 29. Januar 1317 entsandte Papst Johannes XXII. Bernard Gui und dessen Mitbruder Bertrand de la Tour als Botschafter nach Oberitalien, um Frieden zwischen Norditalien und der Toskana zu stiften, was ihnen jedoch nicht gelang. Sie kündigten zwar immer wieder einen Waffenstillstand an, und es kam auch tatsächlich im April 1318 in Asti ein Abkommen über eine Waffenruhe zustande, aber der Konflikt war dadurch nicht gelöst und die kriegerischen Auseinandersetzungen gingen trotzdem weiter. Im Frühjahr 1318 kehrten Gui und de la Tour unverrichteter Dinge an den Sitz des Papstes nach Avignon zurück. Bernard Gui hatte den Italienaufenthalt genutzt, um die Bibliotheken in Bologna, Verona und Reggio zu besuchen und vermutlich eifrig in den dort vorhandenen Handschriften zu schmökern.

Auch bei seiner nächsten Reise in päpstlicher Mission hatte er reichlich Gelegenheit, einer der bedeutendsten Bibliotheken seiner Zeit in Paris einen Besuch abzustatten. Er und Bertrand de la Tour waren am 21. September 1318 damit beauftragt worden, zwischen dem französischen König und dem Herzog von Flandern zu vermitteln. Die Verhandlungen fanden in Paris und Compiègne statt, wurden allerdings bereits am 11. Oktober im Kloster Royallieu mit dem Inkrafttreten eines Friedensabkommens feierlich beendet. Auch hier blieb ein langfristiger Erfolg jedoch aus. Außer diesen beiden Missionen Bernard Guis als päpstlicher Nuntius sind keine weiteren bekannt. Allerdings ist Bernard Gui häufiger am päpstlichen Hof in Avignon, und zwar in seiner Funktion als Generalprokurator des Dominikanerordens. Er übte dieses Amt von 1316 bis etwa 1320 aus und war daher auch am Heiligsprechungsprozeß für Thomas von Aquin beteiligt. 1320 edierte er eine aktuelle Liste der Werke Thomas von Aquins und vervollständigte 1323 eine „Biographie“ über ihn, die er schon 1318 begonnen hatte und die auf der Sammlung Guillaume de Toccos basiert. Anlaß für die Bearbeitung dieser Lebensbeschreibung war die feierliche Heiligsprechung des Thomas von Aquin am 18. Juli 1323, bei der Bernard Gui aller Wahrscheinlichkeit nach anwesend war.

Bischof Bernard Gui

Am 26. August 1323 ernannte Papst Johannes XXII. Bernard Gui zum Bischof von Túy in Galizien. Bemerkenswert ist allerdings, daß der sonst so loyale Dominikaner sich dieser neuen Aufgabe nur sehr zögerlich zuwandte. Es ist nicht sicher, ob er seine Diözese jemals besuchte. Jedenfalls versetzt ihn der Papst, dem er kurz zuvor die ersten beiden Teile seines „Heiligenspiegels“ überreicht hatte, im Sommer 1324 in eine neue Diözese, und zwar nach Lodéve in den Cevennen. Bereits einige Wochen später, am 7. Oktober, zog er feierlich in Lodéve ein und führte kurze Zeit darauf, immerhin schon über 60jährig, mitten im Winter seine Pastoralvisite durch. Am Sonntag, dem 24. März des folgenden Jahres nahm er den feierlichen Treueeid aller 942 erwachsenen männlichen Einwohner von Lodéve entgegen.

Als Bischof verteidigte er seine Rechte gegenüber dem König, indem er beispielsweise im Oktober 1325 die „Synodalstatuten" veröffentlichte und darauf achtete, daß ihm alle seine Vasallen Ehrerbietung erwiesen. Außerdem ließ er fünf Bände aller Rechte des Bischofs von Lodéve edieren. Fünf Jahre nach seinem ersten persönlichen Auftritt in seinem Bischofssitz machte er 1330 seinen zweiten Pastoralbesuch. Es ist anzunehmen, daß er auch als Bischof ein scharfes Auge auf die Rechtgläubigkeit seiner Diözese hatte, denn zwei Jahre bevor er Lodéve übernahm, waren dort Beginen aufgetreten.

Der Geschichtsschreiber Bernard Gui

Während Bernard Gui sich anscheinend weniger für seine Lehrtätigkeit und theologische Fragestellungen begeistern konnte, war er ein leidenschaftlicher Historiker. Seit seinem Priorat in Albi 1297 sammelte er Dokumente, um eine Geschichte des Dominikanerordens zu schreiben. Kurz vor Weihnachten 1304 legte er die fertige Sammlung seinem obersten Vorgesetzten im Orden, dem Ordensmeister der Predigerbrüder, vor. Vor allem seine Mitbrüder befanden, daß dies das schönste historische Werk sei, das je über die Dominikaner geschrieben wurde.

Am 26. Dezember 1307 schickte er den Dominikanerinnen von Prouille seine Zusammenstellung der „ruhmreichen Geschichte des Klosters", das 100 Jahre zuvor als erster Frauenkonvent vom Hl. Dominikus selbst gegründet worden war.

Etwa zeitgleich begann er Material zusammenzutragen für eine

Universalgeschichte, die den Zeitraum von der Geburt Christi bis zur Gegenwart umspannen sollte. Und bereits 1311 fing er mit der Herausgabe seines Werkes, das den Titel „Flores chronicorum" trägt, an und legte es 1316 seinem Ordensmeister vor. Bernard Gui nahm aber in den folgenden 15 Jahren bis wenige Monate vor seinem Tode immer wieder Ergänzungen und Verbesserungen daran vor. Auch sein zweites großes historisches Werk vervollständigte er bis kurz vor seinem Tod. Es handelt sich dabei um das Verzeichnis der Päpste und Kaiser und das Verzeichnis, die Chronik und den Stammbaum der französischen Könige. Trotz des hohen inhaltlichen Anspruchs seiner Werke verstand es Bernard Gui, die jeweiligen Themen kurz und prägnant darzustellen. Bei der Ausstattung seiner Werke war er zudem auf dem allerneuesten Stand: Sie enthalten jeweils alphabetische Stichwortverzeichnisse, was sich erst in der ersten Hälfte des 14. Jahrhundert durchzusetzen begann. Seine historischen Werke müssen sich zudem einer ungeheueren Popularität erfreut haben, was sich an der Zahl der überlieferten Handschriften unschwer erkennen läßt: Von den „Flores chronicorum" sind 48 Handschriften erhalten, von seiner Arbeit über die französischen Könige 50. „Flores chronicorum" scheint auch so etwas wie ein mittelalterlicher „Bestseller" gewesen zu sein: Ein Franziskaner in Lübeck besaß bereits 1325 eine Handschrift, die er während seines Studiums in Paris kennen- und schätzengelernt und später in den deutschen Norden mitgebracht hatte. Wenn man bedenkt, wie aufwendig es war, eine Handschrift herzustellen und wie wertvoll dementsprechend ein solches Werk war, ist dies bemerkenswert. Zumal Bernard Gui selber nie als Dozent oder Professor in Paris war, sondern fast sein ganzes Leben in südfranzösischen Dominikanerklöstern verbrachte. Die Tatsache, daß seine Werke innerhalb kürzester Zeit über Südfrankreich hinaus bekannt wurden, zeigt aber auch, daß es ein ziemlich ausgebautes und gutfunktionierendes Verbreitungsnetz der dominikanischen Literatur über die Konventsbibliotheken in den größeren Städten gegeben haben muß.

Im Rahmen der Lokal- und Ordensgeschichte verfaßte Bernard Gui noch eine ganze Reihe kleinerer historischer Arbeiten, wie etwa jeweils ein Verzeichnis der Bischöfe von Limoges (1315) und Toulouse (1313), von dem es immerhin 22 Handschriften gibt. Von seinem Ordensmeister ermutigt, machte er sich schließlich daran, einen „Heiligenspiegel" in der Tradition des berühmten „Legenda aurea" des Jacobus de Voragine zu schreiben. Bernard Gui verfaßte eine vierteilige Darstellung der Heiligen im Königreich Frankreich unter besonderer Berücksichtigung der Heiligen seiner Ordensprovinz. Die ersten beiden Teile dieses „Speculum sanctorale", das er Papst Johannes XXII. widmete, war 1324 fertig. Fünf Jahre später schloß er das Gesamtwerk ab. Quasi als „Fingerübung" hatte er 1316 eine Sammlung der Heiligen der Diözese Limoges angelegt.

Bernard Gui als Inquisitor und Verfasser der „Practica"

Als Bernard Gui zwischen 1309 und 1323/25 sein Inquisitionshandbuch, die *„Practica (officii) inquisitionis haereticae pravitatis"*, ausarbeitete und herausgab, hatte er bereits einschlägige Erfahrungen als Historiograph und Autor. Die Fähigkeit, prägnant zu formulieren, die seine historischen Werke auszeichnete, ist auch ein Merkmal seines Inquisitionshandbuchs. Es wurde ausschließlich für Inquisitoren zusammengestellt, um ihnen die Untersuchungen zu erleichtern. Bernard Gui beherrschte das Inquisitionsverfahren. Er gibt eine gute und genaue Darstellung des „Procedere" und wägt bewußt Worte und Formulierungen ab. Gerade wenn es um grundsätzliche Fragen geht, wie beispielsweise, ob die auferlegten Sanktionen Bußen darstellen oder Strafmaßnahmen sind.

Da die Entwicklung des Inquisitionsverfahrens zu jener Zeit, als Bernard Gui Inquisitor war, bereits seit mehreren Jahrzehnten abgeschlossen war, änderte sich während der 12 bis 15 Jahre, in denen die „Practica" entstand, nichts Wesentliches. Bei der Auswahl der Themen und der Darstellung der Häresien bezieht sich das Handbuch vor allem auf die Situation in Südfrankreich. Bernard Guis langjährige Erfahrungen als Inquisitor, vor allem in der Diözese Toulouse, dem ehemals berüchtigtem „Ketzernest“, fließen reichlich ein.

Der Aufbau der einzelnen Kapitel folgt im Wesentlichen immer dem gleichen Schema: Zuerst werden die Irrlehren der jeweiligen Sekte und die Lebensweise ihrer Mitglieder dargestellt. Bernard Gui gibt dabei seinen Amtskollegen Kriterien und Merkmale an die Hand, um die einzelnen Ketzergruppen voneinander zu unterscheiden und um Ketzer zu entlarven. Im Unterschied zu einem starren Verhör- und Frageschema differenziert Gui seine Empfehlungen für die Vorgehensweise des Inquisitors im Einzelverhör. Je nach Sektentyp stellt er spezielle Fragen zusammen, erläutert, durch welche Suggestiv- oder Fangfragen der Ketzer in die Enge getrieben wird und der Inquisitor auch bei verschlagenen und widerborstigen Delinquenten, die sich rhetorischer Mittel bedienen, die Oberhand behält. Um herauszufinden, ob ein geständiger Ketzer, der bereit ist, der Häresie abzuschwören, dies nur tut, um seinen Kopf zu retten oder ob er wirklich bereut, empfiehlt Bernard Gui dem Inquisitor differenzierte Verhaltensweisen und psychologisches Gespür. Täuschungsmanöver der Ketzer müssen erkannt und vereitelt werden, denn die Kirche muß sich vor „Wölfen im Schafspelz“ hüten. Ihre Vertreter sind daher verpflichtet, das Gewissen des Delinquenten akribisch zu erforschen und zu insistieren, wenn es darum geht, die „innere Wahrheit“ einer Aussage zu ergründen.

Bernard Gui zeichnet das Bild eloquenter und mit allen Wassern gewaschener Ketzer, die den Inquisitor hinters Licht führen wollen. Ihnen ist nur mit äußerster Wachsamkeit und genauester Kenntnis ihrer Ansichten, Rituale, Gebote und Verbote und vor allem ihrer „Spitzfindigkeiten“ beizukommen. Daher sind auch die Abschwörformeln für jede einzelne Sekte oder Ketzergruppe individuell formuliert. Kein Häretiker soll sich „durchmogeln“ können.

Am 16. Januar 1307 wurde Bernard Gui zum ersten Mal zum Inquisitor von Toulouse ernannt. Er trat allerdings erst ein gutes Jahr später in dieser Funktion offiziell in Erscheinung, nämlich am 3. März 1308. An diesem Tag hielt er in der Kathedrale von Toulouse seinen ersten großen „Sermo" als Inquisitor, in dessen Verlauf die endgültigen Richtersprüche über die Ketzer und diejenigen, die man der Häresie verdächtigte, gesprochen wurden. Für seine erste Amtszeit als Inquisitor (1307/08–1316) sind insgesamt neun „Sermones" belegt, in denen er 536 Urteile fällte. Am 11. September übergab er offiziell sein Amt an den Dominikanerprior von Carcassonne, scheint aber noch vereinzelt als Inquisitor tätig gewesen zu sein. In dieser ersten Amtsperiode konnte er einen seiner größten Erfolge feiern, als er und sein Kollege Geoffrey d'Ablis das Urteil gegen den Katharer Peire Autier verkündeten. Mit Peire Autier war den beiden ein „dicker Fisch" ins Netz gegangen. Zusammen mit seinem Bruder Guilhelm hatte dieser durch zehnjährige intensive Missionstätigkeit der stark vom Zerfall bedrohten Katharerbewegung in Südfrankreich eine letzte Blütezeit beschert.

Nachdem Bernard Gui drei Jahre lang in Toulouse keine Inquisitionsverfahren mehr durchgeführt hatte, nahm er im September 1319 seine Tätigkeit als Inquisitor wieder auf. Jetzt war er allerdings nicht nur für Toulouse, sondern auch für Albi, Carcassonne und Pamiers zuständig. Er war unermüdlich in seiner Provinz zugange. Allein im Herbst 1319 hielt er drei „Sermones", bei denen er 164 Urteile verkündete. Für die Jahre 1321 bis 1323 sind insgesamt sechs „Sermones" bekannt, bei denen er 230mal Recht sprach. Sein letzter „Sermo" ist am 13. Juli 1323 dokumentiert. Aber wahrscheinlich übte er das Amt des Inquisitors noch ein weiteres Jahr aus, da sein Nachfolger erst am 24. Juli 1324 ernannt wurde.

Um beurteilen zu können, welches Verständnis Bernard Gui von seinem Amt als Inquisitor hatte, ob er ein strenger oder ein milder Richter war, ist es notwendig zu wissen, welchen Spielraum er bei den Urteilen hatte und wie das Inquisitionsverfahren normalerweise ablief.

2. Zur Rechtsgeschichte des Inquisitionsverfahrens

Bis sich das Inquisitionsverfahren, das auf Ketzer angewandt wurde, in seiner vorläufig endgültigen Form herausbildete, vergingen etwa achtzig Jahre. Die aktuelle Forschung nennt als „Geburtsjahr“ der Inquisition in Südfrankreich 1231. Dabei wird das Inquisitionsverfahren, die „Inquisitio haereticae pravitatis“ folgendermaßen definiert: „Von ‚Inquisition‘ gegen Ketzer kann demnach nur gesprochen werden (...), wenn ein päpstlich oder später bischöflich ausschließlich zur Ketzerbekämpfung delegierter Richter sich zeitlich nicht begrenzt mit Ketzerverfolgung beschäftigt. Er führt dabei das Ermittlungs- wie das Hauptverfahren bis zum Endurteil selbst und selbständig durch. Bei den Ermittlungen versucht er, mit rationalen Erkenntnismitteln den Sachverhalt festzustellen. Im Verfahren erscheinen „Offizial- sowie Instruktionsmaxime“ (Kolmer, Ad capiendas vulpes, S. 111).

Das bedeutet, daß die obrigkeitlichen Organe sowohl verpflichtet sind, den gesamten Prozeß von Amtswegen durchzuführen („Offizialmaxime“), als auch sich selbst ein Bild über die objektive Wahrheit und die materiellen Tatsachen machen müssen und entsprechend zu handeln haben („Instruktionsmaxime“).

Untersuchungsverfahren, denn nichts anderes sind Inquisitionsverfahren, gab es für viele Delikte. Das Inquisitionsverfahren, das im Zuge der Ketzerverfolgungen angewandt wurde, ist eine Sonderform, die sich aus verschiedenen Elementen des Kirchenrechts und des römischen Rechts zusammensetzt. Ein effektiveres Verfahren zu entwickeln, war nötig geworden, weil vor allem in Südfrankreich und Oberitalien immer mehr Ketzergruppen auftraten. Die Katharer im Languedoc stellten für die Kirche eine Gefahr bisher nie gekannten Ausmaßes dar. In diesen Gegenden scheiterte die Kirche regelmäßig mit den klassischen Mitteln, um Abweichler vom Glauben wieder auf den richtigen Weg zu führen: Argumentation und öffentliche Disputationen wurden aus der Sicht der Kirche bald zu einer äußerst blamablen Angelegenheit, die den Ketzern Gelegenheit gab, ihre argumentative Überlegenheit zu zeigen, wie 1165 in Lombers.

Die Impulse für die rechtliche Verfolgung der Ketzer seitens der kirchlichen und der weltlichen Macht gingen daher auch vom Süden aus. Bei der Ketzerverfolgung arbeiteten Papst, Kaiser und Könige Hand in Hand, was sonst im Mittelalter alles andere als üblich war.

Gegen Ketzer wurde schon seit der Antike rechtlich vorgegangen. Es zeigte sich aber, daß die Rechtsgrundlagen nicht ausreichten, um der Situation im Midi, im Languedoc und in der Lombardei gerecht zu werden. Das Problem bestand darin, Ketzer ausfindig zu machen, Häresiedelikte zu beweisen und das Verfahren möglichst zügig durchzuführen.

Noch in der Mitte des 12. Jahrhunderts wurde nicht systematisch nach Ketzern gefahndet. Das änderte sich erst durch die Beschlüsse des Konzils von Avignon 1209. Im Zuge des Kreuzzuges gegen die Katharer in Südfrankreich (1209–1229) wurden die Bischöfe angewiesen, sogenannte Synodalzeugen einzusetzen, die gezielt in den Gemeinden nach Vorgängen und Umtrieben, Zusammenkünften und dem Auftreten von Erzketzern forschen und dies dann dem Bischof melden sollten. Synodalzeugen waren rechtgläubige, ehrenwerte Männer, die meistens der niederen weltlichen Gerichtsbarkeit angehörten und in der Gemeinde als Autoritätspersonen galten. Bei ihnen liefen alle möglichen Klagen über Mißstände in der Gemeinde ein. Die Aufgabe der Synodalzeugen war es zu beurteilen, welche Vorwürfe berechtigt und ernst zu nehmen waren und welche Beschwerden jeglicher Grundlage entbehrten. Diese Klagen und Beschwerden, aber auch Anklagen gegen bestimmte Personen hatten sie beim sogenannten Sendgericht vorzubringen, das dann zu entscheiden zu hatte. Das Sendgericht setzte sich aus Sendschöffen und dem Sendherrn, meistens dem Bischof der jeweiligen Diözese, zusammen, wobei die Sendschöffen das Urteil fällten und der Sendherr es rechtskräftig verkündete. Die Synodalzeugen wurden nicht von sich aus aktiv, sondern wurden aufgefordert, ihre Beobachtungen und ernstzunehmende Klagen anläßlich der Visitationen des Bischofs als Sendherrn vorzubringen.

1227 bestätigte das Konzil von Narbonne die Beschlüsse von Avignon und ergänzte, daß die Synodalzeugen von nun an eine feste Einrichtung in den Gemeinden sein sollten und dem jeweiligen Priester unterstellt wurden.

Ihr Augenmerk sollte sich ausschließlich auf Ketzerdelikte richten. Ihre Beobachtungen und die Ergebnisse ihrer Recherchen hatten sie bei der zuständigen Gerichtsbehörde vorzubringen. Damit gab es in jeder Gemeinde ein drei- bis vierköpfiges Gremium von Männern, das den Lebenswandel und die Äußerungen der Gemeindemitglieder überwachte und verpflichtet war, auch bereits den leisesten Verdacht auf Häresie weiterzuleiten. Die Verantwortlichen in diesem Verfahren waren nach wie vor die Bischöfe.

Der nächste Schritt erfolgte 1232: Die Synode von Melun erteilte dem Dominikanerorden den Auftrag, die Inquisition in Südfrankreich durchzuführen. Papst Gregor IX. (1227–1241) ernannte ein Jahr später die Dominikaner zu Inquisitoren für Frankreich und die benachbarten Gebiete. Er setzte sie zunächst vor allem in der von Häresie verseuchten Gegend im Languedoc und Midi, dem Gebiet ihrer Ordensprovinz „Provence“, ein. Die Bischöfe sollten durch die Dominikaner von der Zusatzaufgabe der Ketzerverfolgung entlastet werden. Sie sahen darin jedoch einen Eingriff in ihre Rechte. Nach einigem Hin und Her bestätigte der Papst in seiner Bulle vom August 1235 die Zuständigkeit der Dominikaner für ganz Frankreich.

1233 ist demnach das ausschlaggebende Jahr für den Beginn der **päpstlichen Inquisition**. Robert le Bougre war der erste dominikanische Inquisitor, der in Südfrankreich tätig wurde. Er war selber einst Katharer gewesen und rühmte sich, Ketzer, sprich Katharer schon an ihren Gesten zu erkennen. Wie sein Kollege, der erste vom Papst ernannte Inquisitor in Deutschland, Konrad von Marburg, war auch er davon überzeugt, daß die Ausbreitung der Häresie das Werk Satans sei. Dementsprechend engagiert bis fanatisch gingen beide ans Werk. Die neuen Verfahrensmethoden stießen sowohl in Frankreich als auch in Deutschland anfangs auf Widerstand, vor allem in Deutschland empörte sich der Adel gegen Konrads Vorgehen. In Südfrankreich hatten die Albigenserkreuzzüge Wirkung gezeigt. Der Graf von Toulouse, Graf Raimond VII., begehrte zwar anfangs noch auf, schlug sich aber schließlich, durch die politischen Verhältnisse gezwungen, auf die Seite der Inquisition. In den Jahren nach den Kreuzzügen wurden die Diözesen an Bischöfe vergeben, die sowohl Rom als auch dem französischen König treu ergeben waren und die Unterstützung durch die Dominikaner dankbar annahmen.

Der Ruf der Dominikaner, „Spürhunde Gottes" – „domini canes" – zu sein, scheint sich immer wieder bestätigt zu haben. Die Dominikanerinquisitoren waren nicht nur außerordentlich erfolgreich – Robert le Bougre läßt an einem einzigen Tag im Mai 1239 in Mont-Wimer 183 Katharer und Katharerinnen zusammen mit einem katharischen Erzbischof töten –, sondern galten auch als besonders rigoros in ihren Methoden. Der Papst stellte ihnen daher Franziskaner als Kollegen an die Seite. Seit Ende des 13. Jahrhunderts gerieten die Fundamentalisten unter den Minderbrüdern selbst unter Häresieverdacht, so daß die Dominikaner hauptsächlich das Amt der Inquisitoren ausübten. Die Predigttätigkeit, die Förderung der Ausbildung der dominikanischen Theologen und die Tätigkeit im Dienste der Inquisition prägten das Gesicht des Dominikanerordens im 13. und 14. Jahrhundert: Einer der ersten Mitstreiter des heiligen Dominikus, Petrus Seila oder Sellan, war zusammen mit Guillemus Arnaldi der erste Inquisitor von Toulouse. Der Inquisitor Petrus von Verona wurde in Mailand in Ausübung seines Amtes ermordet. Seither verehrte man ihn als Petrus Martyr wie einen Ordensheiligen.

Häresie als Majestätsverbrechen

Die Kirche befand sich bei Häresieverbrechen immer in einem Zwiespalt, mit dem sich schon Augustinus beschäftigt hatte. Einerseits widersprach es dem Selbstverständnis der Kirche, jemanden zum Glauben zu zwingen – an Gott zu glauben war eine freiwillige Entscheidung –, andererseits zog auch schon Augustinus die Möglichkeit in Betracht, wenn es sein muß, gegen Abweichler mit Gewalt vorzugehen. Das primäre Ziel der Kirche war es, die Ketzer zu bekehren. Augustinus interpretierte die Strafmaßnahmen, mit denen der Kaiser gegen die Ketzer vorging, als Strafe, die heilende Wirkung haben sollte und deshalb letztendlich der Umkehr des Sünders diene. Die mittelalterliche Häresiegesetzgebung übernahm diese Sichtweise: Wenn es zwecklos sei, den Ketzer zu überzeugen, müsse Gewalt angewandt werden, um größeren Schaden zu vermeiden. Da die Kirche ihre Hände nicht mit Blut beflecken darf, brauchte man für bestimmte Druckmittel die Hilfe der weltlichen Macht. Diese Kröte war gerade für die mittelalterliche Papstkirche nicht leicht zu schlucken, schließlich kämpfte die Kirche seit der Gregorianischen Reform um ihre Unabhängigkeit vom Kaiser.

Die Päpste und Kaiser des Mittelalters sahen wie die Kaiser der Spätantike in der Häresie zuerst ein Verbrechen gegen das Gemeinwohl und die öffentliche Ordnung: Der Häretiker greift die Ehre Gottes an, Ketzerei ist eine Beleidigung Gottes. Der Kaiser ist der von Gott eingesetzte Repräsentant, der für das Allgemeinwohl zu sorgen hat. Wenn der Ketzer also Gottes Autorität angreift, greift er auch die Autorität des Kaisers an. Damit war Häresie gleichzusetzen mit einem Majestätsverbrechen. Und der Ketzer gefährdete außerdem das Gemeinwohl, das heißt, er beging ein „öffentliches Verbrechen". Seit der Antike stand auf Majestätsverbrechen die Todesstrafe. 407 war gegen die Manichäer, eine spätantike Ketzerbewegung, die Todesstrafe verhängt worden, weil man ihre Häresie als Majestätsverbrechen auffaßte.

1197 erließ König Peter II. von Aragon als erster weltlicher Gesetzgeber Ketzergesetze: Er stellte die Ketzer und ihre Begünstiger mit denjenigen gleich, die Majestätsbeleidigung begingen. Ketzerei greife seine Autorität genauso an wie ein Staatsdelikt. Damit war die Todesstrafe für Ketzer gerechtfertigt. Als Todesstrafe legte er wie die Kaiser der Antike im Falle der Manichäer den Feuertod fest.

1213 versprach Kaiser Friedrich II. dem Papst, ihn bei der Ketzerverfolgung zu unterstützen: Ketzer seien wie Rebellen zu behandeln. Sie lehnen sich gegen den Kaiser auf, wenn sie der christlichen Gemeinschaft den Rücken kehren. Sie begehen ein Majestätsverbrechen, weil der Kaiser der direkte Beauftragte Gottes ist. Wenn sie also gegen Gott rebellieren, rebellieren sie auch gegen den Kaiser. 1224 drohte der Kaiser in den Konstitutionen seines Krönungsgesetzes von 1220 für die Lombardei erstmals den Ketzern die Todesstrafe an. 1231 wird dies in den Konstitutionen von Melfi nochmals präzisiert: Häresie ist ein Verbrechen gegen das Gemeinwohl. Daher darf jeder einen Ketzer anklagen. Das heißt, auch diejenigen, die in anderen Verfahren keine Anklagebefugnis haben wie Meineidige und Kriminelle. Ein Untersuchungsverfahren kann von Staats wegen ohne Kläger eingeleitet werden.

Zwei Jahre zuvor hatte König Ludwig IX. für Frankreich ein Ketzergesetz erlassen, in dem er alle Lehensherren anwies, die Ketzer in ihrem Herrschaftsgebiet aktiv zu verfolgen. Vasallen und königliche Beamte sollen auch ohne vorliegende Anklage in Eigeninitiative nach Ketzern und ihren Begünstigern fahnden. 1229 wird als der Beginn der **weltlichen Inquisition in Frankreich** angesehen. Ludwig unterschied sich von Peter II. von Aragon und Friedrich II. insofern, als er für Ketzerei und ihre Begünstigung als Strafmaß nicht die Todesstrafe, sondern Güterkonfiskation und Verbannung festsetzte.

Papst Innozenz III. hatte 1199 in seiner Bulle „Vergentis" erstmals in einem offiziellen kanonischen Text Ketzerei und Majestätsbeleidigung einander angeglichen. Das gemeinsame Vorgehen von Staat und Kirche gegen die Ketzer wurde bereits 15 Jahre zuvor auf dem Konzil von Verona und in der Bulla „Ad abolendam“ von Papst Lucius III. geregelt.

Der summarische Prozeß

Mit der Einordnung der Häresie als „Verbrechen gegen das Allgemeinwohl“ gehörte es zu jenen Delikten, bei denen das Verfahren so durchgeführt werden muß, daß kein Schaden durch Prozeßverzögerung etc. entsteht. Das hieß auch für das kanonische Recht, daß ein verkürztes Verfahren gefunden werden mußte. Dabei half der Rückgriff auf das römische Recht und auf Elemente des Disziplinarverfahrens gegen Kleriker.

Der sogenannte summarische Prozeß war ein im Vergleich zum herkömmlichen Prozeß beschleunigtes Verfahren, das es einerseits vereinfachte, ein Verfahren zu eröffnen, andererseits die Einspruchsmöglichkeiten des Angeklagten reduzierte, um Verzögerungstaktiken zu vermeiden. Bei Verbrechen wie der Majestätsbeleidigung, die das Gemeinwohl in besonders eklatanter Weise gefährdeten, war ein summarisches Verfahren erlaubt.

Im kirchlichen Bereich hatte bereits Papst Alexander III. (1159–1181) festgelegt, daß bei Disziplinarmaßnahmen ein verkürztes Verfahren angewandt werden könne, weil hier ohnehin nicht nach dem ordentlichen Prozeßverlauf vorgegangen werde. Ziel war es auch hier, einen Skandal zu vermeiden, indem man Formalitäten unterdrückte, die auf eine Verzögerung des Verfahrens hinausliefen. Im kanonischen Recht gründete man sich dabei auf 1 Kor 5,1–5. Paulus empfahl der Gemeinde, beherzt und konsequent zu handeln, was im konkreten Fall den Ausschluß des Delinquenten aus der Gemeinde und seine Auslieferung an die Macht des Satans bedeutete. Dies führe zwar zum „Verderben des Fleisches“, aber der Geist des

Delinquenten werde „am Tage des Herrn gerettet“ werden. Durch diese Maßnahme, die keinerlei Aufschub duldete, sollte ein Skandal und dadurch Schaden von der Gemeinde abgewandt werden, der durch ein langwieriges oder weniger drastisches Verfahren entstanden wäre. Die Kanoniker beriefen sich unter anderem auf die Anweisung des Paulus an die Korinther: „Ich will also nicht Außenstehende richten – ihr richtet ja auch nur solche, die zu euch gehören –, die Außenstehenden wird Gott richten. Schafft den Übeltäter weg aus eurer Mitte!“ (1 Kor 5, 12–13).

Der summarische Prozeß wurde vor allem im Disziplinarverfahren gegen Geistliche, die der Ketzerei angeklagt waren, angewandt. Von daher war der Schritt, dies auf Ketzerprozesse allgemein zu übertragen, nicht allzuweit.

In den beiden päpstlichen Dekretalen „Saepe“ und „Dispendiosam“ von Clemens V. (1304–1314) wurde die Abfolge des Prozesses festgelegt. Ab 1314 war das Verfahren des Ketzerprozesses so ausgebildet, wie es bereits teilweise schon vorher von den Inquisitoren angewandt wurde: Das Verfahren konnte aufgrund eines bloßen Verdachts oder einer Denunziation eröffnet werden. Jeder kann als Zeuge auftreten. Einzige Ausnahme waren nur Todfeinde des Angeklagten. Durch die Beschleunigung des Verfahrens sollte zweifelsfrei und sicherer abgeurteilt werden können.

Der Ermessensspielraum des Richters nahm in dem Maße zu, in dem die Rechte des Angeklagten eingeschränkt wurden. So ging es bei einem „berüchtigten“ oder „überführten“ Ketzer nicht mehr um das Delikt, sondern darum, daß er ein Geständnis ablegte und daß der Urteilsspruch gefällt werden konnte. Es war möglich, „peinlich“ zu befragen, das heißt die Folter anzuwenden.

Jeder, der vor dem Tribunal aussagte, galt de facto als Angeklagter. Vor der Aussage mußte ein Wahrheitseid geleistet werden, das heißt, daß die Angeklagten auch das aussagen mußten, was sie selber belastete. Dies war ursprünglich bei Kloster- und Kirchenvisitationen üblich, um sicher zu sein, daß wirklich alle Mißstände aufgedeckt wurden.

Die Beweismittel

Beim Inquisitionsverfahren gegen Ketzer galt der Grundsatz, daß der Angeklagte seine Unschuld beweisen mußte und sich von der Schuld, das heißt von der Sünde reinigte, indem er ihr abschwor. Im Vergleich zum heutigen Rechtsverständnis wirkt dieses Prinzip nicht besonders gerecht und fortschrittlich. Dennoch war der Inquisitionsprozeß für das Mittelalter ein modernes Verfahren, da es sich auf objektive, rationale Beweismittel gründete: Zeugenaussagen und Geständnisse, ebenso „schwerwiegende Verdachtsmomente" lösten die bis dahin üblichen Methoden der Wahrheitsfindung wie Gottesurteil und Reinigungseid ab.

Während sich in Deutschland das Gottesurteil und der Reinigungseid, deren Wurzeln im germanischen Recht liegen, länger als Beweismittel hielten, griffen die südlichen Länder und die Kirchenrechtler auf römisches Recht zurück. Die Skepsis gegenüber der Aussagekraft von Gottesurteilen nahm zu, bis das 4. Laterankonzil 1215 schließlich den Geistlichen verbot, an Gottesurteilen teilzunehmen oder diese in Kirchen zuzulassen. Bei Ketzereiverfahren mußten Häresieverdächtige noch nach der Mitte des 12. Jahrhunderts ihre Unschuld dadurch beweisen, daß sie ein vorher vom Priester erhitztes glühendes Eisen mit bloßen Händen trugen. Durch den sichtbaren Beistand Gottes sollte der wahre Glaube geoffenbart werden.

Durch den Reinigungseid wurde nicht der Wahrheitsgehalt einer Aussage bekräftigt, sondern die Glaubwürdigkeit einer Person beeidet. Es wurden sogenannte Eideshelfer zugezogen, die beschworen, daß sie der Meinung waren, daß die betreffende Person die Wahrheit sage. Die Eideshelfer traten also nicht als Tatzeugen, sondern als Leumundszeugen auf. Fand der Beklagte nicht genügend Eideshelfer oder wurde die Eidesformel nicht korrekt gesprochen, galt der Eid als mißlungen und die Schuld des Angeklagten als erwiesen.

Auch beim Reinigungseid stellten sich Zweifel an der Beweiskraft ein, so daß mit der Zeit dieses rein formalrechtliche Verfahren veraltete.

In der Rechtsprechung, die auf dem römischen Recht fußte, also vor allem im kanonischen Recht, setzte sich im Laufe des 12. Jahrhunderts das Beweisverfahren durch. Ein Untersuchungsverfahren, das heißt ein Inquisitionsverfahren war ein immenser Fortschritt gegenüber dem formalrechtlichen. Im Strafgerichtsprozeß galten neue Grundsätze. Es wurde beispielsweise ein rationales Verfahren angewandt, um zu einem Urteil zu kommen. Der Täter war zu überführen, und es mußte möglich sein, das Verfahren durch eine übergeordnete Instanz zu kontrollieren. Dies galt prinzipiell auch für das Inquisitionsverfahren, das bei Ketzern zur Anwendung kam.

Mit dem Inquisitionsverfahren und der Sonderform, die die Ketzertribunale praktizierten, hatten die kirchliche und die weltliche Gerichtsbarkeit ein modernes und gleichzeitig bedrohliches Verfahren an der Hand, um Ketzer und Ketzerinnen schnell und im Sinne der kirchlichen und weltlichen Obrigkeit effizient aburteilen zu können.

3. Der Ablauf des Inquisitionsverfahrens

Als Bernard Gui Inquisitor in Südfrankreich war, war das Inquisitionsverfahren ausgebildet und verlief nach einem festen Schema.

Bis zur Ermordung des dominikanischen Inquisitors Guillaume Arnaud und seiner Mitarbeiter 1242 in Avignonet reisten die Inquisitoren durch ihr Einzugsgebiet und erforschten, wie es um die Rechtgläubigkeit der Menschen bestellt war. An einem bestimmten, immer wechselnden Ort ließen sie sich nieder, um die Inquisition durchzuführen. Nach 1242 wurde das Inquisitionstribunal fest in Toulouse und Carcassonne installiert. Die Einwohner weiter entfernter Gemeinden wurden kurzerhand auf Wagen verladen und zum Sitz des Tribunals gebracht.

Zuerst setzte der Inquisitor einen Termin fest, an dem die Gläubigen der Umgegend vor dem Tribunal zu erscheinen hatten. Dann wurden die Ortsgeistlichen beauftragt, ihre Pfarrkinder davon zu unterrichten, daß sie sich an besagtem Termin am Sitz des Inquisitors einzufinden hatten. Erscheinen mußten alle im kirchlichen Sinne Volljährigen, das heißt auch Alte, Kranke, Hochschwangere. Das Kirchenrecht legte fest, daß Mädchen ab 12 Jahren und Jungen ab 14 Jahren als volljährig galten. Damit sich niemand der Inquisition entziehen konnte, wurden Namensregister angelegt. So konnte auch Jahrzehnte später noch überprüft werden, ob jemand schon einmal vor der Inquisition ausgesagt hatte. Diejenigen, die man für besonders verdächtig hielt, wurden namentlich vorgeladen.

Bei seiner Ankunft hielt der Inquisitor eine Glaubenspredigt und kündigte eine Gnadenzeit an, die üblicherweise 14 Tage dauerte, aber nur einmal gewährt wurde. Das heißt, wenn z. B. die Einwohner einer Ortschaft nach einem von einem anderen Inquisititor bestimmten Zeitraum wieder aufgerufen wurden, vor ihm zu erscheinen, gab es keinen Aufschub mehr. Wer sich während dieser Gnadenfrist selbst anzeigte und abschwor, konnte dadurch den schwersten Strafen wie Gefängnis oder Güterkonfiskation entgehen. Alle Anwesenden mußten feierlich ihren Glauben bezeugen und einen Eid leisten, daß sie jeglicher Häresie abschwören, Ketzer nicht unterstützen, sondern sie verfolgen werden.

Die Verhörpraxis

Nach dieser Gnadenzeit trat das Inquisitionstribunal, bestehend aus ein oder zwei Inquisitoren, einem Notar und einem Schreiber, der die Aussagen protokollierte, zusammen, und das eigentliche Verfahren wurde eröffnet. Es bestand aus Einzelvernehmungen.

Das Verfahren konnte auf der Grundlage „schlechten Rufes" eröffnet werden, das heißt aufgrund eines durch keine konkreten Hinweise begründeten Anfangsverdachts. Wenn beispielsweise die Eltern oder Großeltern einer häretischen Gruppe angehörten, stand man bereits ebenfalls im „schlechten Ruf" der Ketzerei. Häufig war dieser „schlechte Ruf" ohnehin nur reine Formsache. In ausgesprochenen Ketzerorten war vermutlich jeder präjudiziert. Die zweite Möglichkeit, in die Mühlen des Inquisitionsverfahren zu geraten, war, daß jemand beim Inquisitor denunziert wurde. Für die Inquisitoren war es günstig, wenn sich möglichst viele in der Zwischenzeit selbst angezeigt hatten, weil sie auf diesem Wege bereits Informationen über andere Ketzer, Komplizen und Unterstützer sammeln konnten. Denn das Verfahren der Selbstanzeige war so angelegt, daß man nicht nur eidlich verpflichtet war, alles über sich selbst auszusagen, auch wenn man sich dadurch selbst belastete, sondern man war auch gezwungen, alles, was man über andere wußte, preiszugeben. Selbstdenunziation war auch immer Denunziation anderer. Wer etwas über andere wußte und dies dem Inquisitor und seinen Mitarbeitern nicht mitteilte, machte sich zudem selbst des Delikts der Begünstigung von

Ketzern schuldig. Wenn er trotzdem schwieg, hatte er auch noch seinen Eid gebrochen. In diesem Klima der Angst konnte sich niemand auf den anderen verlassen. Jeder wurde gezwungen, gegen jeden auszusagen: Kinder gegen die Eltern, der Mann gegen die eigene Ehefrau, der Knecht gegen seinen Herrn. Die sozialen und familiären Bande mußten dem höheren Gut, der Bekämpfung der Häresie, geopfert werden. Manche haben vermutlich diese Gelegenheit auch genutzt, um sich endlich unliebsamer Nachbarn oder des Ehepartners, dessen man überdrüssig geworden war, zu entledigen.

Der Inquisitor hatte während der zweiwöchigen Gnadenzeit eine ganze Reihe von Verdachtsmomenten und Aussagen zusammengetragen, mit denen er den meist völlig überraschten Delinquenten konfrontierte. Normalerweise fing das Verhör ziemlich formelhaft an: Es wurden die Angaben zur Person protokolliert und das Frageschema abgearbeitet. Manchmal erwies es sich auch als klug, auf Fragenkataloge zu verzichten und den Delinquenten einfach reden zu lassen. Der Inquisitor mußte den Verhörten nicht darauf aufmerksam machen, wenn er dabei war, sich um Kopf und Kragen zu reden. Da der Delinquent während des ganzen Verfahrens als „Zeuge" galt, trafen auf ihn die Schutzbestimmungen, die auch im mittelalterlichen Gerichtsverfahren für Angeklagte anzuwenden waren, nicht zu. Im Gegenteil: Jeder hatte am Anfang des Verfahrens ja geschworen, die volle Wahrheit über die Ketzerei und alle Delikte, die damit zusammenhingen, zu sagen. Dieser Eid verpflichtete ihn als „Zeugen", auch gegen sich selbst auszusagen.

Aus dem Zeugen wurde erst dann ein Angeklagter, wenn seine Schuld bereits feststand. Das schlägt sich auch im Sprachgebrauch der Inquisitoren nieder: Bernard Gui spricht erst in der Urteilsverkündung davon, daß jemand angeklagt ist. Wenn jemand, der wegen eines Ketzereidelikts vor dem Inquisitionsgericht stand, nicht sofort geständig war, nahm man an, daß er die Wahrheit verbergen wolle; als Gegenmittel waren daher Suggestivfragen und Fragen zulässig, deren Bedeutung der Delinquent oder die Delinquentin offensichtlich nicht erfassen konnten. Laut Bernard Gui zeichnet sich ein guter Inquisitor beispielsweise durch seine ausgefeilte Fragetechnik aus. Guis Erfahrung nach kann man selbst verstockte „Zeugen" durch Fangfragen dazu bringen, sich in Widersprüche zu verwickeln und schließlich die Wahrheit zu gestehen. Fangfragen seien auch ein probates Mittel gegen die „Spitzfindigkeiten" der Ketzer.

Der Inquisitionsprozeß brauchte nicht nur eine Beweisführung, sondern Ziel des Inquisitors in seiner Funktion als Beichtvater war es auch, den Delinquenten dazu zu bewegen, seine Schuld einzusehen, zu gestehen und zu bereuen. Das Geständnis des „Zeugen" oder der „Zeugin" war damit nicht nur als Beweismittel, sondern auch als erster Schritt zur Umkehr wichtig. Bernard Gui meint, daß sich ein weiser Inquisitor auch Zeit lassen könne, bis sich der „Zeuge" bereitfinde, „freiwillig" zu gestehen. Selbst wenn das Geständnis unter dem Druck der Beugehaft oder der Folter als Zwangsmittel zustande kam, war es trotzdem noch „freiwillig". Der Einsatz der Folter scheint jedoch auch im 14. Jahrhundert zumindest in Südfrankreich mehr die Ausnahme als die Regel gewesen zu sein. Bernard Gui spricht nur an einer Stelle, bei den Beginen, davon, daß er jemand foltern ließ und Essensentzug und Kerker als Druckmittel einsetzte. Rein rechtlich konnte die Folter z. B. immer dann eingesetzt werden, wenn nur Indizien vorlagen oder es nicht mindestens zwei Zeugen gab, die Aussagen gemacht hatten, die sich inhaltlich entsprachen. Außerdem durfte auch prinzipiell nur einmal gefoltert werden. Dies ließ sich aber leicht umgehen, wie später vor allem die Hexenprozesse zeigen, in dem man die Tortur nicht beendete, sondern nur „unterbrach".

Meistens scheint die „peinliche Befragung", wie die Folter umschrieben wurde, auch gar nicht nötig gewesen zu sein. Die Verhältnisse in den Kerkern, in denen die „Zeugen" die Beugehaft verbrachten, waren so schrecklich, daß die „Zeugen" gerne redeten. Und selbst in Gefängnissen, in denen die Gefangenen gewisse Erleichterungen hatten und sich z. B. in Gemeinschaftsräumen treffen konnten, erfüllte die Untersuchungshaft ihren Zweck: Oft fand sich ein

Freiwilliger, der den Inhalt der Gespräche, die er von den Inhaftierten mitbekam, dem Inquisitor zutrug.

War jemand erst einmal in den Fängen der Inquisition, war es kaum möglich, ihr wieder unbeschadet zu entkommen. Die Verteidigungsmöglichkeiten waren äußerst begrenzt. Zu den Zeiten, als Bernard Gui als Inquisitor tätig war, wurden den Delinquenten weder die Inhalte der Aussagen, die sie belasteten, noch die Namen der Belastungszeugen genannt. Nachdem es zu Übergriffen auf Denunzianten gekommen war, traf man diese Entscheidung zu ihrem Schutz. Anders als bei anderen Prozeßverfahren konnte jeder als Zeuge auftreten, also auch Kriminelle, Meineidige und sogar Frauen. Frauen standen üblicherweise in Rechtsangelegenheiten unter der „Munt" ihres Vaters oder Mannes und hatten so gut wie keine eigenständigen Rechte in einem Verfahren. Lediglich Todfeinde schieden auch als ernstzunehmende Zeugen im Inquisitionsprozeß aus. Aber auch hier ruhte die Beweislast auf den Schultern des Angeklagten. Er mußte nachweisen, daß die belastende Aussage von einem seiner Todfeinde stammte. Da er aber die Namen der Zeugen und ihre Aussagen nicht kannte, war dies schier unmöglich.

Auch ein Außenstehender, wie beispielsweise ein Anwalt, konnte dies kaum tun, da sich ein Advokat, der jemanden in einem Ketzerprozeß verteidigte, selbst schuldig machte. Gelang seine Verteidigung nicht, wurde er als Begünstiger der Ketzerei angeklagt. Ein Verteidiger mußte allerdings dann zugelassen werden, wenn der oder die Beklagte dreimal geleugnet hatte, die ihm oder ihr zur Last gelegte Tat begangen zu haben. Das einzige, was auch in diesem Fall der Verteidiger für seinen Mandanten oder seine Mandantin herausholen konnte, war eine Strafminderung. Im Inquisitionsverfahren gab es für diejenigen, die einmal angeklagt waren, keinen Freispruch. Man konnte bestenfalls auf mildernde Umstände wie Unzurechnungsfähigkeit plädieren. Wenn dies alles nichts half, gab es zumindest die theoretische Möglichkeit, an den Papst zu appellieren. Dies mußte jedoch noch vor der Verkündung des Urteils geschehen und war auch mit Kosten verbunden, so daß dies für ärmere Angeklagte nicht in Frage kam. Wenn jemand etwas unternehmen wollte, um seine Unschuld zu beweisen, und dazu aus dem Gewahrsam der Inquisitoren genommen werden wollte, mußten seine Verwandten eine Bürgschaft hinterlegen. Damit sollte verhindert werden, daß der Delinquent floh. Setzte er sich trotzdem ab, wurden diejenigen, die für ihn gebürgt hatten, ins Gefängnis geworfen und wegen Begünstigung eines Ketzers verurteilt. Durch die Flucht wurde aus einem Häresieverdächtigen automatisch ein überführter Ketzer.

Dem Zwang, andere noch lebende, möglicherweise unschuldige Personen zu belasten, konnte man nur dadurch entgehen, daß man ausschließlich Aussagen über Verstorbene oder schon als Ketzer Verurteilte machte. Eine andere Möglichkeit war, daß man Gedächtnislücken vorschützte oder daß die gesamte Gemeinde konsequent schwieg. Falschaussagen zu machen, war hingegen kein probates Mittel, weil alle Aussagen dokumentiert wurden und ein Vergleich verschiedener Aussagen oder Geständnisse Lügen aufdeckte. Die Dokumentation der Prozesse, die Archivierung und der Austausch der Prozeßakten funktionierten mittlerweile so gut, daß z. B. jemand aufgrund einer Aussage, die er in einer anderen Diözese vor Jahrzehnten gemacht hatte, zur Verantwortung gezogen werden konnte. Denn Ketzerdelikte verjährten nicht.

Am Ende des Verhörs hatte der Delinquent entweder gestanden, war überführt worden oder leugnete nach wie vor, sich der Ketzerei schuldig gemacht zu haben, und war nicht bereit einzusehen, daß seine Ansichten und Handlungen ketzerisch waren. Er wurde in jedem Fall aufgefordert, öffentlich der Häresie abzuschwören und sich zu verpflichten, die Bußen bzw. Strafen, die ihm vom Inquisitionsgericht auferlegt wurden, anzunehmen und zu erfüllen. Der Delinquent blieb bis zum Endurteil darüber im Ungewissen, welcher Art die Bußen oder die Strafmaßnahmen sein würden. Bestand keine unmittelbare Fluchtgefahr, wurde er bis zur Urteilsverkündung auf freien Fuß gesetzt. Er oder seine Verwandten mußten jedoch mit ihrem ganzen Besitz dafür bürgen, daß er zum festgesetzten Zeitpunkt vor dem Tribunal erschien.

Die Urteilsfindung

Zur Urteilsfindung sollten sich die päpstlichen Inquisitoren mit dem zuständigen Bischof und einem Gremium aus Laien und Klerikern beraten und sich vor der endgültigen Formulierung des Urteils mit dem Bischof abstimmen. Anfangs war dies reine Formsache, wurde aber anscheinend ab etwa 1271 ernster genommen. In Südfrankreich war es Vorschrift, daß die Bischöfe nur bei der Verhängung von Gefängnisstrafen oder der Auslieferung an den weltlichen Arm, also der Todesstrafe hinzuzuziehen seien. Bernard Gui empfand offensichtlich selbst dies als unzulässigen Eingriff in seine Autorität als Richter. Grundsätzlich hatten die Bischöfe die Urteile bei ihrer Verkündung „abzusegnen".

Das Urteil bezog sich beim Inquisitionsverfahren nicht auf eine bestimmte Tat, die jemand begangen hatte, sondern das Verbrechen bestand in seiner Haltung, die auch im Verlauf des Prozesses erkennbar geworden war. Davon hing es ab, wie schwer die Buße oder die Strafe war, die der oder die Angeklagte auferlegt bekam.

Die Urteilsverkündung

Die jeweiligen Endurteile wurden den Angeklagten nicht einzeln mitgeteilt, sondern in einer feierlichen Zeremonie öffentlich verkündet. Ähnlich wie zu Beginn des Verfahrens mußten sich das Volk und die Geistlichen versammeln. Als Termin wurde in der Regel ein Sonntag festgelegt. Die Schuldigen wurden herbeizitiert und mußten sich meistens an einem bestimmten Ort aufstellen, vermutlich so, daß sie etwas abseits von der übrigen Gemeinde, aber dennoch gut sichtbar waren.

Am Anfang der Zeremonie, dem „Sermo“, sprach der Inquisitor ermahnende Worte. Dann wurden die Beamten des Landesfürsten oder der Kommune vereidigt. Sie verpflichteten sich, Gott und der Kirche gehorsam zu sein, Ketzer nicht zu begünstigen, auch nicht in der eigenen Familie zu dulden, statt dessen Ketzer zu verfolgen und zu fangen. Der Inquisitor verlas daraufhin die einzelnen Vergehen und verkündete hierarchisch geordnet die eigentlichen Urteile.

An erster Stelle standen die Begnadigungen, z. B. die Haftentlassungen oder die Umwandlung einer Haftstrafe in „leichtere Bußen“. Es folgte die Aufhebung der Exkommunikation und die Verkündung der sogenannten leichteren Bußen. Zu ihnen zählte das Markieren der Kleidung mit gelben Kreuzen. Diese mußten immer sichtbar sein und durften erst wieder abgenommen werden, wenn die Zeit der Buße erfüllt war. Größe und Form der Kreuze waren genau festgelegt: Ein Kreuz war vorne in Brusthöhe anzubringen, das andere am Rücken zwischen den Schultern. Jeder Kreuzarm mußte drei Finger breit und etwa 20 Zentimeter lang sein. Der Stoff in der Schandfarbe Gelb wurde vom Inquisitionstribunal zur Verfügung gestellt. Diese Form der Buße wurde am häufigsten ausgesprochen. Doch ging mit dieser scheinbar „leichten“ Buße die soziale Ausgrenzung der Betroffenen einher. Als „Gezeichneter“ oder „Gezeichnete“ stand man am Rande der mittelalterlichen Gesellschaft und war dem öffentlichen Spott ausgeliefert.

Als weitere Buße verhängten die Inquisitoren Pilgerfahrten zu lokalen Wallfahrtsorten, nach Compostela oder ins Heilige Land. Dies war häufig noch verbunden mit bestimmten Bußübungen wie Selbstgeißelungen oder der Auflage, den Weg z. B. zur nächsten Wallfahrtskirche barfuß oder auf Knien zurückzulegen. Fahrten ins Heilige Land waren in den meisten Fällen eine Art „Himmelfahrtskommando“. Die Betroffenen versuchten daher, diese Buße „umwandeln“ zu lassen. Voraussetzung, um mit diesen „leichten Bußen“

noch verhältnismäßig glimpflich davonzukommen, war, daß man sich entweder selbst angezeigt hatte oder sofort gestanden und sich rückhaltlos der Kirche unterworfen hatte – und damit bereit war, als reuiger Sünder Buße zu tun.

Strenggenommen waren auch Gefängnisstrafen noch Bußen, weil der Verurteilte immer noch die Chance hatte, sich dadurch zu bessern.

Man unterschied drei Schweregrade der Haft: Bei der „mildesten" der Gefängnisstrafen, dem „einfachen Kerker" („murus largus") waren die Verurteilten in Gemeinschaftsräumen untergebracht. Die nächst schlimmere Form der Haft, der „murus strictus", bedeutete, daß man in einer Einzelzelle eingesperrt war, bei „murus strictissimus" wurde man zusätzlich noch angekettet. Hartnäckige, überführte Ketzer und Ketzerinnen wurden meistens zu lebenslanger Kerkereinzelhaft in Ketten verurteilt. Das gleiche galt für Personen, die sich nicht binnen Jahrespflicht von der Exkommunikation befreien konnten. Ketzer, die im letzen Augenblick, quasi im Angesicht des bereits lodernden Scheiterhaufens, gestanden haben, konnten zu lebenslanger Einzelhaft in Ketten „begnadigt" werden.

Papst Gregor IX. bestimmte 1231, wie die Gefängnisse auszusehen hatten: Die Einzelzellen mußten dicke Mauern haben, statt eines Fensters war eine Öffnung in der Decke anzubringen, von wo aus dem Gefangenen Lebensmittel heruntergelassen werden konnten. Als es am Anfang des 13. Jahrhunderts zu wenige Gefängnisse gab, war es zumindest den Reichen noch möglich, sich selbst oder seine Angehörigen freizukaufen, sofern keine Fluchtgefahr bestand.

Hartnäckige, rückfällige Ketzer und solche, die geflohen waren, wurden als „infam" erklärt. Das heißt, daß sie auf Lebenszeit keine öffentlichen Ämter mehr bekleiden durften, es ihnen verboten war, ein Erbe anzunehmen oder den eigenen Besitz zu vererben. Das frei werdende Gut wurde aufgeteilt, wobei ein Gutteil an den französischen König fiel.

Diese Strafe betraf natürlich auch die Angehörigen des Verurteilten, die Ehepartner, Kinder und Enkel.

Hartnäckige und rückfällige Ketzer wurden darüber hinaus mit der Konfiszierung aller ihrer Güter bestraft. Um diese Strafe auszuführen, war die Kirche auf den weltlichen Arm angewiesen. In Südfrankreich war das die Aufgabe der „ballis", königlicher oder herrschaftlicher Amtsträger, die die sogenannte niedere Gerichtsbarkeit ausübten. Wollten z. B. die Kinder verhindern, auf diese Weise ihre Existenzgrundlage zu verlieren, blieb ihnen kein anderer Weg, als ihre eigenen Eltern anzuzeigen, dann blieb ihnen zumindest der dritte Teil des Besitzes des Enteigneten, der jedem Denunzianten zugesprochen wurde.

Anschließend wurden Strafmaßnahmen gegen Verstorbene ausgesprochen: Tote Ketzer wurden entweder „nur" exhumiert, damit sie nicht in geweihter Erde lagen, oder ihre Gebeine wurden als verschärfte Maßnahme auch noch verbrannt. In beiden Fällen mußten die Verstorbenen öffentlich zu Häretikern erklärt werden, wobei ihren Angehörigen zuvor die Möglichkeit eingeräumt werden mußte, sie zu verteidigen.

Am Ende der Hierarchie stand die härteste aller Strafen, die verhängt werden konnte, die Todesstrafe, das heißt, die Verbrennung bei lebendigem Leib auf dem Scheiterhaufen. Die Verurteilten wurden der weltlichen Gerichtsbarkeit zur Vollstreckung übergeben. Kein Mann der Kirche durfte Waffen tragen, denn es galt der Grundsatz, daß die Kirche ihre Hände nicht mit Blut befleckt. Es wurde auch nicht zum Tode verurteilt, sondern zur Auslieferung an die Staatsmacht, was aber de facto Todesstrafe bedeutete. Dem weltlichen Arm wurden hartnäckige Ketzer und diejenigen übergeben, die zur Verkündigung des Endurteils nicht erschienen waren, obwohl sie am Ende des Verhörs geschworen hatten, sich der Kirche zu unterwerfen und die auferlegten Bußen anzunehmen und zu erfüllen. Als rückfällige Ketzer galten diejenigen, die mindestens einmal wegen Ketzerei verurteilt worden waren, ihre Abschwörung rückgängig gemacht hatten oder die Abschwörung und Bekehrung zumindest in den Augen der Inquisitoren nur vorgetäuscht hatten. Sie wurden ab dem 14. Jahrhundert in zunehmendem Maße zum Tode verurteilt. Von den 31 Angeklagten, die Bernard Gui zwischen 1307 und 1319 „dem weltlichen Arm“ übergab, waren 27 rückfällige Ketzer.

Kleriker, die als Ketzer verurteilt wurden, wurden zuvor noch degradiert.

Häuser, in denen Ketzer gelebt hatten oder auch nur kurzfristig beherbergt waren, wurden zerstört, wenn sie Privatbesitz waren, oder gingen an den Lehnsherrn zurück.

4. Die Katharer

Die massive Ausbreitung der Katharer vor allem im Languedoc gab den Ausschlag, um wirkungsvollere Methoden als öffentliche Disputationen zur Bekämpfung der Häresie einzusetzen. Die Kirche holte mit den sogenannten Albigenserkreuzzügen zum großen Schlag gegen die Katharer aus. 20 Jahre lang wüteten christliche Kreuzfahrer in einem christlichen Land. Die kirchlichen Oberbefehlshaber der Kreuzfahrer quälten sich nicht lange mit unnötigen Bedenken. Auf die Frage, ob bei der Erstürmung Béziers im Juli 1209 nicht doch Rücksicht auf die Rechtgläubigen in der Stadt zu nehmen sei, soll der geistliche Führer der Kreuzfahrer, der Kardinallegat und Abt von Citeaux Arnaud-Amaury, geantwortet haben: „Tötet sie alle, denn der Herr kennt die Seinen!"

Die Grundzüge der katharischen Lehre

Die Katharer waren für die katholische Kirche der Inbegriff der Erzketzer. In ihnen sah man die Wiedergeburt der ursprünglichen persischen Religion der Manichäer, die ihre Bezeichnung ihrem Religionsstifter Mani verdankt. Mittelalterliche kirchliche Autoren nannten die Katharer daher auch „Manichäer" oder „Neumanichäer". Die Lehre der Manichäer des 4. Jahrhunderts war ebenfalls keine Neuschöpfung. Ähnliche Ansätze gab es bereits seit dem frühen Christentum in der sogenannten „Gnosis" im 1. und 2. Jahrhundert. So unterschiedlich die Lehre der Gnostiker, Manichäer und Katharer im einzelnen auch war, das Kennzeichen aller drei Häresien war der Glaube, daß es einen guten und einen bösen Gott gibt und daß die beiden „Götter" jeweils eine gute und eine schlechte Welt erschaffen hatten.

Alle drei Richtungen entwickelten einen eigenen Schöpfungsmythos bzw. eine eigene Kosmologie. Ihr Welt-, Gottes- und Menschenbild unterschied sich deutlich von dem der Kirche: Diese schlechte, unvollkommene irdische Welt, wie sie täglich erlebt wurde, konnte nicht die Schöpfung eines guten, gerechten und vollkommenen Gottes sein. Die Gnostiker lösten das Problem, indem sie sich einen guten Gott und den sogenannten Demiurgen vorstellten. Dieser Demiurg war der wirkliche Schöpfer der irdischen Welt. Er gehörte zwar noch zur göttlichen Sphäre, war aber böse. Die Manichäer hatten eine eigene höchst komplexe Kosmologie, in der es von Ewigkeit an zwei Reiche oder Prinzipien gab: das friedvolle Reich des Lichts und das Reich der Finsternis, das von einem tiergestaltigen „König der Finsternis" regiert wurde. Er steht für alles Schlechte und Böse und will sich das Lichtreich einverleiben. Bei diesem Kampf um die Vorherrschaft wird die „lebendige Seele" vom Fürsten der Finsternis verschlungen.

Auf welchem Weg orientalische dualistische Lehren nach Europa kamen, ist bisher noch nicht geklärt. Vermutlich spielten dabei die Handelsbeziehungen und die Kreuzzüge eine wichtige Rolle. Ein direkter Einfluß der Manichäer auf die Katharer kann jedoch ausgeschlossen werden. Das „Virus" dualistischer Lehre kam über den Umweg des Byzantinischen Reiches, vor allem über Bulgarien nach Südfrankreich und Oberitalien. Dort gab es etwa seit dem 10. Jahrhundert die sogenannten Bogomilen. Sie beriefen sich auf Bibelstellen, die sie im Sinne des dualistischen Weltbildes deuteten, und hatten angesichts des desolaten Klerus eine ausgeprägte antiklerikale Haltung. Die Bogomilen hielten sich für die „guten Christen" und lehnten den Klerus, die offizielle Lehre und die Liturgie der Kirche ab.

Auch die Bogomilen versuchten sich zu erklären, wie das Böse in die Welt gekommen war. Sie glaubten, daß zwei Prinzipien existieren, ein gutes und ein schlechtes. Dem schlechten Prinzip war die irdische Welt zuzuordnen. Sie war die Schöpfung des Teufels, und „gute Christen" mußten sich nach Mt 6,24 entscheiden, ob sie Gott oder dem Mammon, das heißt dem Teufel, dienen wollten. Die Konsequenz der Bogomilen war, daß sie sich all jener Dinge und Handlungen enthielten, die schmutzig und unrein waren.

Ähnlich wie bei den Katharern gab es bei den Bogomilen einen radikalen und einen gemäßigten Flügel. Im radikalen Dualismus existieren Gott und Satan gleichrangig nebeneinander. Für die gemäßigten Dualisten war Satan der mißratene Sohn Gottes. Als Belegstelle zogen sie das Gleichnis vom verlorenen Sohn (Lk 15,11–32) heran.

Einig waren sich beide Richtungen darin, daß der Körper zur irdischen Welt, das heißt zur Schöpfung des Satans, gehörte und daß die Seele im Körper gefangen sei. Christus konnte daher ihrer Meinung nach nur einen Scheinleib gehabt haben. Er war nicht wirklich als Mensch geboren. Maria konnte daher auch nicht die Gottesgebärerin sein. Folglich lehnten sie den Marienkult ab, ebenso generell die Verehrung irdischer Bilder und Symbole. Die Bogomilen weigerten sich, das Kreuz Christi zu verehren, weil es als Marterwerkzeug Zeichen für das Böse in der Welt war. Die Wassertaufe war für sie indiskutabel, denn durch die Taufe mittels eines materiellen Stoffes verunreinigte man sich.

In der Lebensweise und im Ritus gibt es deutliche Parallelen zwischen Bogomilen und Katharern, wobei nicht eindeutig geklärt ist, wer wen beeinflußte. Es kamen nicht nur Bogomilen über die Handelsstraßen, die von Konstantinopel nach Italien und Frankreich führten, nach Westen, sondern italienische und südfranzösische Katharer flohen auch im 13. Jahrhundert vor der Inquisition bis nach Bosnien. Ähnlich wie bei den Katharern kannten die Bogomilen einen Aufnahmeritus, der aus Anhängern und Sympathisanten „Eingeweihte" und „Auserwählte" und damit vollgültige Mitglieder der bogomilischen Kirchen machte. Die Seele eines „Auserwählten" stieg nach dessen Tod in den Himmel empor.

Die Bogomilen praktizierten Askesevorschriften, durch die jegliche Verunreinigung durch „Zeugungsprodukte" möglichst zu vermeiden sei: Sie verzichteten beispielsweise auf Wein, Fleisch, Milch und Milchprodukte sowie Eier. Sexuelle Handlungen waren absolut tabu. An diese Askesepraktiken hatten sich bei den Katharern alle zu halten, die das „Consolamentum", so hieß der katharische Aufnahmeritus, empfangen hatten.

Um 1167 ist eine Begegnung zwischen Niketas, einem Gemeindevorsteher der Bogomilen, und Markus, dem Diakon der lombardischen Katharer, bezeugt. Beide trafen sich auf dem Katharerkonzil von St.-Felix de Caraman, einer Zusammenkunft süd- und nordfranzösischer und lombardischer Katharerbischöfe. Dieses Konzil fand zu einem Zeitpunkt statt, als sich die italienischen und französischen Katharer im Entscheidungsprozeß befanden, welcher Spielart des Dualismus sie sich erschließen sollten. Während die südfranzösischen Katharer zum radikalen Dualismus tendierten und dieser Richtung auch im wesentlichen treu blieben, kam es in Italien immer wieder zu Konflikten und Unstimmigkeiten, ob man sich für den gemäßigten Dualismus, den „Ordo bulgariae", den radikalen Weg des „Ordo drugonthiae" oder eine Mischform aus beiden entscheiden sollte.

Das Hauptproblem der byzantinischen Kirche mit den Bogomilen und der römischen Kirche mit den Katharern war, daß sie es in beiden Fällen mit einer Gegenkirche, die eine eigene Lehre vertrat, zu tun hatte. Der Kernpunkt dieser Lehre war, daß Gott der Schöpfer des Himmels und der Teufel der Schöpfer der irdischen Welt war, und jeder Mensch auf Erden in der Hölle lebte. Die Katharer waren folglich sowohl gegen die Szenarien des Fegefeuers und der Höllenstrafen als auch gegen den Erlösungsweg, den die christliche Lehre anbot, immun. Bußübungen, Sündenvergebung und Ablässe verfehlten ebenso ihre Wirkung wie Exkommunikation und Kirchenbann. Damit standen die Katharer jedoch außerhalb der Ordnung der mittelalterlichen Gesellschaft. Wenn die Welt die Schöpfung des Satans war, wer waren dann die Stellvertreter Gottes auf Erden? Mit welchem Recht verlangte eine irdische Kirche Abgaben und Gehorsam?

Das Welt- und Menschenbild der Katharer im einzelnen war kein widerspruchsfreies. In der Alltagspraxis scheinen auch sie Kompromisse eingegangen zu sein, und die gnadenlose Verfolgung durch kirchliche und weltliche Machthaber forderte ihren Tribut. Außerdem existieren nur ganz wenige katharische Schriften. Das meiste, was über die Lehre der Katharer überliefert ist, entstammt der Feder ihrer Feinde.

Wie unter anderem die öffentliche Disputation 1165 in Lombers gezeigt hatte, waren zumindest die „Ketzerführer" der Katharer nicht nur argumentativ sicher, sondern sie belegten ihre Lehre auch durch Bibelstellen und mit Hilfe einer Interpretationsmethode, die der Scholastik ähnlich war. Bei der Unterweisung der Gläubigen und bei ihren Missionsreisen in Südfrankreich verwendeten sie Teile der Bibel, die in die Volkssprache, ins Okzitanische, übersetzt waren. Zentrale Bedeutung hatten das Johannesevangelium und die Psalmen. Sie schätzten die Psalmen, weil diese Hinweise auf das Neue Testament enthielten und weil sie mit bestimmten Stellen die katharische Lehre belegen konnten. Im Alten Testament akzeptierten sie nur noch die Prophetenbücher und die Bücher Salomos. Dagegen lehnten die Katharer die Fünf Bücher Mose, Josua, Richter, Ruth, die Königs- und Chronikbücher eindeutig ab, weil sie diese dem bösen alttestamentarischen Gott zuschrieben.

Den Gott des Alten Testaments, der gut sein soll, aber zugleich auch fürchterlich in seinem Zorn war, der schuf und der wieder zerstörte, erkannten sie nicht an. Hingegen fanden sie im Neuen Testament vor allem in den Evangelien und der Johannesapokalypse Aussagen, die ihre dualistische Lehre bestätigten, daß die Macht des Bösen und die Macht des Guten nicht von einem Gott ausgehen konnten. Sie beriefen sich dabei z. B. auf Lk 22,53:

„Tag für Tag war ich bei euch im Tempel, und ihr habt nicht gewagt, gegen mich vorzugehen. Aber das ist eure Stunde, jetzt hat die Finsternis die Macht."

Die eigentliche göttliche Substanz war der Geist. Er war Teil der himmlischen Welt. Geist und Körper waren durch die Seele miteinander verbunden. Sie mußte befreit werden und dann zum Geist „heimkehren“, bzw. der Geist konnte sie in die Sphäre Gottes und des Guten tragen. Die Seele des Menschen war im irdischen Körper gefangen. Durch Zeugung und Vermehrung wurden immer neue Seelen an irdische Körper gebunden. Eine Erlösung der Seelen war daher nur möglich, wenn dies aufhörte. Für die Katharer bestand das Heil im Gegensatz zum christlichen Glauben nicht in der Erlösung individueller Seelen, sondern darin, den Kreislauf von Zeugung und Geburt zu durchbrechen. Erst nach dieser „kollektiven“ Erlösung war die Macht und das Reich des Satans zerstört. Daher mußten sich alle Menschen auf Erden der katharischen Lebensweise anschließen.

Der Anfang allen Übels war für die Katharer die Entstehung von menschlichen Körpern als Gefängnissen der Seele. Denn der Mensch ist nicht das Ebenbild Gottes, sondern ein Geschöpf des Teufels. Mit Hilfe der menschlichen Sexualität erzeugt das Böse immer wieder Böses. Die praktische Konsequenz daraus war für die Katharer, daß die Seele einer Frau nie auf direktem Wege erlöst werden kann, sie muß erst den Umweg über eine männliche Seele machen. Denn die Frau bringt als Gebärerin der Menschen das Böse zur Welt.

Nach einem Mythos der südfranzösischen Katharer hatte Satan eine Menschenfrau zu den Engeln im Reich des Vaters und des Geistes geschickt. Die Engel wurden von ihren Reizen verführt und folgten daraufhin dem Satan. Genauso wie Satan die Engel dazu verlockte, von Gott abzufallen, so verlockt er die Menschen dazu, daß ihre Seelen im Körper gefangen bleiben. Mittel zum Zweck ist dabei die Frau, denn ihr Körper produziert immer neue gefangene Seelen. Die Katharer spendeten einer Schwangeren, die zu sterben drohte, nicht das erlösende „consolamentum“, weil sie ja noch das „Teufelswerk“ in sich trug. Und für diejenigen, die das Consolamentum empfangen hatten, war es eine Todsünde, mit einer Frau zu schlafen. Schon harmlose körperliche Berührungen zwischen Mann und Frau verunreinigten. Diese extreme Sexualfeindlichkeit und Verneinung der irdischen Welt fanden sie unter anderem in 1 Joh 2,15–17 bestätigt: „Liebt nicht die Welt und was in der Welt ist! Wer die Welt liebt, hat die Liebe zum Vater nicht. Denn alles, was in der Welt ist, die Begierde des Fleisches, die Begierde der Augen und das Prahlen mit dem Besitz ist nicht vom Vater, sondern von der Welt. Die Welt und ihre Begierde vergeht; wer aber den Willen Gottes tut, bleibt in Ewigkeit."

Für die Erlösung der Seelen hat Christus nicht die gleiche Bedeutung wie in der Orthodoxie. Christus wurde zwar von Gott in die Welt gesandt, aber nicht auf fleischlichem Weg empfangen. Gott schickte durch den Hl. Geist einen Engel, der Maria hieß. Durch Marias Ohr kam Christus in die Welt. Die Verehrung Marias war daher für die Katharer ebensowenig zu akzeptieren wie die Kreuzesverehrung. Das Kreuz stellte ein Symbol der irdischen Welt dar. Wenn man dieses Symbol verehrte, verehrte man auch Satan. Über die Bedeutung Christi gingen aber anscheinend die Meinungen der Katharer auseinander. Man war sich jedoch darin einig, daß Jesus einen Scheinleib angenommen hatte und durch sein Beispiel der Askese den Weg zur Erlösung zeigte. Das Abendmahl hatte für die Katharer keinerlei heilsstiftende Bedeutung, genausowenig wie die anderen Sakramente der Kirche.

Die Gemeindestruktur der Katharer

Bei den Katharern und Katharerinnen gab es die „einfachen Gläubigen", die sogenannten „credentes", und diejenigen, die das Consolamentum bereits empfangen hatten. Sie wurden „bonhommes" und „bonnes femmes", „gute Männer" und „gute Frauen", genannt. Der Begriff „Vollkommene" („perfecti"), wurde ihnen von ihren christlichen Gegnern und den Inquisitoren angedichtet. Die Katharer nannten sich selbst „cathari", und da die Gruppe der „Auserwählten" als rein galt, nimmt man an, daß sich der Begriff vom griechischen Wort „katharoi", die „Reinen", ableitet.

Die „Gläubigen" verpflichteten sich, für die „guten Männer und Frauen" zu sorgen und sie zu unterstützen und eine abgeschwächte Form der Askese zu praktizieren. Im Gegenzug dazu konnten sie gewiß sein, daß die „Vollkommenen" ihnen kurz vor ihrem Tod das „Krankenconsolamentum" spenden würden und sie damit erlöst waren. Dieses Abkommen, das die Gläubigen mit den „guten Menschen" trafen, tritt als „Convenensa" ab Mitte des 13. Jahrhunderts auf. Die „bonhommes" und „bonnes femmes" praktizierten eine konsequente Weltverneinung im Glauben, daß die Seele, die ins himmlische Reich des Geistes eingehen will, sich im Hier und Jetzt von allem Irdischen befreien müsse.

Die Rituale der Katharer

Das **Consolamentum**, das aus einem Gläubigen einen „guten Menschen" machte, war das wichtigste Ritual der Katharer. Es stellte eine Mischform aus Aufnahmeritus, Sündenvergebung mit Absolution und Geisttaufe dar und ist daher mit „Tröstung" auch nur schwer zu übersetzen.

Voraussetzung für das Consolamentum war eine ein- bis mehrjährige Vorbereitungszeit, eine Art „Noviziat", in der sich der Anwärter oder die Anwärterin mit der praktischen Lebensweise der „guten Menschen" wie den Fasten- und Keuschheitsgeboten vertraut machte und unterwiesen wurde. War jemand bereits verheiratet, mußte sich der Ehepartner einverstanden erklären, daß die Ehe nicht mehr vollzogen wurde.

Zum Vollzug des feierlichen Ritus trafen sich die Gemeinde und mindestens ein „guter Mensch" in einem Privathaus. Im Zuge der Verfolgung in Südfrankreich wurden daraus immer mehr konspirative Treffen, die in aller Heimlichkeit zu geschehen hatten.

Der Ritus bestand aus zwei Teilen, der „Verleihung des Vaterunsers" und der feierlichen Verpflichtung, alle Gebote eines „guten Menschen" zu erfüllen. Die Zeremonie begann meistens mit einer Ansprache. Dann wurde den Anwärtern und Anwärterinnen das „Vaterunser" verliehen, das heißt sie durften erstmals Gott „Vater" nennen. Nachdem sie das Vaterunser gesprochen hatten, wurde ihnen erlaubt, die Mahlzeiten der Gläubigen mit dem Vaterunser zu segnen. Zum Aufnahmeritus gehörte die Bestätigung, daß sich der Anwärter und die Anwärterin im Zustand der Reinheit befanden und die Gemeinde einverstanden sei, sie aufzunehmen. Der „bonhomme" forderte daraufhin den Anwärter oder die Anwärterin auf, ab sofort vollkommen auf Fleisch- und alle Zeugungsprodukte zu verzichten, keusch und besitzlos zu leben, dreimal wöchentlich zu fasten und die großen Fastenzeiten vor Weihnachten, Ostern und Pfingsten einzuhalten, nicht zu lügen und zu schwören und selbst bei Gefahr für Leib und Leben den Glauben nicht zu verraten. Dann bat der Anwärter Gott und die Anwesenden, ihm seine Sünden zu verzeihen, die Gemeinde wiederholte diese Bitte und der Anwärter bekannte seine Sünden. Während der Anwärter vor dem „bonhomme" kniete, legte ihm dieser die Bibel oder das Johannesevangelium auf den Kopf. Alle „guten Menschen" hielten die rechte Hand über das Buch, wobei sich „bonnes femmes" und „bonhommes" keinesfalls berühren durften. Die Zeremonie wurde dann mit dem Friedenskuß abgeschlossen: Männer gaben ihn Männern, und Frauen gaben den Friedenskuß Frauen. Damit war der Aufnahmeritus abgeschlossen. Der „gute Mensch" konnte jetzt als Wanderprediger oder Wanderpredigerin missionieren. Damit die „guten Menschen" gegenseitig die Segnung ihrer Mahlzeiten vornehmen konnten, gingen sie meistens zu zweit: ein „guter Mensch" und sein „socius", das heißt Begleiter. Kam es vor, daß sich ein „bonhomme" oder eine „bonne femme" des schlimmsten Vergehens, nämlich des Geschlechtsverkehrs schuldig gemacht hatten, mußte das Consolamentum wiederholt werden.

Das **Krankenconsolamentum** enthielt die gleichen Elemente wie das eigentliche Consolamentum. Es wurde den Gläubigen meist erst auf dem Sterbebett gespendet. Ursprünglich war die Voraussetzung für das Krankenconsolamentum, daß der Gläubige noch bei Bewußtsein war und das Vaterunser sprechen konnte. Es war wichtig, daß der „Gläubige" noch seinen Willen, das Consolamentum zu empfangen, bezeugen konnte. Durch die Erklärung der „Convenensa" konnte einem Sterbenden das Consolamentum auch gespendet werden, wenn er bereits bewußtlos war. Er hatte die erforderliche Erklärung ja bereits abgegeben. Ende des 13. bzw. Anfang des 14. Jahrhunderts kam der Convenensa immer größere Bedeutung zu, weil die Anzahl der „guten Menschen" durch die Inquisition stark dezimiert war, und die Katharergemeinden sich gezwungenermaßen von den Städten mehr in ländliche Gegenden zurückzogen. Daher konnte oft kostbare Zeit vergehen, bis der „gute Mensch" ankam. Genas der Kranke wieder, war er verpflichtet, die Lebensweise eines „guten Menschen" zu führen.

Mit **„Endura"** ist ursprünglich das allgemeine Fasten und die Fastenzeit der Anwärter als Vorbereitung auf das Consolamentum gemeint. Im 14. Jahrhundert wurden vor den Inquisitionstribunalen Situationen geschildert, in denen dem Sterbenden, der das Krankenconsolamentum bereits empfangen hatte, die Nahrung verweigert wurde bzw. Kranke die Nahrung verweigerten. „Endura" erhält daher die Bedeutung „Selbstmord durch Nahrungsverweigerung".

Ein weiterer Gemeinschaftsritus, den „gute Menschen" und „Gläubige" miteinander feierten, was das gemeinsame Brotbrechen, das **„Apparellamentum"**. Nach katharischem Verständnis hat dies nichts mit der christlich-katholischen Eucharistiefeier zu tun, sondern ist die Segnung des Brotes, die bei jeder Mahlzeit vorgenommen werden konnte und an das letzte Abendmahl Christi und seiner Jünger erinnerte.

Inquisitoren und kirchliche Schriftsteller beschrieben das **„Melioramentum"** als eine Art „Heiligenverehrung" noch lebender Personen. Es handelte sich jedoch nur um eine Ehrenbezeugung der „Gläubigen" gegenüber den „bonhommes" oder „bonnes femmes". Sie bestand aus drei Verbeugungen bzw. Kniebeugen („Venien") und einem Segenswunsch. Die Inquisitoren geben diese Form der Ehrenbezeugung als Erkennungsmerkmal für die Katharer an.

Der Vollzug der Rituale war bei den Katharern stets an die Anwesenheit eines „bonhommes" oder einer „bonnes femmes" gebunden. Das bedeutete, daß die Existenz der Katharerkirche davon abhing, daß es genügend „Vollkommene" gab. Das war letztlich auch einer der Schwachpunkte der Katharerkirche. Sie wurde nicht von einer Institution getragen, die Nachfolger im Amt bereitstellte, sondern war von der persönlichen Entscheidung einzelner abhängig. Als mit Guillaume Bélibaste 1321 der letzte südfranzösische „bonhomme" auf dem Scheiterhaufen starb, starb mit ihm die südfranzösische Katharerkirche.

5. Die Waldenser

Ursprünge der Waldenserbewegung

Um 1170 beauftragte der reiche Geschäftsmann Waldes aus Lyon den dortigen Priester, für ihn das Neue Testament, Auszüge aus dem Alten Testament und Zitate der Kirchenväter aus dem Lateinischen in seine Muttersprache zu übersetzen. Zwischen 1170 und 1177 beschloß er, seinen Besitz aufzugeben und ein Leben als Wanderprediger zu führen. Er versorgte seine Frau und seine beiden Töchter und verteilte sein Geld unter den Armen in Lyon. Was ihn zu diesem Schritt bewog, ist unklar. War es die Lektüre der Heiligen Schrift, die sein Leben so radikal veränderte? Oder beeindruckte ihn die Alexiuslegende, die ein fahrender Spielmann auf dem Marktplatz von Lyon zum besten gab und die von einem jungen Römer erzählt, der seine junge Frau und all seine Besitztümer verließ, in den Orient zog und nach 34 Jahren als Bettler schließlich unerkannt vor seiner eigenen Haustür starb.

Fest steht, daß ihn sein Ansinnen, als Laie ein apostolisches Leben zu führen ohne einem Orden beizutreten, und zu predigen ohne Kleriker zu sein, sehr bald mit der kirchlichen Hierarchie in Konflikt brachte, und zwar in Gestalt des Bischofs von Lyon, der ihm verbot, „unbefugt" zu predigen. Seine Art zu leben war offensichtlich auch für viele andere Menschen attraktiv, denn er hatte sehr schnell Anhänger. Sie nannten sich programmatisch „Arme im Geiste" oder einfach „Arme von Lyon".

Um eine Entscheidung im Streit mit dem Bischof von Lyon herbeizuführen, begaben sich 1179 Vertreter der „Armen von Lyon" nach Rom zum 3. Laterankonzil. Die Entscheidung, die Papst Alexander III. (1159–1181) traf, sah zunächst hoffnungsvoll für die Waldenser aus: Der Papst akzeptierte ihre Lebensform und ließ ihre „Volksbibel" zu. Er erlaubte ihnen sogar, als Laien zu predigen, vorausgesetzt, die Bischöfe wären damit einverstanden. Der Konflikt eskalierte trotzdem: Der Erzbischof von Lyon, Jean Bellesmains, erteilte ihnen schließlich striktes Predigtverbot. Die Waldenser predigten dennoch, da ihrer Auffassung nach die Autorität des Bischofs dort an ihre Grenzen stieß, wo die Autorität Christi als Haupt der Kirche anfing. Christus hatte sie beauftragt zu predigen, daran durfte sie folglich niemand, auch kein Erzbischof hindern. Mit diesem Ungehorsam gegen den Bischof hatten die Waldenser den Tatbestand der Häresie erfüllt und wurden von Erzbischof Bellesmains exkommuniziert und 1182/83 aus seiner Diözese ausgewiesen.

Der Konflikt der Waldenser mit der Papstkirche

Die Waldenser beanspruchten für sich das Recht, ohne „Missio", das heißt ohne kirchliche Lehrbefugnis, das Wort Gottes zu verkündigen, und sie wollten dies als Laien ohne theologische Ausbildung tun. Sie leiteten ihre Vollmacht zu predigen direkt vom biblischen Predigtauftrag ab, den Christus seinen Jüngern erteilt hatte (vgl. Mt 28,29), da die Jünger Jesu von Christus beauftragt worden waren, das Evangelium zu verkündigen, ohne vorher ein Theologiestudium absolviert haben zu müssen. Wie die zwölf Apostel wollten sie ihrer Predigt, mit der sie in erster Linie zu Buße und Umkehr riefen, dadurch Gewicht verleihen, daß sie sich von allem Besitz befreiten, um ganz frei für ihren Auftrag zu sein. Anders als die Geistlichen wollten sie nur einem Herrn, und zwar Christus und nicht dem Mammon dienen (vgl. Mt 6,24; Lk 16,13). Echte Nachfolge Christi war untrennbar mit Besitzlosigkeit verknüpft. Lehre und Leben mußten sich entsprechen. Denn wenn der Lebensstil hinter der Verkündigung zurückblieb, verlor die Predigt an Glaubwürdigkeit.

Der zweite heikle Punkt war, daß die Waldenser eine eigene „Bibelausgabe", eben jene Übersetzung, die Waldes hatte anfertigen lassen, als Grundlage ihrer Predigt benutzten.

In der kirchlichen Hierarchie hatten nur die direkten Nachfolger der Apostel das Recht zu predigen, und nur sie konnten dieses Recht an andere „weitergeben". Die direkten Nachfolger des Apostels Petrus und der Jünger Jesu waren der Papst, der Bischof von Rom und die anderen Bischöfe. Grundsätzlich durften nur Kleriker predigen, oder Nichtkleriker mußten ausdrücklich vom Bischof damit beauftragt werden oder zumindest die Erlaubnis dazu bekommen haben.

Im Gegensatz zu den Katharern rüttelten die Waldenser jedoch zumindest in ihren Anfängen nicht an den Grundfesten des Glaubens. Sie betrachteten sich als rechtgläubige Christen und hatten nicht vor, eine Gegenkirche zu gründen. Dennoch stellten sie mit ihren Anschauungen und ihrer Lebensweise die kirchliche Hierarchie und die Exklusivität des kirchlichen Lehramtes in Frage. Sie hielten konsequent daran fest, daß Christus das Haupt der Kirche ist. Die logische Folge davon war, daß sie den Bischöfen, ja selbst dem Papst als Bischof von Rom, nur begrenzte Autorität zuerkannten. Grundsätzlich schuldete man zwar der Kirche Gehorsam, aber wenn sie der Umsetzung des Auftrags Christi im Wege stand, mußte man Gott mehr gehorchen als den Menschen (vgl. Apg 5,28–29).

Da sie im Gegensatz zu den Katharern das Alte Testament anerkannten, beriefen sie sich auch auf die Tradition von Moses und den Propheten, die ohne bischöfliche „Missio", aber statt dessen im direkten Auftrag Gottes seine Botschaft verkündet und die Menschen zu Buße und Umkehr gerufen hatten. Und sie gingen noch einen Schritt weiter: Nicht nur, daß sie das Recht für sich beanspruchten, als Laien zu predigen, sie waren sogar dazu verpflichtet, dies zu tun; wenn es sein muß, auch gegen Widerstände (vgl. Mt 10,5–15; Mk 6,8–11; Apg 20,12 ff.).

Die Waldenser legten den Finger in eine Wunde, die die Kirche seit dem ersten Auftreten von Armutsbewegungen schmerzte und die ihnen auch in der Auseinandersetzung mit den Franziskaner-Spiritualen zu schaffen machen sollte. Es ging um die Frage, ob eine reiche Kirche noch dem Vorbild der Jünger Jesu entspricht. Die Waldenser forderten indirekt eine arme Kirche, da sie der Meinung waren, daß Jesus und die Apostel keinen Besitz hatten, und die Gier nach Macht und Geld dem eigentlichen Auftrag, „Menschenfischer“ zu sein, im Wege steht. Man kann nur einem Herren dienen, Gott oder dem Mammon. Sie verzichteten freiwillig auf jeglichen Besitz, lebten in apostolischer Armut wie die „Lilien auf dem Feld“ und die „Vögel des Himmels“: „... sie säen nicht, sie ernten nicht und sammeln keine Vorräte in Scheunen; euer himmlischer Vater ernährt sie.“ (vgl. Mt 6, 25–35). Weder Geld noch Gut noch Broterwerb sollten sie von ihrem Auftrag ablenken.

Die kirchliche Hierarchie stellte dem Anliegen der Waldenser vor allem das Kirchenrecht entgegen: Jeder, der predigen wollte, brauchte die Lehrerlaubnis des Bischofs. Ohne „Missio“ ging gar nichts. Das Ausnahmerecht, das es in Zeiten des Predigtnotstandes Laien erlaubte zu predigen, fand für die Waldenser keine Anwendung. Am Ende des 12. Jahrhunderts ging es der Papstkirche darum, ihre Machtstellung zu sichern. Mühsam hatte sie sich aus der Umklammerung der weltlichen Macht in Gestalt des Kaisers gelöst und ihre Gewalt, zu binden und zu lösen, durchgesetzt, und sie hatte erreicht, daß die geistliche Macht des Papstes größer war als die Macht der Laienobrigkeit. Daher war es undenkbar, hier Abstriche beim Predigtrecht zu machen – zumal wenn dies eine der tragenden Säulen der Autorität der kirchlichen Hierarchie und das Primat des Papstes in Frage gestellt hätte.

Aus kirchlicher Sicht war die Sache klar: „Wie soll aber jemand verkündigen, wenn er nicht gesandt ist?“ (Röm 10,15) hieß: Wer nicht gesandt ist, darf nicht predigen. Entsenden dürfen nur die Nachfolger der Apostel, also der Papst, die Bischöfe und Erzbischöfe. Gegen die Entscheidung, wer die „Missio“ bekommt und wer nicht, ist kein Einspruch möglich. Wem die „Missio“, also die Lehrbefugnis nicht erteilt wird, hat zu schweigen. Wer trotzdem predigt, obwohl es ihm nicht ausdrücklich erlaubt wurde, verweigert den Nachfolgern der Apostel den Gehorsam und macht sich damit der

Häresie schuldig. Denn das 4. Vatikanische Konzil (1215) hatte festgelegt: Ungehorsam ist Unglaube. Der Entscheidung, wer die „Missio" bekommt und wer nicht, ist unbedingt Folge zu leisten.

Wenn die Waldenser ihrem Auftrag gerecht werden wollten, konnten sie all dies, was in den Augen der kirchlichen Hierarchie ein „Skandal" war, nicht aufgeben, nämlich als Laien zu predigen, auch Frauen die Predigt zu erlauben und das Armutsgelübde abzulegen, ohne einer klösterlichen Gemeinschaft beizutreten. Beide Seiten beharrten auf ihren Standpunkten. Damit waren die Waldenser nach dem geltenden Kirchenrecht zu exkommunizieren.

Der Exkommunikation durch den Erzbischof von Lyon, Jean Bellesmains, folgte der Kirchenbann durch den Papst in seiner Bulle „Ad abolendam" vom 4. November 1184, in der außer über die „Armen von Lyon" auch über die Katharer und andere häretische Gruppen das „Anathema sit", die Formel für Verurteilung von Ketzerei, gesprochen wurde. Das beeinträchtigte offensichtlich die Waldenser in ihrer Lebensweise als Wanderprediger kaum. Die Inquisition war Ende des 12. Jahrhunderts erst im Entstehen, und außerdem war das eigentliche Problem in Südfrankreich die Häresie der Katharer. Wenn die „Armen von Lyon" dennoch der kirchlichen Obrigkeit in die Hände fielen, wurden sie höchstens zu Güterkonfiskation verurteilt, was bei ihrer Lebensweise kaum ins Gewicht gefallen sein dürfte. Während die Bischöfe und Erzbischöfe ihre ablehnende Haltung gegenüber den Waldensern beibehielten und sie aus ihren Diözesen verbannten, waren die Priester vor Ort häufig dankbar für die Unterstützung, die sie durch die „Armen von Lyon" im Kampf gegen die Katharer erfuhren.

Ab Sommer 1194 spitzte sich allerdings auch für die Waldenser die Lage in Südfrankreich zu, als nämlich die weltlichen Machthaber die Waldenser mit Sanktionen belegten. Anders als die Katharer unterstützten die Vizegrafen von Béziers und Carcassonne die „Armen von Lyon" nicht, sondern wiesen sie aus ihrem Herrschaftsbereich aus. Drei Jahre später werden im benachbarten Königreich

Aragón ausgewiesene Waldenser für vogelfrei erklärt und damit bedroht, als Ketzer verbrannt zu werden. Obwohl es die „Armen von Lyon" anfangs nicht wahrhaben wollten, die Kirche hatte ihnen den Stuhl vor die Tür gesetzt. Bei einigen Teilen der Waldenser führte dies auf Dauer zu einer Radikalisierung: Sie verlegten sich auf einen extremen Biblizismus und verwarfen alle Elemente der christlichen Theologie und orthodoxen Glaubenspraxis, die sich nicht in der Bibel fanden. Die Vorstellung vom Fegefeuer, die Fürbitte für Verstorbene, die Verehrung von Heiligenbildern und Pilgerfahrten fanden keine Gnade vor ihren Augen. Das Motiv, sich von diesen Elementen der Glaubenspraxis zu verabschieden, war jedoch nicht Revanchismus, sondern unter anderen der Mißbrauch, der damit getrieben wurde: Der Klerus machte gute Geschäfte mit der Angst der Gläubigen vor dem Fegefeuer und der ewigen Verdammnis. Der Handel mit Heiligenbildern und Ablässen, den drei Jahrhunderte später auch Martin Luther anprangern wird, florierte prächtig. Und wer die „letzte Ölung" und priesterliche Fürbitten am Sterbebett haben wollte, mußte dafür tief in die Tasche greifen.

Daß Menschen, die nach dem Armutsideal lebten und zurück zur Lebensweise der Urkirche wollten, von all dieser Geschäftemacherei mit dem christlichen Glauben regelrecht angewidert sein mußten, ist mehr als verständlich. Findige Geistliche hatten außerdem eine weitere Einnahmequelle für sich eröffnet: die Beichte. Häufig erlegten sie den Beichtkindern Geldbußen auf. Ob die Beichte gültig war, machten sie dann davon abhängig, ob und in welcher Höhe die entsprechenden Opfergaben eingingen. Andererseits trugen die Aufrufe der waldensischen Prediger und Predigerinnen zu Buße und Umkehr reichlich Früchte. Immer mehr Menschen wollten beichten und Buße tun. Die gängige Kirchenpraxis sah dies jedoch nicht vor: Gebeichtet wurde einmal im Jahr. Die Geistlichen kamen dieser verstärkten Nachfrage ihrer Pfarrkinder nach seelsorgerlicher Betreuung nicht nach oder machten im gewohnten Schlendrian einfach weiter. So wurde beispielsweise das Beichtgeheimnis nicht gewahrt, weil der Priester mehreren Beichtkindern gleichzeitig die Beichte abnahm oder einen Dolmetscher brauchte, um überhaupt zu verstehen, welche Missetaten ihm geschildert wurden. Aufgrund dieser Mißstände setzte sich immer mehr die Praxis durch, daß die Gemeindemitglieder bei Waldensern beichteten.

Der radikalere Flügel der Waldenser konnte diesen und weiteren Mißständen im Bereich der kirchlichen Sakramentsverwaltung nicht tatenlos zusehen: Die Waldenser begegneten vor allem in denjenigen Gegenden Südfrankreichs, in denen sich die Katharer gegenüber der katholischen Kirche durchgesetzt hatten, Gemeinden, denen rechtgläubige Priester fehlten, die das Abendmahl hätten spenden können. Es galt auch hier der Grundsatz, daß nur ein ordinierter Priester das Altarsakrament verwalten durfte. Die Waldenser hielten sich auch anfangs daran, sahen sich aber schließlich aufgrund der aktuellen Notlage der Gemeinden verpflichtet, von einer Art Ausnahmerecht Gebrauch zu machen, wonach es von Gott berufenen Laien, sowohl Männern als auch Frauen, erlaubt war, das Abendmahl auszuteilen.

Angesichts all dieser Mißstände, Defizite und Fehlentwicklungen, die in der kirchlichen Praxis zutage traten, verwundert es nicht, daß auch das Sakrament der Taufe bzw. die Praxis der Sakramentsverwaltung von den Waldensern in Frage gestellt wurde.

Sie lehnten die Kindertaufe ab, weil bei den Täuflingen noch kein Glaube gewachsen sein könne, der jedoch wie sie meinten, nach Mt 16,16 die unabdingbare Voraussetzung für die Taufe sei. Da Glaube und Taufe untrennbar zusammengehörten, kam also ohnehin nur die Erwachsenentaufe in Frage. Das Argument, daß der Taufpate quasi stellvertretend für den Täufling glaube und dies mit dem Taufgelöbnis bekunde, ließen sie nicht gelten, da die Taufpaten in der Regel den lateinischen Wortlaut des Gelöbnisses gar nicht verstanden.

Eine Gruppe der Waldenser gelangte schließlich zu der Auffassung, daß sie die einzigen seien, die wirklich gültig taufen können, da sie im Gegensatz zu den katholischen Priestern ein Leben führten, das ihres Amtes würdig war. Sie neigten damit dem sogenannten

„Donatismus" zu, wonach ein Sakrament nur dann Gültigkeit besitzt, wenn es von einem würdigen Priester gespendet wird. Wer von einem unwürdigen Priester getauft worden war – und unwürdig waren in den Augen dieser waldensischen Gruppierung nahezu alle katholischen Geistlichen – war nicht vollgültig getauft und mußte daher erneut getauft werden. Diese Waldensergruppe praktizierte die Wiedertaufe, spaltete sich ab und baute innerhalb ihrer Gemeinschaft klassische hierarchische Strukturen mit Diakonen, Presbytern und Bischöfen auf.

„Arme von Lyon", „Arme Lombarden" und „Katholische Arme"

Waldes und vor allem die südfranzösischen Waldenser verloren nie die Hoffnung, daß ihre Lebensweise, die dem urchristlichen Ideal folgte, und ihr Predigtdienst von der Kirche anerkannt und die Verfolgung eingestellt werden würde. Da jedoch zumindest vorläufig kein Weg zur Einigung in Sicht war, gingen die Waldenser daran, sich als Gemeinde zu organisieren und ihr Missionsgebiet auszuweiten. Überall, wo Katharer oder sonstige Ketzergruppen auftraten, wollten sie mit ihrer Predigttätigkeit dagegenhalten. Die lombardischen Städte, allen voran Mailand waren als „Ketzerhochburgen" berüchtigt. Daher konzentrierten die Waldenser ihre Mission neben dem Languedoc und einigen Teilen des deutschen Reichsgebiets auf die Lombardei. Dort trafen sie auch auf Ketzergruppen, die in ihren Zielen und in ihrer Orientierung am Evangelium den Waldensern nahestanden. Eine dieser Gemeinschaften waren die norditalienischen Humiliaten. Diese waren eine Büßergemeinschaft, die zwar stärker politisch ausgerichtet war als die Waldenser, aber nach den gleichen ethischen Grundsätzen lebte. Die Auseinandersetzung mit ihnen führte dazu, daß die italienischen Waldenser teilweise ihre Lebensform veränderten und sie partiell der der Humiliaten anglichen. Ähnlich wie ein Teil der südfranzösischen Waldenser hielten es die

Humiliaten für eine Todsünde, zu schwören oder zu lügen, außerdem waren ihnen juristische Streitigkeiten verboten. Diese Prinzipien spielen auch bei den lombardischen Waldensern eine große Rolle. Außerdem scheint auch die Form, in der das Armutsideal verwirklicht wurde, von den Humiliaten beeinflußt worden zu sein: Die reine Lehre der Waldenser bedeutete, keinerlei Besitz zu haben und wirklich von der Hand in den Mund, also vom Betteln zu leben.

Die Humiliaten lebten zwar auch besitzlos und lehnten es strikt ab, sich durch Handel, Geldgeschäfte oder Wucher zu finanzieren, erwirtschafteten aber ihren Lebensunterhalt als Kleinhandwerker, hauptsächlich als Schuster und Wollweber selbst. Die Produkte dieser beiden Gewerbe wurden zu Kennzeichen der Waldenser und Humiliaten: Bei den Waldensern trugen die Prediger eine besondere Art von Sandalen, die ihnen den Namen „Insabbatati", also „Sandalenträger" einbrachte. Die Humiliaten bevorzugten als Zeichen ihrer Demut Kleidung aus ungefärbter Wolle. Von dem lateinischen Wort für „Demut" – „humilitas" leitet sich die Bezeichnung ihrer Gruppe ab.

Die Anpassung an die Lebensweise der Humiliaten in der Lombardei war einer der Streitpunkte, der schließlich zur Trennung zwischen den „Armen von Lyon" und den „Armen Lombarden" führte. Waldes schloß die Verbindung von Broterwerb und einem Leben als Prediger im Auftrag Christi kategorisch aus. Die lombardischen Waldenser hatten sich außerdem anders als Waldes damit abgefunden, eine Gruppierung jenseits der kirchlichen Strukturen zu sein. Sie hatten sich inhaltlich immer mehr von Rom entfernt und eine eigene Gemeindeorganisation aufgebaut. Sie wollten ein „Amt" etablieren, das ähnlich dem Priesteramt die Sakramentsverwaltung übernahm, wobei nicht an einen Amtsträger im Sinne der kirchlichen Hierarchie gedacht war, sondern an einen „Diener". Zusätzlich wollten sie auch ein festes Oberhaupt der Gemeinde. Waldes lehnte dies ab, weil für ihn einerseits dadurch eine weitere Tür zur katholischen Kirche zugeschlagen worden wäre, und es andererseits nur ein gemeinsames Haupt der Kirche gab, nämlich Christus. Die Folge war, daß sich die Waldenser noch zu Lebzeiten des Waldes 1205 in einen südfranzösischen und einen lombardischen Zweig aufspalteten. Unter dem Druck der Inquisition und der Albigenserkriege versuchten die südfranzösischen Waldenser auf der Synode von Bergamo 1218 die Trennung zu überwinden, was aber trotz der großen Verhandlungsbereitschaft der Südfranzosen nicht gelang.

Ein kleiner Teil der französischen Waldenser schaffte es, nach 1207 wieder in den Schoß der Kirche zurückzukehren. Unter der Bedingung, die Autorität der römischen Kirche und des Papstes anzuerkennen, das Predigtrecht für Frauen abzuschaffen, dem Donatismus zu entsagen, war Papst Innozenz III. bereit, sie vom Kirchenbann zu befreien. Sie durften als Büßergemeinschaft der „Katholischen Armen" innerhalb der Kirche leben, hatten die drei ordensüblichen Gelübde – Armut, Keuschheit und Gehorsam – abzulegen und erhielten die Aufgabe, mit Hilfe der Predigt die Katharer zur Umkehr zu bewegen. Nach 1212 hört man nichts mehr von ihnen.

Neben dem fortdauernden Kirchenbann führte noch ein weiterer Umstand zu weitreichenden Veränderungen im Leben und Glauben der Waldenser: Wenn sie die Katharer bekehren oder gefährdete Christen davor bewahren wollten, in die katharische Häresie abzugleiten, durfte ihre Ethik nicht hinter der der Katharer zurückstehen. Wie die Katharer bestand der radikalere Flügel der Waldenser darauf, das im Matthäusevangelium ausgesprochene Verbot, weder Blut zu vergießen noch zu lügen und zu schwören (vgl. Mt 5,33–37), wörtlich zu nehmen sei. Wie die Katharer standen sie mit diesen Lebensregeln am Rand der mittelalterlichen Gesellschaft, in der ein Gutteil des öffentlichen Lebens von Eidesleistungen und Treueschwur bestimmt war. Außerdem hatten die Inquisitoren damit ein Instrument zur Verfügung, um Katharer und Waldenser von rechtgläubigen Christen zu unterscheiden: Man forderte Häresieverdächtige auf zu schwören. Verweigerten sie die Eidesleistung, waren sie Ketzer. Ebenso war es untrügliches Zeichen für Häresie, wenn sich z. B. jemand weigerte, ein Tier zu schlachten.

Diejenigen Waldenser, die das Gebot, kein Blut zu vergießen, ernst nahmen, standen einem der großen Ideale des Mittelalters, dem Kreuzzugsgedanken, folglich äußerst kritisch gegenüber. Juden, Sarazenen und Abtrünnige mit Feuer und Schwert zu „bekehren", empfanden sie als zutiefst unchristlich. Der einzig legitime Weg der Nachfolge Christi war für sie die Verkündigung.

Obwohl in Inquisitionshandbüchern meist als untrügliches Kennzeichen der Waldenser ihr Verbot zu lügen, zu schwören, Blut zu vergießen und die Ablehnung der Heiligenbilder und der Fürbitte für die Toten genannt werden, kann man nicht davon ausgehen, daß sich alle Waldenser in diesen Punkten einig waren. Waldes selbst war anscheinend immer wieder bemüht, die Kluft zwischen den „Armen von Lyon" und der offiziellen Kirche nicht allzugroß werden zu lassen, denn er hoffte, solange er lebte, sich und seine Anhänger vom Makel der Häresie befreien zu können.

Die Gemeindestruktur der Waldenser

Für die Inquisitoren war es einerseits besonders wichtig, auf spezifische Erkennungsmerkmale der Ketzer zurückgreifen zu können, um sie ausfindig zu machen, andererseits gab es auch die Tendenz, Klischees und Stereotypen von einer Häresie auf die nächste zu übertragen. Das Muster der „Erzketzer", „Ketzerfürsten" und „Rädelsführer" war bis in die jüngste Vergangenheit sehr beliebt.

Im Fall der Waldenser übertrug man zum Teil hierarchische Strukturen der Katharer auf die „Armen von Lyon". Während sich die Katharer als Gegenkirche, als „wahre Kirche", verstanden und deshalb auch sehr früh z. B. eine Zweiteilung in „perfecti" und „credentes" entwickelten, hielten die Waldenser lange Zeit an einem egalitären Prinzip fest. Waldensische „Vollkommene" sind nicht das gleiche wie katharische „Vollkommene“. Außerdem ist das „Amtsverständnis“ waldensischer Diakone, Presbyter oder Bischöfe ein grundsätzlich anderes als das der römischen Kirche oder eines katharischen Ketzerbischofs.

Bei den Waldensern gab es die „Freunde“ und „Freundinnen“, die „amici“ und die „Prediger“ und „Predigerinnen“, die je nach Landstrich als „magister“ und „magistra“, also „Meister“ und „Meisterin“, „frater“ und „soror“, d. h. „Bruder“ und „Schwester“, oder mit den Ehrentiteln „Apostel“ und „Engel“ bezeichnet wurden. Die „amici“ verpflichteten sich, alles dafür zu tun, daß sich die waldensischen Predigerinnen und Prediger ganz auf ihre eigentliche Aufgabe konzentrieren konnten, ohne von Organisationsfragen und der Regelung des Alltags abgelenkt zu werden. Im Gegensatz zu den Predigern und Predigerinnen hatten sie nicht das Armutsgelübde abgelegt, stellten aber ihren Besitz in den Dienst der Waldenserbewegung. Sie beherbergten und verköstigten die „Brüder“ und „Schwestern“ während ihrer Missionsreisen, öffneten ihre Häuser für Versammlungen und Unterweisungen und sammelten eine Art „Kirchensteuer“ ein.

Meistens fand in den Häusern der „amici“ die sogenannte „schola“, der Unterricht für die künftigen Prediger und Predigerinnen, statt. Auch die „amici“ konnten diese Lektionen, die in der jeweiligen Landessprache abgehalten wurden, besuchen. Diejenigen, die sich entschlossen hatten, das Armutsgelübde abzulegen und das Leben eines Predigers oder einer Predigerin zu führen, mußten erst eine mehrjährige Ausbildung absolvieren. Die Voraussetzung hierfür war, daß sie in einer Prüfung nachweisen konnten, daß sie die Glaubens- und Sakramentslehre der römischen Kirche kannten. Zugelassen zu dieser Prüfung wurde prinzipiell jeder. Es machte keinen Unterschied, ob man Ritter oder Bauer, Mann oder Frau, Laie oder Priester war.

Wenn sie die Prüfung bestanden hatten, beichteten sie und verpflichteten sich zum Gehorsam gegen Gott und zur Keuschheit und versprachen, in freiwilliger Armut zu leben. Sie gelobten außerdem, ihren leiblichen Verwandten kein größeres Vertrauen entgegenzubringen als ihren Brüdern und Schwestern im Herrn; außerdem durften sie sich niemals durch einen Meineid, einen Schwur oder eine Lüge beispielsweise vor einem Inquisitionstribunal freikaufen. Anschließend legten die Brüder und Schwestern ihren neuen Geschwistern im Herrn segnend die Hände auf.

Ab jetzt begann die Ausbildung für den Predigtdienst. Die Anwärterinnen und Anwärter befanden sich während ihrer Lehrzeit in einer Art „Zwischenstadium": Sie waren keine „amici" mehr, aber auch noch keine Prediger und Predigerinnen. In den nun folgenden Jahren lernten sie große Teile des Neuen Testaments, Auszüge des Alten Testaments wie den Psalter und das Buch Hiob und Zitate der Kirchenväter in ihrer Landessprache auswendig. Dies war ein wesentlicher Unterschied zum kirchlichen Theologiestudium. Dort beschäftigte man sich mit den lateinischen Texten. Die Grundlage für das Studium der Waldenser war vermutlich die Übersetzung der Bibel, wie sie Waldes hatte anfertigen lassen.

Nach Abschluß dieser Ausbildungszeit, die bei den „Armen Lombarden" ein bis zwei Jahre, bei den französischen Waldensern fünf bis sechs Jahre dauerte, durfte man predigen. Eine Priesterweihe gab es bei den Waldensern nicht. Einmal im Jahr trafen sich die Prediger und Predigerinnen zu einer Hauptversammlung, dem sogenannten „commune". Dort wurden zwei Geschäftsführer bestimmt, die für ein Jahr diese Aufgabe übernahmen. Außerdem wählte man die sogenannten „ministri", die „Diener", die für eine bestimmte Zeit die Sakramente verwalteten. Voraussetzung für dieses Amt war, daß man die waldensischen Gelübde abgelegt hatte. Das heißt, es konnten auch die jungen Brüder und Schwestern, die sich noch in der Ausbildung befanden, dieses Amt übernehmen. Die lombardischen Waldenser hatten darüber hinaus noch einen festen Gemeindevorstand.

Die Verfolgung der Waldenser

Auch im Fall der Waldenser war die Papstkirche nicht mehr zu Gesprächen bereit. Die Phase der Disputationen war endgültig vorbei. Und schon längst waren die Zeiten vorüber, als Waldenser und Katholiken zusammen mit den Katharern stritten. Die erste Verfolgungswelle in Südfrankreich und die 20 Jahre andauernden Albigenserkreuzzüge hatten auch unter den Waldensern zahlreiche Opfer gefordert.

Ab Mitte des 13. Jahrhunderts war es vorrangiges Ziel der Kirche, die waldensische Ketzerei auszurotten und die Bewegung in ihrem Keim zu ersticken, was ihr jedoch nicht gelang. Anders als die Katharer blieben die Waldenser nicht in Südfrankreich, dem benachbarten Spanien oder der Lombardei, sondern dehnten ihr Verbreitungsgebiet auf große Teile Europas aus. Es gab Waldensergemeinden in England, Dänemark, Schweden, Norwegen, Flandern, Brabant, Polen, Ungarn, Siebenbürgen, Pommern, Böhmen, Mähren, Thüringen, im Vogtland, in Gegenden am Ober- und Niederrhein, in der Schweiz und der Steiermark. Im 14. und 15. Jahrhundert gerieten die Waldenser in Ostdeutschland in das immer enger werdende Netz der Inquisition.

Aber trotz der ausgefeilten Fahndungsmethoden und des gutorganisierten Verfahrens war es nicht leicht, die Waldenser und Waldenserinnen aufzuspüren. Wie die Katharer waren die Waldenser in den Untergrund gegangen und lebten verstreut in kleineren Ortschaften und Dörfern in meist nur schwer zugänglichen Gegenden. Die Waldenser waren außerdem nicht auf den ersten Blick als Ketzer zu identifizieren, da sie, wie Bernard Gui schreibt, ein nach außen gottgefälliges Leben führten. Sie fielen nicht durch besondere Essensgewohnheiten auf, und ihre Fastenzeiten unterschieden sich nicht von denen der rechtgläubigen Christen.

Die Inquisition ging daher dazu über, Spitzel und „Agenten“ in Ketzergemeinden einzuschleusen, was jedoch nicht immer nach

Plan verlief. So wurde beispielsweise ein Geistlicher in die Gascogne geschickt, um dort Waldenser ausfindig zu machen, die sich bisher erfolgreich der Inquisition entzogen hatten. Er stieß zwar tatsächlich auf eine Waldensergemeinde, aber statt sie der Inquisition auszuliefern, schloß er sich ihnen an. Er wurde verhaftet, es gelang ihm jedoch wieder freizukommen und zu seiner Gemeinde zurückzukehren. Erst Bernard Gui wurde seiner endgültig habhaft und sorgte dafür, daß dieser ehemalige Geistliche 1311 auf dem Scheiterhaufen endete.

Als Bernard Gui gegen die Waldenserbewegung vorging, war ihr Gründer bereits seit über 100 Jahren tot. Das Gesicht der Bewegung hatte sich in diesem Zeitraum im Vergleich zu ihren Anfängen stark verändert.

Er hielt sie aber offensichtlich nach wie vor für gefährliche Ketzer, über deren Spitzfindigkeiten und Schläue man die Inquisitionskollegen genauso aufklärten mußte wie über ihre Geschichte und Lebensweise. Auch für die Waldenser stellte er einen Fragenkatalog mit möglichen Antworten zusammen. Obwohl Gui die Waldenser aus eigener Erfahrung kannte, hielt er sich bei seiner Beschreibung größtenteils an das, was andere Inquisitoren über die Waldenser geschrieben hatten, wie beispielsweise Stephan von Bourbon oder ein unbekannter, vermutlich in Passau tätiger Inquisitor, dessen Inquisitionshandbuch man lange Zeit David von Augsburg (gest. 1272) zuschrieb.

Vor Gui standen viele Waldenser und Waldenserinnen als Angeklagte. 1316 übergab er acht Waldenser an den weltlichen Arm, das heißt, sie wurden verbrannt. Eine nicht näher bestimmte Anzahl von Waldensern und Waldenserinnen verurteilte er zu Kerkerhaft, teilweise für den Rest ihres Lebens, und sechs bereits verstorbene Waldenser ließ er wieder ausgraben und ihre sterblichen Überreste öffentlich verbrennen.

Von allen von Bernard Gui in seinem Inquisitionshandbuch beschriebenen Ketzerbewegungen sind die Waldenser die einzigen, die bis auf den heutigen Tag überlebten. Weder die Inquisition in Frankreich noch in Italien oder Deutschland hat es geschafft, die Waldenserbewegung zu zerstören. Sie existiert noch immer, wenn auch in veränderter Form: Heute leben in Italien vor allem im Piemont, aber auch in Diasporagemeinden über das ganze Land verteilt noch etwa 30 000 bis 35 000 Waldenser. Nachdem ihnen König Karl Albert von Savoyen 1848 die Religionsfreiheit zugestand und ihnen erlaubte in Italien zu evangelisieren, schlossen sie sich entweder der evangelisch-reformierten Kirche Italiens an oder gründeten neue reformierte Gemeinden. 1920 erhielten sie in Rom mit der Facolta Valtese di Teologia sogar eine eigene Studienmöglichkeit. 1858 bis 1861 wanderten Waldenser aus dem Piemont nach Uruguay aus und gründeten dort neue Gemeinden, die heute ungefähr 17 000 Mitglieder zählen und den Kontakt mit den Brüdern und Schwestern in Italien pflegen. In Deutschland wurden vor allem in Hessen und Franken die meisten Waldensergemeinden zwischen 1820 und 1830 in die evangelischen Landeskirchen integriert. Viele dieser Gemeinden waren allerdings schon seit der Mitte des 18. Jahrhunderts keine rein waldensischen mehr, sondern hatten sich beispielsweise der französisch-reformierten Kirche in Hessen-Schaumburg angeschlossen. Die Waldenser in Böhmen hatten sich im 15. Jahrhundert mit den Hussiten verbrüdert.

6. Die Pseudo-Apostel

Wie oft Bernard Gui in seinen Inquisitionsverfahren wirklich auf „Pseudo-Apostel" stieß, ist unklar. Der Aktionsradius der Sekte beschränkte sich ursprünglich auf Parma, die Gegend um Vercelli und Novara, unweit der Ketzerhochburg Mailand. Die „Pseudo-Apostel" zeigten auch keine Verbreitungstendenzen wie die Waldenser. Beim letzten Kreuzzug gegen sie im Frühjahr 1307 fielen sehr viele von ihnen den päpstlichen und bischöflichen Truppen zum Opfer oder gingen den italienischen Inquisitoren ins Netz. Die „Pseudo-Apostel", die in Toulouse oder Carcassonne vor Bernard Gui standen, waren höchstwahrscheinlich Flüchtlinge aus Italien. Zumindest als Bernard Gui das erste Mal als Inquisitor von Toulouse tätig war (1308–1316), konnten er und seine Kollegen anscheinend nicht davon ausgehen, daß die Inquisition in Italien den „Pseudo-Aposteln" tatsächlich vernichtende Schläge zugefügt hatte. Da ab der Mitte des 13. Jahrhunderts die Inquisitoren eng zusammenarbeiteten und Prozeßakten austauschten, war Bernard Gui über die „Pseudo-Apostel", wie die „Apostolischen Brüder" von den Inquisitoren genannt wurden, bestens unterrichtet. Diese Sekte existierte nur knapp 50 Jahre, sorgte aber in dieser Zeit für Aufregung.

Der Einfluß von Joachim de Fiores Geschichtstheologie

Anfänglich ging es den „Pseudo-Aposteln" vorrangig darum, mit ihrer radikalen Askese den Franziskanerorden zu überbieten und die apostolische Armut in aller Konsequenz zu leben. Sie vertraten zwar keine eigene Lehre, waren aber stark von der Endzeiterwartung und von Spekulationen über das nahende Jüngste Gericht geprägt und entwickelten nach heutigem Verständnis recht abstruse Vorstellungen.

Diese Endzeitvisionen hatten ihre Wurzel in der Geschichtstheologie Joachim de Fiores (gest. 1202). Aus Joachim de Fiores Geschichtstheologie sprach eine starke Naherwartung, aber Joachim de Fiore und seine Schriften standen nie unter Häresieverdacht, obwohl vor allem seine Gedanken über die Rolle der Kirche im Endstadium der Geschichte geistigen Sprengstoff enthielten. Joachim de Fiore blieb sein Leben lang stets ein treuer Diener der Kirche, der Irrlehren verurteilte. Erst als seine Vorstellungen in stark verkürzter und verzerrter Form unters Volk kamen, wurde daraus Ketzerei: eine Form der Häresie, die zwar nicht die christliche Lehre betraf, aber die Autorität der Papstkirche radikal in Frage stellte.

Das Faszinierende an Joachim de Fiores Schriften war, daß er ein Schema lieferte, anhand dessen man ersehen konnte, wie weit man noch vom Ende der irdischen Welt entfernt war und wie nah die himmlische Herrlichkeit schon herangekommen war. Ausgangspunkt war die traditionelle mittelalterliche Form der Bibelauslegung, die den eigentlichen, den „geistlichen" Schriftsinn der biblischen Texte erschließen wollte. Wenn dieser geistliche Schriftsinn richtig erkannt wurde, entschlüsselte sich daraus auch der Gang der Geschichte. Denn in der Weltgeschichte ist die ordnende und lenkende Hand Gottes erkennbar. Alles, was auf Erden geschieht, geschieht nicht aus Zufall oder versinkt im Chaos, sondern folgt einem geheimen Plan. Auch wenn die Menschen schmerzvolle Entwicklungsphasen durchleben und erleiden müssen, so geschieht dies nicht beliebig oder sinnlos, sondern die Geschichte der Menschheit verläuft zielgerichtet und mündet schließlich in ihre Vollendung. Der letzte Sinn der Geschichte wird sich allerdings erst in der Zukunft erschließen. Mit Hilfe von Joachim de Fiores gedanklichem Modell und seiner Bibelauslegung war es möglich, zu bestimmen, wo die Welt gerade stand. Eine besonders bedeutende Rolle spielten seine Auslegung der Johannesapokalypse und sein „Figurenbuch", der „Liber figurarum", das um 1200 entstand. In diesen beiden und in drei weiteren exegetischen bzw. geschichtstheologischen Schriften zeichnete Joachim de Fiore ein äußerst komplexes und differenziertes Geschichtsbild mit einer Vielzahl von Symbolen und Schriftparallelen, die Raum für Endzeitspekulationen boten.

Joachim de Fiore teilte den Verlauf der Geschichte in drei „Zeitalter" („status") entsprechend der heiligen Trinität ein, und zwar in das Zeitalter des Vaters, des Sohnes und des Heiligen Geistes. Die einzelnen Zeitalter sind jedoch nicht scharf voneinander abgegrenzt, sondern gehen ineinander über.

Das erste Zeitalter ist das des Vaters. Ihm ist das Alte Testament zugeordnet. Auf den Ebenen der geistlichen Stände gehört der Laienstand und der Stand der Verheirateten mit Adam als Prototyp zu dieser Ära. Das Verhältnis zwischen Gott und den Menschen ist durch die Strenge des Gesetzes geprägt, durch Furcht und dadurch, daß Gott die Menschen zum Gehorsam zwingen muß, da ihr Glaube in dieser Phase noch recht unterentwickelt ist.

Das zweite Zeitalter ist das des Sohnes und reicht von der Geburt Christi bis in die Gegenwart Joachim de Fiores. Diese Phase ist einerseits eine Art „Zwischenzeit", die Elemente des Alten und des Neuen Testaments enthält, andererseits die Zeit der „Verherrlichung des Sohnes". Ihr ist der Stand der Geistlichen bzw. Propheten zugeordnet. Dies ist die Zeit, in der Gott den Menschen seinen Heilswillen enthüllt, die Zeit der Gnade und Geduld Gottes mit den Menschen. Das zweite Zeitalter ist aber auch davon geprägt, daß diejenigen, die Christus nachfolgen, leiden müssen. Die Menschen befinden sich am Vorabend des dritten und letzten Zeitalters.

Dieser dritte „status" des Heiligen Geistes ist das Zeitalter, das zur Vollendung führt. Ihm ist der Mönchstand zugeordnet. Im dritten Zeitalter ist der Mensch frei von der Welt, von ihren Mühen und Plagen, von Arbeit, Leid und Krieg. Ruhe, Muße, Kontemplation und Jubel treten an ihre Stelle. Den Menschen wird der tiefe geistliche Schriftsinn beider Testamente enthüllt. Die Menschen sind kompromißlos ganz auf Gott ausgerichtet und haben die göttliche Wahrheit verinnerlicht, so daß sie nicht mehr auf Zeichen, Symbole und Bilder oder auf Sakramente angewiesen sind. Um zu glauben, sind sie nicht mehr auf den Buchstaben der Bibel angewiesen. Joachim de Fiore schrieb nirgends, daß die Sakramente und die Bibel deshalb überholt seien. Er sprach von Vollendung, nicht von Revolution oder Auflösung.

Dieses letzte Zeitalter, das Joachim de Fiore beschrieb, war nicht nur für einige Sektierer, sondern auch für das Selbstverständnis der neuen Bettelorden interessant: Am Anfang des dritten Zeitalters stand Benedikt von Nursia als der Begründer des Mönchstums. Am Ende dieser Zeit und damit kurz vor der Vollendung der Geschichte würde ein neuer Orden entstehen, der das geistliche Verstehen der Schrift und die Freiheit im Geist verkörpert. Alle neugegründeten Orden und ordensähnliche Gemeinschaften glaubten sich darin wiederzuerkennen. Vor allem die Franziskaner meinten, daß der Prototyp für diesen Ordensgründer in der Zeit an der Schwelle zur Vollendung nur Franziskus von Assisi sein konnte.

Die traditionelle Methode der Bibelexegese verglich das Alte und das Neue Testament und stellte Parallelen zwischen beiden her bzw. suchte im Alten Testament nach prophetischen Hinweisen auf das Neue Testament. Joachim de Fiore führte diese Methode weiter: Wenn man den inneren geistlichen Schriftsinn des Neuen Testaments erfaßt, hat man den Schlüssel in der Hand, um die Zeit **nach** der Entstehung des Neuen Testaments deuten zu können. So wie es Übereinstimmungen zwischen den Ereignissen des Alten und des Neuen Testaments gab, genauso lassen sich den Ereignissen des Neuen Testaments auch (historische) Ereignisse der Zeit nach seiner Abfassung zuordnen. Stellt man beispielsweise den Schlüsselfiguren des Neuen Testaments die Schlüsselfiguren der Weltgeschichte gegenüber und findet dabei auch noch die richtige Reihenfolge heraus, so kann man ersehen, wie weit man noch vom Ende aller Zeiten entfernt ist.

Als Vergleichstext des Neuen Testaments bot sich für die letzte Phase die Johannesapokalypse an. Neben den Engeln der Siegel und der Posaunen, denen Personen zugeordnet wurden, spielte der siebenköpfige Drache (vgl. Apk 12,1–18; 13,1–10) und das zweite Tier, das der Erde emporsteigt, eine wichtige Rolle (vgl. Apk 13,11–18). In ihm erkannte man den Antichrist. Zu Beginn des dritten Zeitalters würde dieser Antichrist auftreten und die wahren Gläubigen mit schweren Verfolgungen überziehen. Es gab verschiedene Spekulationen, welche historischen Personen den Häuptern des Drachens zuzuordnen seien. Als zeitgenössische Unterdrücker der Gläubigen identifizierte man Sultan Saladin und Kaiser Friedrich II. und seine Nachfolger. Die Machtkämpfe und Auseinandersetzungen der Kaiser des Heiligen Römischen Reiches Deutscher Nation mit den jeweiligen Päpsten als Vertretern der Christenheit wurden als Unterdrückung der Christenheit gedeutet. Joachim de Fiore hatte es offengelassen, wer das siebte und letzte Haupt des Drachen sein werde. Aber nur die wenigsten der Sektierer, die Joachim de Fiores Gedanken weiterspannen, hatten Schriften gelesen. Außerdem waren apokalyptische, spekulative Schriften im Umlauf, die Joachim de Fiore zugeschrieben wurden, aber nicht von ihm stammten. Häufig wurde seine durchaus komplexe Bibelauslegung mündlich weitergegeben.

Gerardo Segarelli und die „Apostolischen Brüder"

Nach der Berechnungsgrundlage Joachim de Fiores sollte das Jahr 1260 ein Stichdatum für das dritte Zeitalter sein. Dies hatte sich vor allem in Italien herumgesprochen und rief Geißler und Büßergemeinschaften auf den Plan. Sie durchzogen Städte und Dörfer und riefen das Volk auf, Buße zu tun, denn das Himmelreich sei nahe (vgl. Mt 3,2; 4,17). Das Jahr 1260 verging, ohne daß etwas geschehen war, das den Anfang vom Ende der Welt signalisiert hätte. Also rechnete man weiter und setzte neue Termine fest, an denen das Weltende hereinbrechen werde.

Die Kirche beäugte die Umtriebe der Geißler und Büßergemeinschaften zwar kritisch, aber sie führten nicht automatisch in die Häresie. Zu einer Gefahr für die Kirche wurden diese Gruppen erst, wenn sie sich der Kontrolle der Kirche entzogen und ihr den Gehorsam verweigerten. Doch genau das taten Gerardo Segarelli und seine „Apostolischen Brüder".

1260 war Gerardo Segarelli mit seiner Büßergemeinschaft in Parma das erste Mal aufgetreten. In ihrem Bußruf dürften sie sich nicht von den anderen Gruppen unterschieden haben. Sie wollten keine neue Lehre verkünden oder die Dogmen der Kirche stürzen, vielmehr konzentrierten sie sich auf das Leben nach dem Vorbild der Apostel und der Urkirche. Die „Apostolischen Brüder" wollten Christus und seinen Jüngern durch ihre freiwillige Armut nachfolgen. Eine gewisse Tendenz zur Radikalität dieser Gruppe wird aber beispielsweise daran deutlich, wie wörtlich Gerardo Segarelli die Nachfolge Christi auffaßte: Er ließ sich angeblich in Windeln wickeln, von einer Amme stillen und beschneiden.

Gerardo Segarelli und seine Anhänger nahmen das urchristliche Ideal sehr ernst und fühlten sich dadurch nicht nur dem Papst, sondern auch allen Bettelorden überlegen. Ihrer Meinung nach hatte die Kirche das urchristliche Ideal der Armut verraten, indem sie die sogenannte Konstantinische Schenkung angenommen hatte und damit Macht und Reichtum besaß. Die „Apostolischen Brüder" hingegen lebten sogar noch bedürfnisloser als der damals strengste Bettelorden, die Franziskaner. Statt zwei Ordensgewändern wie die Franziskaner hatten die Anhänger Segarellis nur ein einziges, das sie außerdem auch noch öffentlich untereinander austauschten, um zu zeigen, daß ihr Herz an keinerlei Eigentum hing. Die Anweisung, nicht für den anderen Tag zu sorgen (vgl. Mt 6, 34), setzen die „Apostolischen Brüder" konsequent in die Tat um, indem sie alle erbettelten Lebensmittel sofort aufaßen und nichts für den nächsten Tag aufbewahrten.

1274 wurden sie auf dem Konzil von Lyon zusammen mit anderen halsstarrigen Gemeinschaften, die sich nicht in bereits bestehende

Orden integrieren wollten, mit dem Kirchenbann belegt. Zwölf Jahre später wurde der Bann erneuert. Papst Honorius IV. (1285–1287) befahl ihnen ausdrücklich, sich in einen Orden einzugliedern, und verbot allen rechtgläubigen Christen, die „Apostolischen Brüder“ z. B. durch Almosen zu unterstützen. Nachdem die Gruppe um Segarelli diesem Befehl nicht Folge leistete und nichts unternahm, um sich vom Kirchenbann zu befreien, und der Bischof von Parma anscheinend auch nicht wirksam gegen die „Apostolischen Brüder“ vorging, sprach 1291 Papst Nikolaus IV. (1288–1292) nochmals über sie das „Anathema sit“ und ließ sie durch die Inquisition verfolgen.

1299 fand in Bologna der Prozeß gegen Segarelli und die „Pseudo-Apostel“, wie sie von den Inquisitoren genannt wurden, statt. Auch vor dem Inquisitionstribunal weigerten sie sich, ihre Lebensform aufzugeben, die ihrer Meinung nach dem urchristlichen Ideal in vollkommener Weise entsprach. Und sie würden sich schon gar nicht von einer Kirche und einem Papst, die eben dieses Ideal verraten hatten, zur Aufgabe ihrer freiwilligen Armut zwingen lassen. Gerardo Segarelli wurde zuerst zu Kerkerhaft verurteilt und ein Jahr später als rückfälliger Ketzer verbrannt.

Die „Apostolischen Brüder“ unter Fra Dolcino

Die „Apostolischen Brüder“ existierten auch nach Segarellis Tod im Jahr 1300 weiter. Fra Dolcino, der uneheliche Sohn eines Priesters aus Novara, wurde Segarellis Nachfolger. Unter seiner Führung erfolgte eine weitere Radikalisierung: 1300 schrieb Fra Dolcino eine Art Sendschreiben, in dem er auf der Grundlage von Joachim de Fiores Lehre von den drei Zeitaltern, seine Vorstellung von vier Zeitaltern kundtat: Die Menschen befänden sich gegenwärtig in der Übergangsphase vom dritten zum vierten Zeitalter, das mit der Gründung der Gemeinschaft der „Apostolischen Brüder“ im Jahre

1260 begonnen hatte und bis zum Jüngsten Gericht dauern werde. Sie als die wahren Apostel würden in dieser Zeit die Führung übernehmen. Der Papstkirche, in der er die „Hure Babylon" der Johannesapokalypse wiedererkannte (vgl. Apk 17,1–18), prophezeite er, daß sie innerhalb der nächsten drei Jahre von einem neuen Kaiser vernichtet werde. Als diese Prophezeiung nicht eintraf, gab er am 3. Dezember 1303 eine überarbeitete Fassung seines Schreibens heraus. In der zweiten Neufassung Ende 1304 mußte er den Zeitpunkt des Untergangs der Kirche nochmals weiter in die Zukunft verschieben. Alle wahren Gläubigen, also vor allem die „Apostolischen Brüder", ermahnte er, sich in der Zwischenzeit zu verbergen. Diese Anweisung hatte den konkreten Hintergrund, daß ihnen die Inquisition auf den Fersen war. Fra Dolcino, der bereits dreimal verhaftet worden war, rief die „Apostolischen Brüder" dazu auf, sich nicht kampflos den Inquisitoren zu ergeben, sondern Widerstand zu leisten. Mit ungefähr 1400 Anhängern und Anhängerinnen, die sowohl aus der näheren Umgebung als auch aus anderen Landstrichen kamen, zog er sich in die Berge bei Vercelli und Novara zurück.

Die Unterdrückungsmaßnahmen hatten bei den „Pseudo-Aposteln" offensichtlich Spuren hinterlassen, denn Dolcinos Anhänger zogen jetzt plündernd durch die Gegend und legten sich mit den Soldaten der Kirche und der weltlichen Obrigkeit an. Die „Apostolischen Brüder" hatten sich von einer zwar teilweise überspannten, aber verhältnismäßig harmlosen Büßergemeinschaft in eine revolutionäre Gruppe verwandelt, der sich zeitweise auch die armen Bauern aus der näheren Umgebung anschlossen.

Sie konnten erst in die Knie gezwungen werden, als Papst Clemens V. (1304–1314) allen Kreuzfahrern, die gegen die „Pseudo-Apostel" zu Felde ziehen würden, einen besonderen Ablaß versprach und seine Truppen mit denen des Bischofs von Vercelli vereinigte. Dennoch mußten sie vier Kreuzzüge durchführen, bis sie die „Pseudo-Apostel" bezwangen. Fra Dolcino und seine Leute hatten sich als letzte Zuflucht auf den Monte Rubello gerettet und wurden, durch einen langen Hungerwinter geschwächt, im März 1307 überwältigt. Das Inquisitionsverfahren gegen Fra Dolcino und die restlichen „Pseudo-Apostel“ begann nach mehreren Monaten Beugehaft. Am 1. Juni 1307 wurden Fra Dolcino und seine Gefährtin Margarita dem weltlichen Arm übergeben. Fra Dolcino mußte mit ansehen, wie seine Freundin bei lebendigem Leib verbrannte. Ihm wurde angeblich jedes Körperglied einzeln mit glühenden Zangen ausgerissen, bis er schließlich auf dem Scheiterhaufen verbrannt wurde.

7. Die Beguins – südfranzösische Beginen und Begarden

In seinem Inquisitionshandbuch setzt sich Bernard Gui von allen darin beschriebenen Häresien am intensivsten mit den südfranzösischen Beginen und Begarden oder, wie sie richtiger heißen, mit den „Beguins" auseinander. Während seiner beiden Amtsperioden als Inquisitor war ihre Ketzerei hoch aktuell und äußerst brisant. Obwohl es sich bei den „Beguins" nur um eine zahlenmäßig relativ kleine Gruppe handelte, wurden sie von der Kirche als besonders bedrohlich empfunden. Ihre Häresie kam nicht von außen, wurde also weder aus einem nichtkatholischen Nachbarland noch aus einer anderen Kultur importiert, sondern sie war im Herzen der Kirche entstanden. Ausgerechnet in einem der beiden neugegründeten Bettelorden war die „Pest" der Ketzerei ausgebrochen. Diejenigen, die angetreten waren, durch ihr Vorbild, ihre Predigt und nicht zuletzt durch ihren Einsatz als Inquisitoren, vor allem die Katharer und Waldenser in Südfrankreich zur Umkehr zu bewegen oder anderweitig unschädlich zu machen, gerieten in den Strudel dogmatischer Auseinandersetzungen.

Die „Beguins" rekrutierten sich aus Personen, die dem Franziskanerorden nahestanden, und aus sogenannten Tertiariern, das heißt Angehörigen des dritten Ordens, der Laienorganisation der Franziskaner, die zwar die Ordensgelübde abgelegt hatten, aber „in der Welt" lebten. Sie sind jedoch nicht mit der Gruppe der niederländisch-belgischen und deutschen Beginen und Begarden identisch. Beide Bezeichnungen „Beguins" und „Beginen" bzw. „Begarden" für die männlichen Gruppenmitglieder sind vermutlich von einem französisch-okzitanischen Verb für „betteln" abgeleitet.

Die südfranzösischen „Beguins" standen im ordensinternen Streit um die Verbindlichkeit des letzten Willens Franziskus' von Assisi und in der Auseinandersetzung um die Radikalität des Lebens in Armut auf der Seite der sogenannten Franziskaner-Spiritualen, die an den Zielen und Idealen des Ordensgründers festhielten. Die Unterdrückung der Franziskaner-Spiritualen im eigenen Orden durch ihre Gegenspieler, die Konventualen, die wechselhafte päpstliche Politik in der Armutsfrage und der Hang einiger Franziskaner-Spiritualen zu kühnen Endzeitphantasien führte zu immer radikaleren Gedanken und Meinungen und brachte sie schließlich an den Rand der Rechtgläubigkeit.

Der Armutsstreit oder Von Kellern und Kornspeichern

Noch zu Lebzeiten des heiligen Franziskus machte der Franziskanerorden tiefgreifende Veränderungen durch: Als Franziskus von Assisi und seine Gefährten in Umbrien anfingen, verfallene Kirchen zu reparieren und Leprakranke zu pflegen, waren sie eine überschaubare kleine Bruderschaft. Sie lebten in „fröhlicher Armut" und strenger Askese und bewältigten die Gratwanderung zwischen Eremitendasein und Seelsorge. Mit dem immensen Zulauf, den die Franziskaner erfuhren, und ihrer rasanten Verbreitung über halb Europa änderte sich auch das Gesicht des Ordens. Das Ideal eines Lebens in völliger Bedürfnislosigkeit, strenger Askese und „Armut im Geiste" begann mit der Alltagsrealität zu kollidieren: Ursprünglich standen das einfache Leben der Brüder, die zum Teil durch Hilfsdienste und handwerkliche Tätigkeiten ihren Lebensunterhalt bestritten, und eine schlichte Buß- und Mahnpredigt im Vordergrund. Die neu hinzugekommenen Brüder trugen den Wunsch nach geistiger Nahrung, d. h. nach einer akademisch-theologischen Ausbildung für Predigt und Seelsorge, in die Ordensgemeinschaft. Das hieß, daß Konvente und Ordensschulen gegründet werden mußten und das Modell, sich durch eigener Hände Arbeit kurzfristig zu finanzieren, so nicht mehr funktionierte. Zudem gewann der Orden durch seine Größe und Verbreitung und durch die Unterstützung der Päpste Macht und Einfluß innerhalb der Gesamtkirche. Dem stand die mittlerweile mehrfach überarbeitete Ordensregel, vor allem aber das Testament des heiligen Franziskus im Wege. In seinem Letzten Willen hatte Franziskus von Assisi (gestorben am 3. Oktober 1226) seine Mitbrüder auf die ursprünglichen Ideale verpflichtet und verfügt, daß sein Testament weder interpretiert noch kommentiert werden dürfe und stets zusammen mit der Ordensregel zu verlesen sei. Außerdem hatte er dem Orden verboten, Schutzbriefe oder päpstliche Privilegien anzunehmen. Für die Mehrheit der Ordensmitglieder war dieses Vermächtnis des Ordensgründers Franziskus nicht mehr ohne weiteres mit der aktuellen Situation in Einklang zu bringen. Die einstigen Gefährten des heiligen Franziskus und ihre Mitbrüder in den Gemeinschaften in Umbrien und der Mark Ancona vertraten dagegen die Ansicht, daß eine Abkehr vom Ursprungsgedanken einer Verweltlichung des Ordens und damit strenggenommen einem Bruch des Armutsgelübdes gleichkam. Sie wollten, daß der Geist des Testaments des „Poverello" erhalten blieb. Der tiefere „geistliche Sinn", der den Franziskanerorden von allen anderen Klostergemeinschaften und auch vom Dominikanerorden als dem zweiten neuen Bettelorden unterschied, durfte nicht leichtfertig dem Alltagsgeschäft geopfert werden. Wegen der Betonung des „geistlichen Gehalts" der Regel und des Testaments wurden sie daher „Spirituale" genannt.

Da die Päpste bisher dem Orden wohl gesonnen waren, wandte man sich auch an den Heiligen Stuhl, als die Auseinandersetzung um das Armutsideal intern nicht mehr zu lösen war. Papst Gregor IX. (1227–1241) sollte entscheiden, ob das Testament verbindlichen Charakter hatte, also nicht interpretiert werden durfte. Und er entschied sich in seiner Bulle vom 28. September 1230 gegen die Verbindlichkeit des Testaments. Damit war es möglich, neu zu definieren, was der Orden unter Armut und Besitzlosigkeit in Zukunft verstehen wollte. Die individuelle Besitzlosigkeit jedes Ordensmitglieds stand außer Frage. Es ging vielmehr darum, ob der gesamte Orden über Eigentum als Existenzgrundlage verfügen darf.

Um das Problem, Existenzsicherung oder völlige Besitzlosigkeit, zu lösen, definierten Papst Gregor IX. und seine Nachfolger den sogenannten „einfachen Gebrauch“, den „usus simplex“: Zum einen wurde der Orden dem Heiligen Stuhl direkt unterstellt (päpstliche Bulle vom 21. August 1231), zum anderen wurde bestimmt, daß mobiles und immobiles Eigentum wie Gebäude und Grundbesitz nicht dem Orden, sondern dem Heiligen Stuhl gehöre und dieser es dem Orden nur zur Nutzung überlasse. Damit war nominell die „Besitzlosigkeit“ des Ordens beibehalten, es war aber auch der Weg frei für Ausführungsbestimmungen, sogenannte Konstitutionen der Ordensregel, die unter anderem auch den Dispens von individueller Armut, z. B. bei der Ausübung bestimmter kirchlicher Ämter, regelten.

Die Spiritualen waren mit dieser grundsätzlichen Regelung alles andere als zufrieden. Einer ihrer berühmtesten Vertreter, Petrus Johannis Olivi aus dem Konvent in Narbonne, stellte dem sogenannten „einfachen Gebrauch“ („usus simplex“) weltlicher Güter den sogenannten „usus pauper“ gegenüber. Er forderte, daß mit Ämtern, Macht und Besitz so umzugehen sei, als hätte man sie nicht. Wenn sich ein Franziskaner beim **Gebrauch** weltlicher Güter nicht wie ein Armer, sondern wie ein Reicher fühlt oder verhält und dies immer wieder und in gröblichster Weise vorkommt, bricht er das Ordensgelübde und begeht damit eine Todsünde.

Die Fronten innerhalb des Franziskanerordens waren verhärtet. Da die Spiritualen in der Minderheit waren, wurden sie von ihren Gegnern, den Konventualen, die meistens in der Ordensleitung waren, unterdrückt und ab 1250 zum Teil auch grausam verfolgt und drangsaliert. Das Konzil von Vienne 1312 war für die Franziskaner-Spiritualen ein kurzer Hoffnungsschimmer. Papst Clemens V. (1302–1314) erließ Bestimmungen, in denen er die Auslegung der Franziskanerregel im Sinne der Spiritualen befürwortete. Doch schon vier Jahre später änderte sich die spiritualenfreundliche Haltung des Vatikans. Denn sein Nachfolger im Amt, Johannes XXII. (1316–1334), vertrat den Standpunkt, daß „Armut etwas Großes, die Einigkeit aber noch größer“ sei, zog den Erlaß Clemens' V. ein und ersetzte ihn durch die Bulle „Quorumdam exigit“, die die Anweisungen, die Clemens V. gab, ins genaue Gegenteil verkehrte: Fortan war es den Ordensoberen überlassen festzulegen, was ein „ärmliches Gewand“ sei und wann und unter welchen Umständen es erlaubt sei, in Kellern und Kornkammern Vorräte zu lagern.

Damit war ein neuer Tatbestand der Häresie geschaffen: Jeder, der dem Papst das Recht absprach, eine solche Bestimmung zu erlassen, machte sich der Ketzerei schuldig. Dieser Tatbestand wurde vier Franziskaner-Spiritualen zum Verhängnis. Sie widersprachen dem Inhalt der päpstlichen Bulle und verweigerten damit dem Papst den Gehorsam. Im Mai 1318 wurden sie in Marseille als Ketzer verbrannt. Von den Franziskaner-Spiritualen und ihren Anhängern wurden sie als Märtyrer für den rechten Glauben verehrt. Wer aber verurteilten Häretikern huldigte, war ebenfalls ein Ketzer.

Aus dem ordensinternen Streit der Franziskaner war ein Politikum geworden, das die gesamte Kirche betraf, zumal radikale Spiritualen forderten, daß die Kirche als Ganzes keinerlei Besitz haben dürfe. Die Franziskaner-Spiritualen vertraten die These, daß Jesus und seine Jünger **absolut** besitzlos gelebt hatten und die Kirche als Nachfolgerin der Apostel auch keinerlei Besitz haben dürfe. In dieser Debatte meldeten sich auch die Dominikaner zu Wort, die durch entsprechende Abhandlungen und Traktate auf Papst Johannes XXII. offensichtlich erfolgreich Einfluß ausübten. Er verwarf jedenfalls die These, daß Jesus und seine Jünger **absolut arm** waren, als häretisch. Damit hatte das Verständnis von Armut der Dominikaner über das der Franziskaner gesiegt. Inwiefern dabei die alte Rivalität zwischen beiden Bettelorden eine Rolle spielte, sei dahingestellt; fest steht, daß die Mehrzahl der Inquisitoren mittlerweile aus dem Dominikanerorden kam und in dieser Funktion über das Wohl und Wehe ihrer „kleinen Brüder im Herrn“ befand.

Die Häresie der Beguins oder Vom Antichrist und der „Hure Babylon"

Durch die Rezeption des Apokalypsenkommentars des Franziskaner-Spiritualen Petrus Johannis Olivi und seiner Anhänger erhielt der Armutsstreit eine eschatologische Dimension: Die Ereignisse im Franziskanerorden, vor allem der Druck, der auf die Franziskaner-Spiritualen ausgeübt wurde, deuteten sie als Anzeichen für den Beginn des dritten Zeitalters und für das Bevorstehen des Weltendes. Im zweiten Drittel des 13. Jahrhunderts waren die Gedanken Joachim de Fiores nicht nur bei radikalen Büßergemeinschaften beliebt, sondern auch die Mitglieder des Franziskanerordens setzten sich damit auseinander. Die Gelehrsamkeit und das akademische Theologiestudium hatte mittlerweile Einzug in den Orden gehalten. Petrus Johannis Olivi war nicht nur einer der wichtigsten Vertreter des sogenannten Joachimismus, sondern auch einer der bedeutendsten franziskanischen Scholastiker.

Petrus Johannis Olivi

1248 kam Petrus Johannis Olivi in Sérignan im Languedoc zur Welt, trat um 1260 bei den Franziskanern der südfranzösischen Provinz ein und studierte in Paris Philosophie und Theologie. Anders als bei den Dominikanern war Aristoteles bei den Franziskanern verpönt. In der aristotelischen Philosophie bzw. darin, welchen Stellenwert diese bei den Dominikanern hatte, sah Petrus Johannis Olivi eine Verführung des Antichrist, die von der apostolischen Armut ablenkte. Petrus Johannis Olivi verfaßte mehrere Bibelkommentare wie beispielsweise eine Auslegung des Vaterunsers und knüpfte in seiner Theologie an Augustinus an. Er war dabei streng bemüht, im Rahmen der Orthodoxie zu bleiben und eine Reform der Kirche von innen heraus zu bewirken. Nach dem Studium war er Lektor im Konvent in Florenz, wo er sehr wahrscheinlich Kontakt zu den Franziskaner-Spiritualen hatte. Am 14. März 1298 starb er als Lektor im Franziskaner-Kloster in Narbonne.

Wann genau er in seine Theologie eschatologische Fragen und Vorstellungen Joachim de Fiores aufnahm, ist nicht bekannt, allerdings wurde er bereits 1281 gewarnt, Zukunftsberechnungen anzustellen. Ähnlich wie bei Joachim de Fiore wurden auch seine Schriften in verkürzter und populistischer Form weiter verbreitet. Das größte Gewicht hatte sein Kommentar zur Johannesapokalypse, den er ein Jahr vor seinem Tod, 1297, verfaßte.

Petrus Johannis Olivi teilte die Zeit in sieben Zeitalter der Kirche ein. Im letzten Zeitalter kehrt die Kirche wieder zu ihrem christlichen Ursprung zurück. In Franziskus von Assisi trat Christus von neuem auf Erden auf. Franziskus führte daher den Beginn eines neuen Zeitalters herauf. In seiner „Urregel", dem neuen Evangelium, zeigt sich der wahre Sinn des Evangeliums. Wie bei Joachim de Fiore müssen auch in der Interpretation von Petrus Johannis Olivi die wahren Christen entsprechend den Leiden Christi schwere Verfolgungen erdulden. Die vollkommene geistliche Wahrheit werde den wahren Christen, die gleichzeitig die wahren Nachfolger des heiligen Franziskus sind, erst nach dieser Leidenszeit zuteil. Leid wird ihnen durch die „fleischliche Kirche", vor allem durch die Feinde der Armut und durch diejenigen zugefügt, die ihr Heil in antiker heidnischer Gelehrsamkeit und Philosophie suchen. Seiner Berechnung nach findet dies im fünften Zeitalter der Kirche statt. Petrus Johannis Olivi sprach aber auch von einem „Antichrist", der möglicherweise aus den eigenen Reihen der Kirche kommen könne und eine Art Pseudo-Papst sei; aber er identifizierte keine lebende zeitgenössische Person mit dem „Antichrist". Er lehnte auch die Kirche und den Papst trotz aller Kirchenkritik nicht ab, sondern hoffte auf eine Reform.

Seine Zukunftsdeutungen und die Beschreibung der Situation der Franziskaner-Spiritualen in eschatologischen Kategorien fanden unter anderem in seiner Ordensprovinz im Midi glühende Anhänger. 1285 wurde er daher angeklagt, Anführer einer „abergläubischen Sekte“ zu sein.

Die südfranzösischen Tertiarier und die „Beguins“ erkannten in seinen trotz allem noch vorsichtigen Deutungen ihre konkrete Situation wieder. Die Verfolger der wahren Nachfolger des Franziskus von Assisi trugen die Namen der Ordensoberen. Die „fleischlich gesinnte Kirche“ war identisch mit der gegenwärtigen Kirche.

Verstärkt wurde diese Tendenz, in der gegenwärtigen Kirche die „Hure Babylon“ der Johannesapokalypse zu sehen, als nach Olivis Tod ein regelrechter Heiligenkult um seine Person ausbrach, den die Kirche massiv zu unterdrücken suchte. Im Midi wurden Wallfahrten zu seinem Grab in Narbonne unternommen, man beging seinen Todestag wie einen Feiertag, und man sah in ihm den Engel des siebten Siegels. (Apk 8,1–5)

Die Kirche schritt ein: 1311 wurden nicht nur auf dem Konzil von Vienne zwei Beschlüsse gegen häretische Beginen gefaßt, sondern auch Anklage gegen Olivis sogenannte „Apokalypsenpostille“ wegen Häresieverdachts erhoben. 1326 verurteilte Papst Johannes XXII. diese Schrift als häretisch. 1317 hatte er bereits Olivis Gebeine ausgraben und sein Grab zerstören lassen.

Olivis Bücher zu kennen oder zu besitzen, galt als inkriminierend. Einzelne Sätze, die im Zusammenhang seiner Bibelexegese standen, wurden herausgenommen und stellten Ketzerei dar. Zu Lebzeiten Olivis hatte ein Visionär die Einsicht, daß man Christus die Lanze in die Seite stach, als dieser noch lebte, und nicht erst nach seinem Tod. Olivi hatte diese Vision aufgegriffen und Joh 19,34 dahingehend ausgelegt. Wer sich dieser Spekulation anschloß, machte sich ebenfalls der Ketzerei schuldig.

Anhand der Fragenkataloge Bernhard Guis zu den Beginen lassen sich die Kriterien für deren Ketzerei gut ablesen: die Stellung zur Bulle „Quorumdam exigit“, die Verehrung der vier als Ketzer verbrannten Franziskaner in Marseille, die Verehrung von Petrus Johannis Olivi als nichtkanonisiertem Heiligen, die Kenntnis der Stelle, in der es darum geht, ob Jesus noch lebte, als ihm der Soldat die Lanzenspitze in die Seite stach, und das Verhältnis zur gegenwärtigen sichtbaren Kirche.

Das Verbreitungsgebiet dieser Ketzerei deckte sich mit Bernard Guis Einzugsgebiet als Inquisitor. Hauptzentren waren die Städte Narbonne und Béziers: Hier waren die einzigen Konvente, die von Spiritualen geleitet wurden. Außerdem war Petrus Johannis Olivi in Narbonne zuletzt als Lektor tätig, und dort befand sich sein Grab. In Béziers hatten die Beguins und Franziskaner-Spiritualen mächtige Unterstützer. Der Herr der Stadt, Pierre Trencavel, und seine Tochter halfen denjenigen, die vor der Inquisition flüchteten, bis sie 1326 oder 1327 selbst von der Inquisition erfaßt wurden. Etwa 100 Beginen, Tertiarier und Franziskaner-Spiritualen starben auf dem Scheiterhaufen, bis 1330 das „Beginen-Problem" in Südfrankreich gelöst war.

Obwohl es sich immer nur um kleine Grüppchen handelte, die manchmal auch nur aus zwei bis drei Personen bestanden, waren sie doch relativ weit verbreitet: von Toulouse bis Avignon und sogar bis ins Königreich Aragón und an der Küste entlang, von Perpignan bis nach Nizza. Dieses Gebiet entsprach zwar räumlich dem Verbreitungsgebiet der Katharer und Waldenser, aber den Franziskaner-Spiritualen, Beginen und Tertiariern lag nichts ferner, als sich diesen Ketzergruppen anzuschließen.

8. Die Juden

Nach der Zerschlagung der Grafschaft von Toulouse und der schrittweisen Zerstörung der okzitanischen Kultur durch die Albigenserkreuzzüge (1209–1229) verschlechterte sich auch die Situation der Juden in Südfrankreich. Während die Juden im traditionell eher toleranten Languedoc vor allem am Hof der Vizegrafen von Beziérs und Carcassonne gern gesehen waren und zum Teil wichtige Ämter innehatten, bekamen sie zur Zeit als Bernard Gui als Inquisitor von Toulouse und Carcassonne tätig war, die Folgen restriktiver und judenfeindlicher Maßnahmen zu spüren.

Die Juden galten nicht nur als Feinde der Kirche, spätestens seit der Propaganda für den ersten Kreuzzug ins Heilige Land (1096–1099) sah man in ihnen wie in den Mohammedanern die „Feinde Gottes". Christliche Prediger übertrugen das Feindbild der Moslems kurzerhand auf die Juden. Die Kreuzfahrer rüsteten sich, um gegen die Erzfeinde Gottes im fernen Orient zu kämpfen. Auf ihrem Weg dorthin räumten sie mit dem „gottesfeindlichsten Volk", das mitten unter ihnen lebte, den Juden, auf. Denn mit dem Ziel, das Heilige Land zu befreien, verbanden die Kreuzfahrer auch den Wunsch, den endgültigen Sieg des Christentums über alle anderen Religionen, wie er am Ende aller Zeiten eintreten sollte, vorwegzunehmen. Die Kreuzfahrerheere überfielen im Jahr 1096 jüdische Gemeinden in Nordfrankeich, im Rheinland und in der Provence. Wie in Rouen, Mainz und Worms stellten sie die Juden vor die Wahl „Tod oder Taufe" oder metzelten sie gleich nieder. Verbriefte Rechte und das Versprechen, sie zu schützen, das sich die jeweiligen Landesfürsten, z. B. durch die sogenannte Judensteuer, teuer bezahlen ließen, halfen den Juden nichts, wenn sie es mit fanatisierten Kreuzfahrern zu tun hatten. Die Mission der Kreuzfahrer war klar. Sie bestand darin, die Vormachtstellung des Christentums in Palästina oder anderswo zu sichern. Als Gegenleistung stellte der Papst die Kreuzfahrer für die Dauer der Teilnahme am Kreuzzug unter anderem von allen Schuldenrückzahlungen frei. Für die Kirche war es ein leichtes, großzügig zu sein, denn die Zeche zahlten die Gläubiger, die das Geld verliehen hatten, und das waren zumeist Juden. Darüber hinaus gab es Bestrebungen, die Juden generell für die Finanzierung der Kreuzzüge aufkommen zu lassen. Im Heiligen Land angekommen, waren es wieder die Juden, die den christlichen Heerscharen zum Opfer fielen. Sie wurden entweder anstelle der Mohammedaner oder zusammen mit ihnen umgebracht. Den Kreuzfahrern lag nichts daran zu differenzieren. Diese Erfahrung hatten auch die südfranzösischen Juden gleich zu Beginn des Albigenserkreuzzugs machen müssen. Wenn schon der geistliche Heerführer der Abt Arnaud-Amaury kein Erbarmen mit den rechtgläubigen Bewohnern Beziérs hatte, wie konnten dann die Juden darauf hoffen, daß sie ein anderes Schicksal erwarten würde als die echten oder vermeintlichen Ketzer, die am 20. Juli 1209 beim Überfall auf die Stadt brutal ermordet wurden? Ketzer, Rechtgläubige und Juden wußten seither: Dieses christliche Heer, das hauptsächlich aus plünderungswütigen Söldnern zusammengewürfelt war, kannte keine Gnade. Diese christlichen Kreuzfahrer, die ein christliches Land durchzogen und verwüsteten, um dem Glauben wieder zu seinem Recht zu verhelfen, waren in erster Linie auf Beute aus. Die einen wollten die 40 Tage, die der Ablaß währte, möglichst gewinnbringend nutzen. Die anderen, vor allem die nordfranzösischen Ritter und Barone durften darauf hoffen, nach dem erfolgreichen Abschluß ihrer Mission, die neuen Herren Südfrankreichs zu werden, so wie es ihnen Papst Innozenz III. versprochen hatte. Das Kreuzfahrerheer ging im Languedoc nach einem ähnlichen Muster vor wie im Heiligen Land: Dort mußten anstelle der Sarazenen die Juden dran glauben, hier hielt man sich an den Juden schadlos, wenn es keine Ketzer gab. Nach dem Massaker von Beziérs rückte das Kreuzzugsheer gegen

Narbonne vor; die Stadt war als rechtgläubig bekannt. Ketzer waren hier kaum zu finden, statt dessen gab es reiche Juden in der Stadt. Unter der Bedingung der Kreuzfahrer, den gesamten Besitz der Juden an den Herzog von Burgund auszuliefern, wurde Narbonne nicht weiter behelligt. In Toulouse hatte sich während der Albigenserkreuzzüge eine Art „mittelalterlicher Ku-Klux-Klan" gebildet. Unter der Führung des ehemaligen Troubadours Fulko, der inzwischen Bischof von Toulouse war, wütete die „Confrèrie Blanche" gegen Häretiker und „Wucherer". Jenseits von Gesetz und Ordnung versetzte diese Terrorgruppe nicht nur die Ketzer, sondern auch die Juden, die mit den „Wucherern" gemeint waren, in Angst und Schrecken, wenn sie mordend, plündernd und brandschatzend durch die Stadt zogen. Dieser Trupp schloß sich zunächst den Kreuzfahrern an. Als sie jedoch sahen, daß die Kreuzfahrer das Land in erster Linie von südfranzösischen Kleinadligen statt von Ketzern „säuberten", wechselte Bischof Fulko die Seiten und trat ins Lager seines Erzfeindes, des Grafen Raimond VI. von Toulouse, über.

Wenn es darum ging, die Feinde der Christenheit zu unterdrücken, machten nicht nur die Kreuzfahrer und das „einfache Volk" keine großen Unterschiede. Das 4. Laterankonzil von 1215, in dessen Mittelpunkt die Beschlüsse gegen Häretiker standen, verschärfte bei dieser Gelegenheit auch die Bestimmungen gegen die Juden. Die Kirche bediente sich vergleichbarer Unterdrückungsmaßnahmen: Sowohl gegen Ketzer als auch gegen Juden, vor allem gegen Konvertiten, die zum Judentum zurückgekehrt waren, setzte man die Inquisition ein. Die Dominikaner, die für ihre judenfeindliche Haltung bekannt waren, bildeten auch hier die Speerspitze. Die Kennzeichnung der Kleidung, z. B. durch Applikationen in der Schandfarbe Gelb, den Ketzern als zeitlich befristete „leichte Buße", den Juden als generelles Unterscheidungsmerkmal gegenüber Christen auferlegt, hatte in beiden Fällen die soziale Ausgrenzung zur Folge.

Bernard Gui weitet seine Anleitungen und Empfehlungen für den Umgang mit Ketzern auf Juden bzw. zwangskonvertierte Juden, die sich wieder dem Judentum anschlossen, aus. Ähnlich wie bei den zu seiner Amtszeit als Inquisitor virulenten Ketzergruppen legt er auch hier das Modell der Erzketzer, der „Manichäer", also der Katharer, zugrunde. In Bernard Guis Darstellung und Beurteilung der Juden gehen nicht nur aktuelle kirchenrechtliche Bestimmungen ein, sondern auch judenfeindliche Vorstellungen, unter denen die Juden etwa seit dem 11. Jahrhundert in mehr oder minder ausgeprägter Form in Frankreich, Italien, Deutschland und England zu leiden hatten.

Die Juden in Südfrankreich

Die Geschichte der Juden in Südfrankreich ist eine besonders wechselvolle. Nicht zuletzt deshalb, weil dieses Gebiet vom Frühmittelalter an bzw. seit der Zeit der Völkerwanderung bis zum Ende der weitgehenden Unabhängigkeit Okzitaniens vom Königreich Frankreich im ausgehenden Mittelalter dem Einflußbereich unterschiedlicher Herrscher angehörte. Diese Herrscher machten ihre eigene Judenpolitik mit wechselnden judenfreundlichen oder judenfeindlichen Tendenzen und den entsprechenden Verordnungen und Bestimmungen. Viele dieser Beschlüsse, die stark ins Leben der Juden eingriffen, waren von der Haltung des jeweiligen Papstes gegenüber den Juden und kirchenpolitischen Interessen abhängig.

Als die Christenheit unter dem spätrömischen Kaiser Theodosius I. (379–395) zur Staatsreligion avancierte, änderte sich die rechtliche Stellung der Juden. Noch 100 Jahre vor der Bekehrung Kaiser Konstantins 312 war den Juden im gesamten Reich das volle römische Bürgerrecht zuerkannt worden. Theodosius I. mußte gegen fanatisierte Christen mit den Mitteln des Rechts und der Staatsgewalt vorgehen, um durchzusetzen, daß die jüdische Religion und die Ausübung des jüdischen Kultus geduldet wurden. Als im Jahre 388 Christen die Synagoge von Kallinikon am Euphrat plünderten und zerstörten, konnte sich Kaiser Theodosius I. jedoch nicht gegen Ambrosius von

Mailand durchsetzen, der sich weigerte, die Synagoge aus Kirchenmitteln wiederaufzubauen, wie es das damalige Kirchenrecht vorsah. Theodosius II. (408–450) erließ einerseits Gesetze zum Schutz der Juden und Heiden gegen Übergriffe der Christen, verbot aber gleichzeitig den Juden, bereits bestehende Synagogen auszubauen oder neue Synagogen zu errichten. Er stellte die Beschneidung von Nichtjuden und den sogenannten Proselytismus, die Bekehrung zum Judentum, unter Strafe. Außerdem schloß er die Juden von allen militärischen und administrativen Führungspositionen aus. Wie bereits in den Beschlüssen der Synode von Elvira (um 306) schlug sich im sogenannten Codex Theodosianus von 438/39, der Sammlung kaiserlicher Verfügungen seit 312, der Wille nieder, die eigene christliche Religion zu schützen und das christlich gewordene Reich zu verteidigen.

In Südgallien, das in etwa dem heutigen Südfrankreich entspricht, sind seit dem 6. Jahrhundert jüdische Gemeinden in Auch, Narbonne, Toulouse-Avignon und Agde belegt. Da sich das Reich der Westgoten nicht nur über ganz Spanien, sondern auch über diese Gegend bis nach Marseille erstreckte, unterlagen die dort lebenden Juden auch deren Politik und Gesetzgebung. Solange die Westgoten noch Arianer waren, herrschte in ihrem Reich ein für die Juden günstiges Klima. Das änderte sich Ende des 6. Jahrhunderts, als der Westgotenkönig Rekkared zum Katholizismus übertrat. Im Jahre 589 erklärte das 3. Konzil von Toledo das Christentum zur Staatsreligion des Westgotenreichs. Die rechtliche Stellung der Juden, die bislang der Codex Theodosianus bestimmt hatte, wurde durch eine ganze Reihe von Konzilsbeschlüssen neu geregelt, deren Ziel es war, die jüdischen Gemeinden aufzulösen: Den Juden wurden Christinnen als Gattinnen oder Konkubinen verboten. Juden durften keine christlichen Sklaven mehr erwerben oder halten, zum Judentum übergetretene christliche Sklaven waren ohne Entschädigung für den Eigentümer freizulassen. Juden durften außerdem keine Staatsämter mehr übernehmen, in denen sie Christen mit Strafen belegen konnten. Die Juden Narbonnes wurden gezwungen, die christliche Sonntagsruhe einzuhalten.

Ab 612 wurden die antijüdischen Maßnahmen weiter verschärft: Juden mußten sich zwangsweise bekehren, oder sie wurden vertrieben. Das 4. Konzil von Toledo beschloß 633 unter dem Vorsitz von Isidor von Sevilla zehn Judenkapitel, von denen acht in das Dekretum Gratini, die maßgebliche Kirchenrechtssammlung des Mittelalters, eingingen. Das Konzil beschäftigte sich unter anderem mit der Frage der Zwangstaufe und was mit Juden zu geschehen habe, die zwangsweise bekehrt oder zwangsgetauft worden waren, aber wieder zum Judentum zurückkehrten und, wie mit sogenannten Scheinchristen umzugehen sei, die heimlich den jüdischen Ritus praktizierten. Man hielt zwar daran fest, daß eine Bekehrung grundsätzlich freiwillig sein müsse, erklärte aber auch die Zwangstaufen, die bereits erfolgt waren für gültig. Konvertiten, die sich wieder dem Judentum zuwandten, nahm man die männlichen Kinder und Sklaven weg, wenn sie von ihnen beschnitten worden waren. Außerdem konnten die rückfälligen Konvertiten ihren Besitz nicht vererben oder ein Testament machen. Sogenannte Glaubensjuden durften keine öffentlichen Ämter bekleiden und christliche Sklaven besitzen oder kaufen. Ferner war es ihnen bei Strafe verboten, Kontakt mit Juden aufzunehmen, die zum Christentum übergetreten waren. In jüdisch-christlichen Mischehen mußte der Partner zum Christentum konvertieren, auch die Kinder mußten Christen werden, und nur ihnen fiel das Erbe zu. Obwohl sich Papst Gregor I. (590–604) gegen die Zwangstaufe und für „Milde und Güte" im Umgang mit Juden ausgesprochen hatte, wurden Zwangstaufen weiter durchgeführt. Geistliche und Laien, die Juden in irgendeiner Form begünstigten, drohte die Exkommunikation. Die folgenden Konzile von Toledo setzten die Juden immer mehr unter Druck, sich taufen zu lassen. Wer sich nicht taufen ließ, wurde mit Züchtigung, Verbannung und Güterkonfiskation bestraft. Schließlich warf man den Juden indirekt vor, mit den Moslems in Nordafrika gemeinsame Sache zu machen, und beschloß, die Juden zu enteignen und zu versklaven. Ein Teil dieser repressiven Bestimmungen ging ins Kirchenrecht ein und wirkte bis in die Neuzeit weiter.

Die Unterdrückung der Juden durch die Westgoten zwang viele zur Flucht ins Frankenreich der Merowinger, wo sie jedoch König Dagobert (623–639) ebenfalls vor die Alternative Taufe oder Vertreibung stellte. Ab 711 war mit der Eroberung Spaniens und Teilen Frankreichs durch die islamischen Heere die Herrschaft der Westgoten beendet. Für die Juden Südfrankreichs und Spaniens begann ein „goldenes Zeitalter", eine Blütezeit jüdischer Kultur und Wissenschaft.

Karl der Große und seine Nachfolger vertraten eine judenfreundliche Politik, die sich unter anderem die guten Handelsbeziehungen der Juden in den Orient zunutze machte. In Südfrankreich verfügten die Juden auch über Grundbesitz. Kaiser Ludwig der Fromme gewährte jüdischen Gemeinden, wie beispielsweise der Gemeinde von Lyon, Privilegien, die auf heftigen Widerstand der Bischöfe stießen, wenn er der Kirche untersagte, die heidnischen Sklaven der Juden zu taufen. Die Freibriefe Ludwigs (um 825) erlaubten den Juden nach „ihrem Gesetz" zu leben, sagten ihnen Bewegungs- und Handelsfreiheit zu und versprachen ihnen Schutz für Leib und Leben. Im 9. Jahrhundert scheint das Zusammenleben zwischen Juden und Christen im Karolingerreich vergleichsweise spannungsfrei gewesen zu sein. Für Bischof Agobard von Lyon ging das anscheinend zu weit. Er beschwerte sich beim Erzbischof und dem Vizegrafen von Lyon, daß die Juden zwei neue Synagogen bauen durften und der Markttag ihretwegen von Samstag, dem jüdischen Schabbat, auf den christlichen Sonntag verlegt wurde.

Die Staufer verbanden den Schutz und die Privilegien, die sie den Juden gewährten, damit, die Juden dem kaiserlichen Fiskus zuzuordnen, sie als sogenannte Kammerknechte zu betrachten. Damit entbrannte ein neuerlicher Streit zwischen Kaiser und Papst. Diesmal ging es darum, wer die Hoheit über die Juden habe. Die Kirche behauptete bereits seit den Kirchenvätern, daß die Juden als Strafe für die Kreuzigung Jesu zu ewiger Knechtschaft verdammt worden seien. Sie hätten sich Jesus gegenüber genauso verhalten wie einst Kain, der seinen Bruder Abel erschlug. Die Kirche nahm für sich das ausschließliche Recht der Kontrolle über die Juden innerhalb der gesamten Christenheit in Anspruch. Den christlichen Herrschern überließ sie die unmittelbare Überwachung der Juden in ihren Territorien.

Papst Innozenz III. (1198–1216) bekräftigte 1199, daß den Juden kein Schaden an Leib und Leben zugefügt werden darf. Ihr Eigentum soll nicht angetastet, ihre Feiertage sollen nicht entweiht, ihre Friedhöfe nicht geschändet werden. Er verbot, die Juden mit Gewalt zur Taufe zu zwingen. 1201 definierte Innozenz III. jedoch in einer Verfügung, die in das Kirchenrecht aufgenommen wurde, was unter Zwang zu verstehen sei: Er unterschied zwischen bedingtem und absolutem Zwang. Jede, wenn auch nur vorübergehende Zustimmung, selbst wenn sie unter der Androhung des Todes zustande gekommen sei, galt als freiwillig. Die Bekehrung war daher unwiderrufbar. Wer trotzdem seine Bekehrung widerrief und zum Judentum zurückkehrte, machte sich des Abfalls vom Christentum, der Apostasie schuldig. Papst Clemens IV. (1265–1268) bestimmte 1267 in seiner Bulle „Turbato corde", daß „Apostaten", das heißt (zwangs)konvertierte Juden, die sich vom Christentum abwandten, wie Ketzer zu behandeln seien. Auf Apostasie stand somit die Todesstrafe durch Verbrennung bei lebendigem Leib. Zur Verfolgung der Apostaten setzte Papst Clemens IV. die Inquisitoren des Dominikaner- und Franzikanerordens ein.

1215 verabschiedete das 4. Laterankonzil unter Papst Innozenz III. vier Kanones, die die Lebensbedingungen der Juden weiter verschlechterten: Die Juden mußten den sogenannten Kirchenzehnten auf Landbesitz entrichten. Von Gründonnerstag ab durften sie sich vier Tage lang nicht in der Öffentlichkeit sehen lassen. Sie hatten sich in ihrer Kleidung deutlich von den Christen zu unterscheiden. Allen, die Juden Ämter übertrugen, drohte die Exkommunikation. Freiwillig zum Christentum konvertierte Juden waren daran zu hindern, wieder in den jüdischen Glauben zurückzufallen.

Papst Innozenz IV. (1243–1254) befürwortete zu diesem Zweck und zur Bekehrung der Juden ausdrücklich, daß sie dazu gezwungen wurden, die Predigten der Bettelmönche, vor allem der Dominikaner anzuhören. Der König von Aragón hatte diese Zwangspredigten bereits in seinem Territorium eingeführt. Die Entführung und Zwangstaufe jüdischer Kinder verurteilte Innozenz IV. Sein Vorgänger auf dem Stuhl Petri, Gregor IX. (1227–1241) leitete aus dem Anspruch, die rechtliche Hoheit über die Juden zu besitzen, die Notwendigkeit ab, auch die jüdische Rechtgläubigkeit zu überwachen. Er mischte sich daher in den Streit um die Schriften des berühmten jüdischen Philosophen und Talmudkommentators Maimonides ein und ließ 1232 seine Schriften von den Dominikanern verbrennen. Einige Jahre später richtete er sein Augenmerk auf den Talmud. Der Konvertit Nicolas Donin hatte behauptet, daß sich vor allem in den erzählenden Teilen des Talmud antichristliche und unsittliche Äußerungen und Lehren befänden. Mit diesem Vorwurf wandte er sich an den Papst, der 1239 die französischen, spanischen und englischen Bischöfe und die Dominikaner damit beauftragte, alle Talmudexemplare, derer sie habhaft werden konnten, zu konfiszieren, damit die Vorwürfe überprüft werden könnten. Im Juni 1240 fand am königlichen Hof in Paris die erste große öffentliche Talmuddisputation statt. An ihr nahmen der judenfeindlich gesinnte französische König Ludwig IX., genannt der Heilige, Nicolas Donin und vier renommierte rabbinische Gelehrte teil. Obwohl die jüdische Delegation die Vorwürfe entkräften konnte, ging man bei der Beurteilung des Talmud davon aus, daß die Rabbiner die Anschuldigungen gegen den Talmud zugegeben hätten. Offiziell hieß es, sie hätten „gestanden". Daraufhin wurde angeordnet, alle Talmudexemplare in Paris zu verbrennen. Am 29. September 1242 gingen 24 Wagenladungen mit Exemplaren des Talmud in Flammen auf. Zwei Jahre später wurde zwar die Untersuchung auf Betreiben jüdischer Talmudexperten nochmals aufgerollt, jedoch ohne Erfolg. Papst Innozenz IV. bestätigte 1244 das Urteil seines Amtsvorgängers. Ab diesem Zeitpunkt ordneten die französischen Könige immer wieder Konfiskationen des Talmuds an.

Bernard Gui war als Inquisitor von Toulouse maßgeblich an der Verurteilung und Vernichtung jüdischer Schriften beteiligt. Er ließ bedeutende Werke der jüdischen Theologie wie die Thora- und Talmudkommentare des berühmten jüdischen Gelehrten Rabbi Salomon ben Isaak, genannt Raschi, aus Troyes (1040–1105) konfiszieren. Im Jahre 1319 veranstaltete er in Toulouse eine große öffentliche Verbrennung jüdischer Bücher, die vom französischen König Philipp V. unterstützt wurde.

Ob oder wie gut Bernard Gui die Schriften, die er verbrennen ließ, kannte, ist nicht überliefert. Bei der Formulierung seiner Anklagen gegen die Juden und seines Fragenkatalogs greift er auf gängige Stereotype zurück. So sprach beispielsweise schon Petrus von Blois, einer der einflußreichsten Vertreter antijüdischer Polemik, von der „Perfidie", der „Treulosigkeit der Juden". Seine gleichnamige Schrift „Contra perfidiam judaeorum" war bis ins Spätmittelalter sehr weit verbreitet. Der Vorwurf, daß die Juden die Christen verfluchen und verwünschen würden, gehört zum allgemeinen antijüdischen Repertoire, vergleichbar mit der Ritualmordlüge, wonach Juden Christenkinder entführen und bei ihren Ritualen umbringen.

Als im Zuge weiterer Bestimmungen des 4. Laterankonzils die Frage aufgeworfen wurde, ob es Juden erlaubt sei, von Christen Zinsen beim Geldverleih zu nehmen, spielte der hebräische Begriff „goi" bzw. Plural „gojim", der im theologischen Sprachgebrauch „Volk" oder „Nation" bedeutet (vgl. Jes 8,23; Dtn 4,6), eine zentrale Rolle. Das Konzil argumentierte mit Dtn 23,21: „Von einem Ausländer (wörtlich: Fremden) darfst du Zinsen nehmen, von deinem Bruden darfst du keine Zinsen nehmen" und verbot Christen von ihren Mitbrüdern Zinsen zu verlangen. Juden waren von diesem Verbot ausgenommen, da Christen für sie „Fremde", also „gojim" waren. Generell wurde den Juden immer wieder unterstellt, daß sie den Begriff „goi" als Schimpf- oder Fluchwort für Christen gebrauchen würden.

1306, im gleichen Jahr, als Bernard Gui Papst Clemens V. im Dominikanerkonvent in Limoges empfing, vertrieb man die Juden aus Narbonne, das bis zu diesem Zeitpunkt für viele Juden ein Zufluchtsort vor der Verfolgung durch Ludwig IX. gewesen war. Unter der Hysterie des anbrechenden Endes der Zeiten mit dem bevorstehenden endgültigen Sieg der Christenheit mußten die Juden besonders leiden. Der Herzog von Anjou, Philipp von Valois, hatte in seinem Territorium damit begonnen, dem Sieg der Christen nachzuhelfen, und Juden verfolgen zu lassen. Dies teilte er in einem Sendschreiben Papst Johannes XXII. (1316–1334) mit, der diese Aktion im nachhinein unterstützte, indem er den „Erfolgsbericht" des Herzogs in seinen Hirtenbrief aufnahm. Im Jahre 1394 wurden die Juden aus ganz Frankreich vertrieben.

9. Aberglaube und Magie

Aus heutiger Sicht erscheint es verwunderlich, daß sich ein Inquisitor mit dem gesamten Instrumentarium des Verfahrens der Ketzerinquisition auf so scheinbar harmlose Vergehen wie Wahrsagen und Bleigießen stürzt, angesichts der Gefährdung der Kirche durch die Vielzahl von Ketzergruppen. Ähnlich dachte wohl auch Papst Alexander IV. (1254–1261), als er anordnete, daß sich die Inquisitoren nur dann mit dem Vergehen des Aberglaubens und der Magie befassen sollen, wenn Häresie mit im Spiel sei. Um die Verfolgung dieser Delikte sollte sich ansonsten die Obrigkeit der jeweiligen Territorien kümmern. Anfang des 14. Jahrhunderts stand hingegen außer Zweifel, daß es sich bei abergläubischen und magischen Praktiken **immer** um Häresie handelt und diese Delikte deshalb in die Zuständigkeit der Inquisitoren fallen.

Die Angst vor Dämonen, Teufeln und dem Schaden, der durch Zauberei und Magie entstehen könnte, war zu Lebzeiten Bernard Guis sehr groß. Vor allem Papst Johannes XXII. (1316–1334) fürchtete sich vor Attentaten durch Zauberei. Die schwierige Unterscheidung zwischen „natürlicher" und „dämonischer" Magie war in der kirchlichen Dämonenlehre größtenteils weggefallen. Es war ohnehin schwer zu erkennen, ob jemand lediglich die Kräfte, die der Natur innewohnen, anwandte, um z. B. Krankheiten zu heilen, also „natürliche Magie" betrieb, oder sich dabei auch noch mit den Dämonen verbündete. In der Verfahrenspraxis ging man von „dämonischer Magie" und damit vom Vorwurf des „crimen magiae" aus. Es wurde unterstellt, daß sich alle, die sich auf magische Techniken verstanden, in irgendeiner Weise mit den Dämonen und bösen Geistern eingelassen hatten. Wer sich mit ihnen einließ, betrieb jedoch nichts anderes als Götzendienst. Denn er mußte irgendeine Vorstellung von den Dämonen haben, die er anrief, um Unterstützung bat oder von ihnen erwartete, Dinge oder Wesen zu erschaffen, was nach rechtgläubiger Auffassung Gott allein vorbehalten war. Damit war der Tatbestand der Ketzerei erfüllt. Jeder Magier und jede Zauberin verstieß gegen das erste Gebot: „Du sollst neben mir keine anderen Götter haben. (...) Du sollst dich nicht vor anderen Göttern niederwerfen und dich nicht verpflichten, ihnen zu dienen" (Ex 20, 3;5). Papst Johannes XXII. beauftragte die Inquisitoren, gegen diejenigen vorzugehen, die Zauberei, Magie und abergläubische Praktiken ausübten. Neben den quasi „ideologischen" Häresien hatte man es bei den magischen Techniken und Bräuchen, die zum Teil auf alte Überlieferungen zurückgingen, mit „praktischer" Häresie zu tun. Die Aufgabe des Inquisitors bestand in diesen Fällen weniger darin, die Meinungen, Anschauungen und das Gewissen der Delinquenten zu prüfen. Hier ging es vielmehr um konkrete Handlungen, Praktiken und Techniken, die auf Aberglauben und Magie und damit auf Dämonenverehrung hindeuteten. Bernard Gui gibt in seinem Fragenkatalog die gängigsten Formen des Aberglaubens und die verbreitetsten magischen Techniken an. Die einzelnen Formen, in denen sich der Aberglauben zeigte, waren jedoch nur die Spitze des Eisbergs. Letztendlich mußte es das Ziel sein, die Macht Satans und der Dämonen zu brechen und ihnen die Menschen, die sie sich gefügig gemacht hatten oder die sich bewußt auf sie eingelassen hatten, zu entreißen. Daher verschwimmt auch hier wieder die Grenze zwischen einer Buße, die den Angeklagten auferlegt wird, um sich zu bekehren, und einer Bestrafung. Für die Theologen war es wichtig, das Prinzip der Magie, das Wesen des Teufels und der Dämonen zu erkennen. Dehalb setzten sich auch die berühmtesten Theologen des Mittelalters mit diesem Thema auseinander wie der Franziskaner Roger Bacon und vor allem die Dominikaner Albertus Magnus und Thomas von Aquin.

Die Lehre von den Dämonen und der Magie

Die Dämonologie des Mittelalters fußte auf den Ausführungen Augustinus', die über Jahrhunderte hinweg im Kern unverändert tradiert wurden. Die Darstellung der dämonischen Mächte war stets eine Gratwanderung. Wieviel Macht und Einfluß durfte man ihnen zutrauen, ohne ihnen zuzugestehen, daß sie in den Machtbereich Gottes eingreifen konnten? Wieviel Macht und Einfluß mußte man ihnen zugestehen, damit man das Thema nicht verharmloste, sondern eine abschreckende Wirkung erzielte, die die Menschen davon abhielt, sich auf Geister und Dämonen einzulassen?

Augustinus, der selbst neun oder zehn Jahre Manichäer war, grenzte sich in der Dämonenlehre nicht nur explizit von den dualistischen Vorstellungen ab, sondern entwickelte eine Theologie, die das Böse als die Abwesenheit Gottes definierte: Es gibt nur einen einzigen allmächtigen Gott und keinen gleichrangigen Gegenspieler oder Demiurgen. Auch das Böse untersteht Gott als dem guten Prinzip. Mag das Böse auch noch so wüten, es hat keine mit Gott vergleichbare Macht. 406 verfaßte Augustinus seine Schrift über die Dämonen „De divinatione daemonum", einige Jahre später den „Gottesstaat" („De civitate Dei"). In beiden Werken entwickelte er seine Dämonen- und Magielehre.

Zuerst stellte Augustinus klar, daß die Dämonen reale Mächte und nicht nur die Hirngespinste der Heiden sind. Als gefallene Engel können diese bösen Geister durchaus großen Schaden anrichten. Sie fahren beispielsweise in Menschen, machen sie zu Besessenen und erzeugen bei ihnen Halluzinationen. Augustinus beschrieb die Dämonen als Naturwesen, die in der Luft leben und Luftkörper besitzen. Später schrieb man ihnen zu, daß sie zeitweise auch einen Scheinleib annehmen, mit dem sie aber weder Nahrung verdauen noch Geschlechtsverkehr ausüben können. Das Phänomen der Dämonen, die die Menschen überlisteten oder über Dinge Bescheid wußten, die entweder sehr lange zurücklagen, erst in der Zukunft stattfinden werden oder an einem ganz anderen Ort passierten, erklärte Augustinus damit, daß die Dämonen ein sehr hohes Alter erreichen und sich mit ihrem Luftkörper sehr schnell fortbewegen. Den Wissensvorsprung, den sie auf diese Weise gegenüber den Menschen besitzen, benutzen sie, um die Menschen zu betrügen. Aus Hochmut verweigern sie Gott die Ehrerbietung, die ihm gebührt, und wollen statt dessen selbst für Götter gehalten werden. Zu diesem Zweck haben sie die Zauberei, die magische Astrologie und die Wahrsagerei erfunden. Derjenige, der sich dieser „Künste" der Dämonen bedienen will, muß mit ihnen einen Pakt schließen, um sich mit ihnen zu verständigen. Der Magier weiß die Zeichen der Dämonen zu deuten. Magie ist somit die Verbindung des Willens des Zauberers, der mit den Dämonen paktiert, mit den Dämonen, die ihm bei der Ausführung seiner Pläne helfen. Daraus leitet Augustinus ab, daß Aberglauben und Magie gleichzusetzen sind mit Götzendienst und Dämonenverehrung. Diejenigen, die Magie und Aberglauben betreiben, praktizieren einen falschen Glauben, vergleichbar den Manichäern und Juden.

Die Dämonen werden durch die Dummheit und Beschränktheit der Menschen angelockt und treiben ein trügerisches Spiel mit ihnen. Zuerst verführen sie einige Menschen, vergiften ihr Herz oder täuschen sie auf irgendeine andere Art, dann unterweisen sie diese in den magischen Künsten und machen sie zu Lehrmeistern. Diese Lehrmeister bringen dann anderen Menschen magische Riten und Gebräuche bei, die ihrerseits mit den Dämonen in Verbindung treten, indem sie die magischen Techniken anwenden.

Die mittelalterliche Theologie hielt an der Dämonenlehre des heiligen Augustinus als Basis fest, entwickelte sie aber weiter. Die beiden bekanntesten Dominikanertheologen des Mittelalters, Albertus Magnus und sein Schüler Thomas von Aquin, beschrieben das Abkommen zwischen Dämonen und Menschen in einer eigenen Dämonenlehre: Die Dämonen führen die Wünsche der Menschen aus. Der Zauberer, der sich dieser Helfer bedienen will, wählt damit freiwillig die Gesellschaft der Dämonen und damit das böse Prinzip.

Thomas von Aquin unterschied zwischen einem ausdrücklichen und einem stillschweigenden Pakt.

Diese Unterscheidung zwischen den beiden Arten des Vertrags wurde etwa bei der Traumdeutung gemacht. Die Träume des Menschen können entweder aus seinem eigenen Innenleben kommen oder von einem Engel oder einem Dämon verursacht werden. Falls Dämonen die Auslöser des Traumes waren, durch den z. B. Entscheidungen erleichtert wurden, handelt es sich zumindest um einen **stillschweigenden** Pakt.

Hingegen werden die Dämonen beim Wahrsagen **ausdrücklich** angerufen oder wenn von Dingen eine bestimmte Wirkung ausgehen soll, die ihnen erst dadurch verliehen wird, daß man sie „bespricht". In diesen Fällen wird ein bewußter Pakt mit den Dämonen geschlossen. Zukunftsdeutung ist nach Thomas von Aquin von sich aus verwerflich, da der Mensch damit seine Kompetenzen überschreitet. Nur Gott weiß im voraus, was sich in Zukunft ereignen wird. Der Mensch nimmt das Geschehen erst dann wahr, wenn es sich ereignet. Die Wahrsager maßten sich einerseits etwas an, was ausschließlich Gott vorbehalten ist. Andererseits waren auch die Magier von sich aus nicht in der Lage, die Zukunft vorherzusagen. Die brauchten dazu die Hilfe der Dämonen.

Zukünftige Dinge verraten die Dämonen nur durch ausdrückliche Anrufung bei magischen Ritualen und Praktiken. Die Dämonen hinterlassen z. B. Zeichen auf Gegenständen aus Holz und Eisen oder auf polierten Steinen. Man konnte die Zukunft aus Abbildungen im Wasser, in der Luft oder im Feuer, und aus der Form der Eingeweide von Tieren deuten, die zuvor den Dämonen geopfert wurden. Unabhängig davon, welche Form des Wahrsagens der Zauberer wählt, er verläßt sich nicht mehr auf die göttliche Vorsehung und auf das Wissen über die Welt, das ihm durch die Bibel vermittelt wird, sondern er will die Grenzen der menschlichen Erkenntnis überschreiten und sein Schicksal selbst bestimmen. Er erforscht die Welt mit größter Neugier, wird hochmütig und begeht damit eine Todsünde.

Die Kirche des Mittelalters mußte sich vor diesem (naturwissenschaftlichen) Erkenntnisdrang schützen, denn er barg die Gefahr in sich, das Dogmengebäude zum Einsturz zu bringen. Die Beschäftigung mit den Naturwissenschaften und der „natürlichen“ Magie war immer ein zweischneidiges Schwert. Wer wie beispielsweise Hildegard von Bingen (1098–1179) die geheimen Kräften der Pflanzen und Bäume erforschte, begab sich in Gefahr, mit Gottes Einverständnis von den Dämonen in die Irre geführt zu werden. Das gilt erst recht dort, wo man zwar ohne die ausdrückliche Anrufung der Dämonen auskam, aber dennoch die Zeichen deutete, wie bei der Beobachtung der Himmelskörper, der „natürlichen“ Astrologie, der Deutung des Vogelflugs, des Niesens oder Gliederzuckens, beim Handlesen und Bleigießen. Das 4. Laterankonzil von 1215 legte fest, daß auch die Dämonen zu Gottes guter Schöpfung gehören, selbst wenn sie böse Taten vollbringen. Auch dann unterstehen sie dem göttlichen Willen.

Hostienfrevel, Schwarze Messen und Bilderzauber

Magie und Aberglauben als Delikt zu behandeln war keine Erfindung des Christentums im Mittelalter. Das römische Recht bestrafte Magier, die Schaden anrichteten, z. B. wenn sie Früchte verhexten oder sonstigen Schadenszauber betrieben. Kaiser Konstantin erließ Verordnungen, die Schadenszauber und Wahrsagerei unter Strafe stellten. Besonders gefürchtet waren jedoch Gruppen, die sich zu magischen Zirkeln zusammenschlossen. Ihnen drohte seit dem 4. Jahrhundert die Todesstrafe für das Verbrechen der Magie, dem „crimen magiae“. Magie wurde von der weltlichen Gerichtsbarkeit ansonsten unterschiedlich hart bestraft. Die Bandbreite reichte von Geldbußen bis zu Kerkerhaft. Die Kirche blieb ab dem Zeitpunkt, als das Christentum zur Staatsreligion geworden war, bis ins 13. Jahrhundert die eigentliche Strafinstanz.

Die angstmachende Vorstellung, daß sich Gruppen zusammenschlossen und teuflische Praktiken ausführten oder mit Hilfe magischer Techniken Anschläge verübten, geisterte durch das gesamte Mittelalter und wurde zu einem stereotypen Verdacht gegen Bevölkerungsschichten, die ohnehin suspekt erschienen. Dabei spielten vor allem der Teufelspakt, die Verehrung des Teufels in Kombination mit sexueller Ausschweifung, Schadenszauber durch Bilder und der Mißbrauch der konsekrierten Hostie und des Meßweins eine große Rolle. Salböl, Hostie und Wein mußten daher besonders sorgsam behandelt werden. Dies schlug sich auch in Konzilsbeschlüssen nieder. So bestimmten das 4. Laterankonzil 1215 und die Synode von Trier im Jahr 1227, Taufwasser, Chrisam und Öl sicher aufzubewahren und unter Verschluß zu halten, denn die Teufel und Dämonen waren ganz begierig, z. B. einen versehentlich verschütteten Tropfen des gesegneten Weins zu erhaschen. Außerdem mußte man achtgeben, daß keine Hostie zu Boden fiel oder in falsche Hände geriet. Vor allem durften Juden nicht an konsekrierte Hostien gelangen. Man unterstellte ihnen, daß sie geweihte Hostien in geheimen Zusammenkünften durchbohren würden, um dadurch den Leib Christi erneut zu martern und zu töten. Es hieß, daß aus der Hostie, dem gequälten Leib Christi, Blut herausquoll. Solche „Bluthostien" waren für die Orte, an denen sie gefunden wurden, äußerst wertvoll. Sie waren die ideale Voraussetzung, um ein christlicher Wallfahrtsort zu werden, was auch im Mittelalter Geldsegen verhieß.

Der Vorwurf des Hostienfrevels paßte gut ins mittelalterliche Bild, das man sich vom jüdischen Ritus machte. In der antijüdischen Polemik wurde ihre Religion als „Synagoge Satan", als teuflische Gegenkirche, diffamiert.

Es sind jedoch eine ganze Reihe von Fällen bekannt, in denen es nicht die vermeintlichen „Feinde Gottes" waren, die die Gegenstände des Altars mißbrauchten, sondern die Diener der Kirche, Priester und Mönche. Sie waren häufig beteiligt, wenn sogenannte schwarze Messen gefeiert wurden. Zu diesem oder ähnlichen Ritualen gehörte die Anrufung des Teufels unter „geheimem“ Namen, die rückwärts gelesene lateinische Meßformel, ein auf den Kopf gestelltes Kruzifix und schwarze Kerzen. Statt mit beiden Händen wurde die Hostie nur mit einer Hand erhoben, statt Wein verwendete man Urin, und statt Männern ministrierten Frauen. Man unterstellte, daß bei diesen schwarzen Messen auch Menschen geopfert werden. Oft waren es auch Priester, die Totenmessen für Lebende hielten, um sie damit totzubeten.

Sexuelle Perversion und Ausschweifung in Kombination mit Teufelsverehrung unterstellte man auch den Katharern. Man deutete sogar die Herkunft ihres Namens um: „cathari“ leite sich nicht von „katharoi“, „den Reinen“, sondern von lateinisch „cattus“, „Katze“ ab und verdächtigte die Katharer, heimlich nachts zusammenzukommen, um ein eigentümliches Ritual zu feiern: Alle, die daran teilnahmen, hatten Laternen in der Hand. Nachdem sie eine Teufels- bzw. Dämomenlitanei gebetet hatten, erschien der Dämon in Gestalt der „Großen Katze“, die die Lichter auslöschte. Kaum, daß es finster geworden war, fielen die Männer über die Frauen her und trieben Unzucht mit ihnen. Dabei spielte es keine Rolle, ob man es mit der eigenen Mutter oder Schwester trieb. In einer anderen Zeremonie würden die Katharer auch noch das Hinterteil dieser großen, zumeist schwarzen Katze küssen.

Als 1307 der französische König Philipp der Schöne daran ging, den Templerorden auszulöschen, um in dessen Besitz zu gelangen, klagte er die Templer unter anderem auch der Häresie an. Als besonders abscheulich wurde dabei ihr angebliches Aufnahmeritual gebrandmarkt. Im Verlauf dieses Initiationsritus müsse der Anwärter das Kruzifix bespucken und es mit Füßen treten. Außerdem hatte er mit einer bestimmten Formel dreimal hintereinander Christus abzuschwören.

Die Vernichtung des Templerordens fiel in die Zeit eschatologischer Naherwartungen und Aufgeregtheiten, die sich nicht nur bei den Pseudo-Aposteln bemerkbar machten. Das Papsttum befand sich in der Krise. Es fühlte sich nicht nur von den Ketzern bedroht. In den Jahren nach der Jahrhundertwende häuften sich vor allem in Südfrankreich die Prozesse wegen Zauberei. Doch der Feind lauerte auch in den eigenen Reihen. Johannes XXII. fühlte sich in Avignon massiv durch sogenannten Bilderzauber gefährdet. Bilderzauber oder Zauber mit Wachsfiguren bedeutet, daß eine Figur oder ein Bild derjenigen Person, der man schaden will, angefertigt wird. Man „bespricht" das Bild oder die Wachsfigur, das heißt, man verflucht die Abbildung oder malträtiert sie, um der realen Person dadurch Schmerzen zu verursachen oder sie zu töten. Aberglauben und Teufelswerk hatten sich sogar im päpstlichen Palast in Avignon eingenistet. Johannes XXII. ließ eine Untersuchung gegen Kleriker und Laien durchführen, die angeblich Zauberbücher besaßen, böse Geister beschworen, Zauberbilder angefertigt und magische Praktiken am päpstlichen Hof ausgeübt hatten. Ein Jahr zuvor, 1317, hatte der Papst die Bedrohung für Leib und Leben ganz in seiner unmittelbaren Nähe gespürt. Der Bischof von Cahors, Hugues Géraud, der im Verdacht stand, den Neffen des Papstes auf dem Gewissen zu haben, soll versucht haben, den Papst selbst durch Zauberei mit Wachsfiguren, Gift oder ähnlichem umzubringen. 1320 beschuldigte man die Visconti in Mailand, den Papst mit Hilfe einer Wachsfigur ins Jenseits befördern zu wollen.

Die Menschen des ausgehenden Mittelalters schienen insgesamt dem Einflußbereich der Kirche zu entgleiten. Die bösen Mächte waren allenthalben auf dem Vormarsch. Papst Johannes XXII. sah die Anzahl der Menschen, die einen Pakt mit dem Teufel oder den Dämonen geschlossen hatten, ins Unermeßliche steigen. Immer mehr Menschen stellten Zaubermittel her und befragten die Dämonen nach zukünftigen Dingen. Der christliche Glaube war ernsthaft in Gefahr. In seiner Bulle „Super illius specula" ordnete Papst Johannes XXII. daher an, alljene, die Dämonen- oder Teufelskult betreiben, zu exkommunizieren und alle Zauberbücher zu verbrennen, um der „Pestilenz des Aberglaubens" Einhalt zu gebieten.

Teil 2

Das Inquisitionshandbuch des Bernard Gui

Methode, Kunst und Vorgehensweise beim Verhör und beim Überprüfen von Ketzern, ihren Anhängern und Komplizen

Allgemeine Ratschläge und Informationen

Wenn also jemand von sich aus kommt oder auch weil er vorgeladen oder gerufen wurde und wegen des Verbrechens der Ketzerei oder der Begünstigung oder Aufnahme von Ketzern oder wegen irgendwelcher anderer Delikte, die zum Aufgabenbereich der Inquisition im Falle schlimmer Ketzerei oder solcher Umstände, die jedenfalls damit zusammenhängen, verdächtigt, genannt, verleumdet oder gar angeklagt wurde – wenn er also zu verhören und zu überprüfen war und zuerst vom Inquisitor oder seinem Stellvertreter freundlich und besonnen befragt und ermahnt wurde, soll er bei den heiligen Evangelien Gottes als Zeuge schwören, daß er die volle und reine Wahrheit sage über den Tatbestand der Ketzerei und die Umstände, die damit zusammenhängen oder zum Aufgabenbereich der Inquisition gehören, unter allen Umständen ebenso zur eigenen Person wie über seinen Ketzerführer sowie über die anderen lebenden und toten Personen.

Wenn der Schwur geleistet und akzeptiert wurde, soll er verhört und ermahnt werden, von sich aus die ganze Wahrheit zu sagen, die er über den Tatbestand der Ketzerei weiß oder wußte bzw. hörte. Wenn er aber um Zeit oder um eine Denkpause bittet, um erst nach reiflicher Überlegung zu antworten, kann man es ihm wohl erlauben, falls es dem Inquisitor nützlich erscheint, besonders wenn deutlich ist, daß er in guter Absicht und nicht aus List darum bittet; andernfalls ist er verpflichtet, auf eine Frage zu seiner Tat ohne Verzögerung zu antworten.

Danach soll durch einen öffentlichen Schreiber der Tag dieser Untersuchung aufgeschrieben werden, nämlich so:

Im Jahre soundso kam an dem und dem Tag N. aus der und der Stadt oder dem Dorf in der und der Diözese freiwillig oder weil er vorgeladen oder gerufen wurde. Er wurde vor Gericht gestellt in Anwesenheit des frommen Mannes N., der durch den Apostolischen Stuhl zum Inquisitor, also zur Untersuchung schlimmer Ketzerei im Königreich Frankreich, bestimmt wurde. Er schwor bei den heiligen Evangelien Gottes, die volle und reine Wahrheit zu sagen über den Tatbestand bzw. das Verbrechen der Ketzerei und die Umstände, die damit zusammenhängen, ebenso zur eigenen Person wie auch über den Ketzerführer sowie die anderen lebenden und toten Personen. Er sagte als Zeuge aus und gestand etc.

Das muß aufgeschrieben werden. Denn wenn jemand offen und unmißverständlich gegen den Glauben redete und dabei die Argumente und Autoritäten, auf die sich Ketzer gewöhnlich stützen, anführte, würde ein solcher Ketzer leicht durch gläubige Gelehrte der Kirche überführt werden. Er aber würde gerade dadurch schon als Ketzer gelten, daß er seine Irrlehre zu verteidigen trachtet. Aber weil die derzeit lebenden Ketzer mit allen Mitteln versuchten, ihre Irrlehren eher zu verheimlichen als offen zu bekennen, können daher gelehrte Männer mit ihrer Kenntnis der Schriften diese nicht überführen, weil sie wegen ihrer auf Täuschung abzielenden Worte und schlau ausgedachten Formulierungen nicht zu fassen sind. Deshalb werden gelehrte Männer durch sie eher verwirrt, und die Ketzer selber brüsten sich und werden dadurch noch stärker, da sie sehen, daß sie so mit gelehrten Männern ihren Spott treiben, weil sie ihnen durch ihre Schlauheit, Verschlagenheit und verwinkelten Ausflüchte bei ihren Anworten listig aus den Händen entschlüpfen.

Es ist nämlich sehr schwer, Ketzer zu überführen, wenn sie selbst ihre Irrlehre nicht offen bekennen, sondern sie verbergen oder wenn nicht sichere, ausreichende Zeugnisse gegen sie vorliegen. In diesem Fall ergeben sich für den Inquisitor in jeder Hinsicht Schwierigkeiten. Denn das Gewissen quält ihn einerseits, wenn der Ketzer bestraft wird, ohne gestanden zu haben und ohne überführt worden zu sein, andererseits beunruhigt es das Herz des Inquisitors noch mehr, wenn Ketzer durch ihre füchsische Schlauheit zum Schaden für den Glauben davonkommen, weil sie selber dadurch noch mehr bestärkt werden, zahlenmäßig um ein Vielfaches zunehmen und noch schlauer werden. Andererseits bekommen auch gläubige Laien dadurch einen Grund für ein Ärgernis, weil die gegen eine Person begonnene Arbeit der Inquisition sozusagen in chaotischer Verwirrung aufgegeben wird und weil sie gewissermaßen im Glauben geschwächt werden, wenn sie sehen, daß gelehrte Männer so von ungebildeten und minderwertigen Personen verspottet werden. Denn sie glauben, daß wir klare und überzeugende Argumente für unseren Glauben parat haben, daß keiner uns darin widerstehen kann, ohne daß wir gleich wissen, wie wir ihn widerlegen können, so daß sogar Laien diese Argumente ohne weiteres verstehen können. Deshalb ist es nicht von Vorteil, in einem solchen Fall gegen so schlaue Ketzer vor Laien über den Glauben zu diskutieren.

Man muß auch auf folgendes achten: Wie es nicht für alle Krankheiten dieselbe Medizin gibt, sondern vielmehr für die einzelnen verschiedene einzelne Heilmittel, so ist auch nicht für alle Ketzer der verschiedenen Sekten ein und dieselbe Methode der Befragung, Untersuchung und Prüfung anzuwenden, sondern für einzelne ebenso wie bei mehreren ist eine einzige, spezielle anzuwenden. Deshalb soll der Inquisitor wie ein kluger Seelenarzt gegen Personen, die er verhört oder bei denen er eine Untersuchung durchführt, ihr Wesen, ihre Situation, ihren Zustand, ihre Krankheit und die örtlichen Umstände überdenkend, bei der Untersuchung und Überprüfung dieser Aspekte vorsichtig vorgehen, nicht allen Personen in ähnlicher Form oder in derselben Reihenfolge alle folgenden Fragen stellen oder ihnen etwas einschärfen. Und bei manchen soll er auch nicht mit demselben oder ebenso vielem zufrieden sein, sondern schlaue Ketzer mit dem Zügel der Unterscheidung an der Nase herumführen, damit durch die Gnade des Herrn und mit seiner helfenden Hand die sich windende Schlange aus dem Dornbusch und dem höllischen Abgrund ihrer Irrlehren herausgezogen wird.

Diesbezüglich kann nämlich keine unfehlbare Regel aufgestellt werden, damit nicht womöglich die Söhne der Finsternis, wenn sie die allgemein übliche Methode als die einzige schon längere Zeit vorhersehen, dieser wie einem Fallstrick leichter entgehen oder auch Vorkehrungen treffen. Ein weiser Inquisitor soll also darauf bedacht sein, daß er seinen Vorteil zieht aus den Antworten derer, die vor Gericht aussagen, aus den Zeugenaussagen der Ankläger, aus dem, was ihn die Erfahrung lehrt, aus dem Scharfsinn des eigenen Verstandes oder aus den folgenden Vernehmungen und Fragen, wie sie der Herr eingeben wird.

Damit man aber irgendeine Vorstellung von der Untersuchung hat, wollen wir im folgenden gegen fünf Sekten einiges der Reihe nach anführen, wobei wir bei jeder Sekte den Kern ihrer Irrlehre vorausschicken und anschließend die Form und Methode der Untersuchung behandeln, wie sich im folgenden zeigen wird. Es handelt sich um die Sekten der Manichäer, der Waldenser bzw. der Armen von Lyon, der Pseudo-Apostel, um jene, die man gewöhnlich Beginen nennt, und diejenigen, die von den Juden zum Glauben an Christus konvertierten und zum Unflat des Judentums zurückkehren, auch um die Zauberer, die Wahrsager und die Geisterbeschwörer, deren Seuche der Reinheit des Glaubens sehr großen Schaden zufügt.

Kapitel 1: Die Manichäer der Gegenwart

1. Die Irrlehren der Manichäer der Gegenwart

Die Sekte und die Häresie der Manichäer und ihre vom rechten Weg abweichenden Anhänger behaupten und bekennen, es gebe zwei Götter oder zwei Herren, nämlich einen guten und einen bösen Gott. Sie behaupten, alles Sichtbare und Körperliche sei nicht von Gott, dem himmlischen Vater, den sie den guten Gott nennen, erschaffen worden, sondern vom Teufel bzw. Satan, dem bösen Gott. Diesen nennen sie den bösen Gott, den Gott dieser Zeit und den Fürsten dieser Welt. So gehen sie von zwei Schöpfern aus, nämlich Gott und Teufel, und von zwei Schöpfungen, nämlich der einen unsichtbaren und körperlosen und der anderen sichtbaren und körperlichen.

So denken sie auch an zwei Kirchen: eine gute, von der sie sagen, sie sei ihre Sekte; und sie behaupten, diese sei die Kirche Jesu Christi; die andere Kirche aber nennen sie die böse, von der sie sagen, sie sei die römische Kirche. Diese nennen sie in unverschämter Weise die Mutter der Hurerei, das große Babylon, die Hure und Kirche des Teufels und die Synagoge Satans. Sie verachten ihre ganze Hierarchie, ihre Rangordnungen, ihre Anordnungen und Beschlüsse und machen sie schlecht. Alle, die an ihrem Glauben festhalten, nennen sie Ketzer und Irrgläubige, und sie lehren, daß niemand im Glauben der römischen Kirche gerettet werden könne.

Ferner behaupten sie, alle Sakramente der römischen Kirche des Herrn Jesus Christus, nämlich das der Eucharistie bzw. des Altares und das der Taufe, das mit dem Wasser dieser Welt gespendet wird, ebenso der Firmung, der Priesterweihe, der letzten Ölung, der Buße und der Ehe zwischen Mann und Frau, seien, jedes für sich genommen, nutz- und wertlos. Und sie, Affen, die sie sind, erfinden statt dessen bestimmte andere Dinge, die dem Anschein nach etwa ähnlich sind. Anstelle der Taufe, die im Wasser vollzogen wird, erfinden sie eine andere, eine geistige Taufe, die sie die Tröstung durch den Heiligen Geist nennen, wenn sie eine Person in Gesundheit oder in Krankheit gemäß ihrem verfluchten Ritus durch die Auflegung der Hände in die Gemeinschaft ihrer Sekte aufnehmen.

Anstelle des konsekrierten Brotes der Eucharistie, des Leibes Christi, machen sie sich ein Brot, das sie das gesegnete Brot oder das Brot des heiligen Gebetes nennen, das sie am Beginn ihres Mahls gemäß ihrem Ritus in den Händen halten, segnen, brechen und an ihre dabeistehenden Gläubigen verteilen.

Anstelle des Bußsakramentes, so sagen sie, bestehe die wahre Buße darin, die Gemeinschaft ihrer Sekte anzunehmen und ihr treu zu bleiben. Sie sagen, daß denen, die die Gemeinschaft dieser Sekte annehmen, sei es in Krankheit oder in Gesundheit, alle Sünden vergeben seien und daß sie von allen ihren Sünden losgesprochen seien ohne eine sonstige Buße und sogar ohne Wiedergutmachung, falls sie etwas, das einem anderen gehört, in Besitz hätten – sofern sie nur die Gemeinschaft ihrer Sekte bewahren. Sie behaupten, sie hätten diesbezüglich dieselbe gleich große Macht, welche Petrus, Paulus und die anderen Apostel des Herrn Jesus Christus hatten. Und sie sagen, das Sündenbekenntnis, das vor den Priestern der römischen Kirche abgelegt wird, sei absolut nutzlos für das Heil und weder der Papst noch sonst jemand von der römischen Kirche habe die Macht, jemanden von seinen Sünden loszusprechen.

Anstelle des Sakramentes der fleischlichen Ehe zwischen Mann und Frau, so denken sie, gebe es eine geistige Ehe zwischen der Seele und Gott, nämlich wenn die Ketzer selbst, die Vollkommenen oder die Getrösteten, jemanden in die Gemeinschaft ihrer Sekte aufnehmen.

Ferner bestreiten sie die Fleischwerdung des Herrn Jesus Christus aus der stets jungfräulichen Maria und behaupten, er habe keinen wirklichen menschlichen Leib und kein wirkliches menschliches Fleisch gehabt, wie es die übrigen Menschen aufgrund ihrer menschlichen Natur haben, und er habe nicht wirklich gelitten, sei nicht am Kreuz gestorben, sei nicht wirklich von den Toten auferstanden und nicht wirklich mit menschlichem Körper und Fleisch in den Himmel aufgefahren, sondern alles sei so nur gleichsam geschehen.

Ferner bestreiten sie, daß die Heilige Jungfrau Maria die wahre Mutter des Herrn Jesus Christus war; sie sei keine Frau aus Fleisch und Blut gewesen, sondern sie behaupten, die Gemeinschaft ihrer Sekte sei die Jungfrau Maria, das heißt die wahre, reine und jungfräuliche Buße, welche die Söhne Gottes hervorbringt, wenn sie in die Gemeinschaft ihrer Sekte aufgenommen werden.

Ferner bestreiten sie die künftige Auferstehung der menschlichen Leiber. Statt dessen denken sie an gewisse geistige Körper und einen inneren Menschen, worunter nach ihren Worten die künftige Auferstehung zu verstehen sei.

An diesen Irrlehren und vielen anderen, die sich daraus zwangsläufig ergeben, halten sie fest; sie glauben daran und lehren sie. Sie erwecken jedoch bei ungebildeten Menschen und Laien auf den ersten Blick den Anschein, als ob sie trotz ihrer falschen Worte und Begriffe den wahren Glauben verkünden würden, wenn sie sagen, daß sie an Gott Vater und den Sohn und den Heiligen Geist, an den Schöpfer von allem, glauben, daß sie an die heilige römische Kirche glauben, an den Herrn Jesus Christus und die Heilige Jungfrau Maria, an die Fleischwerdung, das Leiden, die Auferstehung und Himmelfahrt des Herrn Jesus Christus, an die heilige Taufe, die wahre Buße, den wahren Leib Christi und das Sakrament der Ehe, während sie jedoch, wenn man die Wahrheit sorgfältiger prüft, untersucht und erkennt, alles, was oben gesagt wurde, entsprechend ihrem Verständnis, das weiter oben genau erläutert wurde, zweideutig und mißverständlich formulieren, um dadurch einfältige und sogar hochgebildete, aber unerfahrene Personen zu täuschen. Sie lehren ihre Gläubigen alle erwähnten Irrlehren und legen sie aus. Und wenn sie entdeckt wurden und sich nicht mehr verstecken können, verteidigen, bestätigen und bekennen sie diese ganz offen vor den

Inquisitoren. Dann ist es nötig, sie zur Bekehrung aufzufordern und ihnen ihren Irrtum zu zeigen, und zwar auf jede Art und Weise durch Männer, die besonders erfahren und kompetent sind.

Mit den Vollkommenen der Ketzer beschäftigen sich die Inquisitoren normalerweise auf vielfache Weise länger: erstens, um sie öfter zur Bekehrung aufzufordern. Die Bekehrung solcher Ketzer ist deshalb sehr nützlich, weil die Bekehrung der ketzerischen Manichäer im allgemeinen echt und nur selten geheuchelt ist; zweitens decken sie, wenn sie sich bekehren, alles auf, sagen die Wahrheit und verraten alle ihre Komplizen. Daraus ergibt sich ein großer Vorteil. Solange ferner die Vollkommenen der Ketzer festgehalten werden, gestehen ihre Anhänger und Komplizen leichter und verraten sich und die anderen, da sie befürchten, daß sie von den Ketzern, wenn diese sich bekehren, verraten werden. Wenn sie aber, nachdem sie des öfteren zur Bekehrung aufgefordert wurden, nicht umkehren wollen, sondern sich verhärtet zeigen, schreitet man zu ihrer Verurteilung und überläßt sie dem Arm des weltlichen Gerichts.

2. Die Lebensweise der Manichäer

Es ist nützlich, etwas zur Lebensweise und zu den Gewohnheiten dieser Ketzer zu sagen, weil man sie dadurch leichter erkennen und überführen kann.

Vor allem muß man also wissen, daß sie in keinem Fall schwören.

Ferner fasten sie dreimal vierzig Tage im Jahr, nämlich vom Fest des heiligen Briccius (13. November) bis Weihnachten, vom Sonntag Quinquagesima bis Ostern und vom Pfingstfest bis zum Festtag der Apostel Petrus und Paulus (29. Juni). Die erste und letzte Woche jeder Fastenzeit nennen sie strenge Woche, weil sie dann bei Brot und Wasser fasten, und in den anderen Wochen fasten sie an drei Tagen bei Brot und Wasser. Das ganze übrige Jahr fasten sie an drei Tagen in der Woche bei Wasser und Brot, außer sie sind auf

Reisen oder krank. Ferner essen sie niemals Fleisch und rühren es nicht einmal an, auch nicht Käse und Eier noch irgend etwas, das aus dem Fleisch auf dem Wege der Zeugung oder des Geschlechtsverkehrs entsteht.

Ferner würden sie auf keinen Fall irgendein Tier oder ein Geflügel töten, weil sie sagen und glauben, daß sich in vernunftlosen Tieren und sogar in den Vögeln jene Geister befinden, die den Körpern der Menschen entweichen, wenn sie nicht durch das Auflegen ihrer Hände nach ihrem Ritus in die Gemeinschaft ihrer Sekte aufgenommen wurden, und (sie glauben auch), daß sie von dem einen Körper in einen anderen Körper übergehen.

Ferner berühren sie keine Frau.

Ferner segnen sie zu Beginn des Mahls, wenn sie unter Gläubigen oder unter sich sind, ein Brot oder ein Stück Brot, wobei sie das Brot mit einem Handtuch oder irgendeinem weißen Tuch, das vom Nacken herabhängt, in den Händen halten, das Vaterunser beten und das Brot in kleine Stücke brechen. Ein solches Brot nennen sie das Brot des heiligen Gebets und das Brot des Brechens, und ihre Gläubigen nennen es geweihtes Brot oder gesegnetes Brot. Davon essen sie anstelle des Abendmahls zu Beginn des Mahls und geben und verteilen es an die Gläubigen.

Ferner lehren sie ihre Gläubigen, daß sie ihnen eine Ehrbezeugung erweisen, die sie „Melioramentum" nennen; wir nennen sie eine Huldigung, denn dann beugen sie die Knie und verneigen sich tief voreinander über eine Bank oder bis zum Boden, halten dabei die Hände zusammen, verneigen und erheben sich wieder dreimal und sprechen dabei jedesmal: „Segnet uns!" und am Schluß: „Gute Christen, den Segen Gottes und euren Segen; bittet den Herrn für uns, daß Gott uns vor einem schlimmen Tod bewahre und uns zu einem guten Ende oder in die Hände rechtgläubiger Christen führe!" Und der Ketzer antwortet: „Ihr sollt ihn (nämlich den Segen) von Gott und von uns haben. Gott segne euch, er bewahre eure Seele vor einem schlimmen Tod und führe euch zu einem guten Ende!" Die

Ketzer verstehen unter einem schlimmen Tod, wenn man im Glauben der römischen Kirche stirbt; unter einem guten Ende und unter den Händen rechtgläubiger Christen verstehen sie, daß sie bei ihrem Ende gemäß ihrem Ritus in die Gemeinschaft ihrer Sekte aufgenommen werden; das meinen sie mit einem guten Ende. Die erwähnte Verehrung, so sagen sie, werde nicht ihnen selbst, sondern dem Heiligen Geist erwiesen, von dem sie sagen, daß er in ihnen sei und daß sie durch ihn in die Gemeinschaft ihrer Sekte aufgenommen wurden und daran, wie sie sagen, festhalten.

Ferner lehren sie ihre Gläubigen, mit ihnen einen Vertrag zu schließen, den sie „la covenensa" nennen, nämlich daß sie an ihrem Ende in die Gemeinschaft ihrer Sekte aufgenommen werden wollen. Und dann können die Ketzer solche Menschen aufnehmen, wenn sie krank sind, auch wenn sie die Sprache verloren hätten oder kein klares Gedächtnis mehr hätten.

3. Wie Kranke verketzert bzw. in die Gemeinschaft ihrer Sekte aufgenommen werden

Das Verfahren bzw. der Ritus der Aufnahme in die Gemeinschaft ihrer Sekte während einer Krankheit oder am Lebensende der Bewerber ist so: Der Ketzer bittet die Person, die aufgenommen werden soll, falls sie sprechen kann, ob sie ein guter Christ bzw. eine gute Christin werden und die heilige Taufe empfangen will. Auf die zustimmende Antwort hin und die Bitte „Segnet mich!" hält der Ketzer seine Hand über den Kopf des Kranken, ohne ihn zu berühren, falls es eine Frau ist, und hält das Buch und spricht das Evangelium: „Im Anfang war das Wort" bis zu der Stelle „Und das Wort ist Fleisch geworden und hat unter uns gewohnt".

Nach der Lesung betet der Kranke das Vaterunser, falls er kann, wenn aber nicht, dann spricht es einer der Umstehenden bzw. Anwesenden für ihn. Danach sagt der Kranke, falls er kann, dreimal:

„Segnet mich!", und dabei neigt er das Haupt und faltet die Hände. Alle anderen Anwesenden huldigen dem Ketzer so, wie es oben beschrieben wurde. Und der Ketzer wirft sich am selben Ort oder abseits davon oft zu Boden, macht viele Verbeugungen und Kniebeugen bis zum Boden und betet dabei mehrmals das Vaterunser, wobei er sich verbeugt und wieder erhebt.

4. Die Methode ihrer religiösen Unterweisung

Es würde zu lange dauern, im einzelnen über die Methode, wie diese Ketzer zu ihren Gläubigen predigen und sie unterweisen, zu berichten, aber es ist nützlich, wenn hier einiges kurz gestreift wird.

Insbesondere sagen sie gewöhnlich von sich selbst, daß sie gute Christen sind, die nicht schwören und auch nicht lügen und über niemanden schlecht reden; daß sie weder einen Menschen noch ein Tier töten oder etwas, das den Atem des Lebens in sich hat; daß sie am Glauben an den Herrn Jesus Christus und an seinem Evangelium, so wie es Christus und seine Apostel lehrten, festhalten; daß sie selbst die Stelle der Apostel einnehmen und daß aufgrund von Weissagungen die Mitglieder der römischen Kirche, nämlich die Prälaten, Geistlichen und Mönche, sie verfolgen, besonders die Inquisitoren, so wie die Pharisäer Christus und seine Apostel verfolgten, und daß diese sie Ketzer nennen, obwohl sie jedoch gute Menschen und gute Christen sind.

Ferner sprechen sie mit den Laien so oft wie möglich über das schlechte Leben der Geistlichen und Prälaten der römischen Kirche. Besonders anschaulich reden sie über den Stolz, die Begierde, die Habgier und die Unsauberkeit ihres Lebens und alle anderen Laster, die sie kennen. Dazu zitieren sie entsprechend ihrer Auslegung und ihrem Verständnis aus dem Evangelium und aus den Briefen gegen den Zustand der Prälaten, Geistlichen und Mönche, welche sie Pharisäer und falsche Propheten nennen, die nur reden und nicht handeln.

Dann kritisieren sie Stück für Stück alle Sakramente der Kirche, besonders das Sakrament der Eucharistie, indem sie sagen, daß der Leib Christi nicht darin sei. Denn wäre er auch so groß wie ein sehr großer Berg, hätten ihn die Christen bereits ganz aufgegessen. Ferner, daß die Hostie vom Getreide stammt und daß sie durch die Schwänze der Pferde und Stuten gehe, wenn nämlich das Mehl durch das Sieb (aus Pferdehaaren) gereinigt wird; ferner, daß sie in die Kloake des Bauches kommt und durch die schändlichste Stelle ausgeschieden wird, was nach ihren Worten nicht geschehen könnte, wenn Gott da zugegen wäre.

Ferner sagen sie von der Taufe, daß das Wasser etwas Materielles und Verderbliches sei und daher von der Schöpfung des bösen Gottes stamme und die Seele nicht heiligen könne; aber die Geistlichen verkaufen aus Habgier dieses Wasser, wie sie Land für die Beerdigung der Toten verkaufen, wie sie Öl für die Kranken verkaufen, wenn sie die Kranken damit salben, und wie sie die Beichte der Sünden, die vor den Priestern abgelegt wird, verkaufen.

Ferner erklären sie, die Beichte, die vor den Priestern der römischen Kirche abgelegt wird, sei ungültig, da diese nicht lösen und auch nicht binden können, weil sie Sünder sind und weil sie keinen anderen rein machen können, da sie selber unrein sind.

Ferner sagen sie, daß das Kreuz Christi nicht angebetet und verehrt werden dürfe, weil nach ihren Worten keiner das Holzkreuz anbetet oder verehrt, an dem sein Vater oder irgendein Verwandter oder Freund gehangen hatte. Ferner sagen sie, daß diejenigen, die das Kreuz anbeten, ebenso alle Dornen und alle Lanzen anbeten müßten. Denn wie beim Leiden Christi das Kreuz am Körper war, so waren Dornen auf dem Haupt und die Lanze des Soldaten in der Seite Christi. Sie lehren noch vieles andere im Zusammenhang mit dem Thema der Sakramente der Kirche, was zu tadeln ist.

Ferner lesen sie aus den Evangelien und den Briefen in der Volkssprache, wobei sie für sich und gegen den Zustand der römischen Kirche hinzufügen und erklären, was im einzelnen auseinanderzusetzen, zu lange dauerte. Aber in ihren Büchern, die sie zu diesem Thema ausgearbeitet und mit ihrem Gift gefüllt haben, kann man hierzu ausführlicher nachlesen, und bei den Geständnissen der Gläubigen kann man, wenn sie sich bekehren, ausführlicher davon hören.

5. Fragen an die Anhänger der Sekte der Manichäer

Zuerst soll einer, der verhört werden soll, gefragt werden, ob er einen Ketzer oder mehrere Ketzer irgendwo sah oder kannte, wenn er weiß oder glaubt, daß sie Ketzer sind oder so genannt oder dafür gehalten werden, und wo und wie oft er sie sah und mit wem und wann.

Ferner, ob er irgendeinen vertrauten Umgang mit ihnen hatte, wann und wie, und wer ihn dazu brachte.

Ferner, ob er in seinem Haus einen oder mehrere Ketzer aufnahm, wen und welche, wer sie dorthin brachte, wie lange sie dort blieben, wer sie dort besuchte, wer sie von dort wegbrachte und wohin sie gingen.

Ferner, ob er eine Predigt von ihnen hörte, auch das, wovon sie sprachen und was sie lehrten.

Ferner, ob er ihnen huldigte oder ob er sah, daß ihnen von anderen gehuldigt wurde oder daß ihnen auf ketzerische Weise Verehrung zuteil wurde, auch die Art und Weise der Verehrung.

Ferner, ob er von ihrem geweihten Brot aß, auch die Art und Weise der Segnung dieses Brotes.

Ferner, ob er mit ihnen einen Vertrag oder eine Vereinbarung schloß, daß er an seinem Lebensende in die Gemeinschaft ihrer Sekte aufgenommen werden wolle.

Ferner, ob er sie grüßte oder sah, daß sie von anderen auf ketzerische Weise gegrüßt wurden, wobei nämlich die Hände an die beiden Oberarme des Ketzers gelegt, der Kopf geneigt und nach links und rechts gedreht wird und dreimal gesagt wird: „Segne mich!“ So grüßen die Vollkommenen der Gläubigen bei der Ankunft von Ketzern oder bei ihrem Abschied.

Ferner, ob er an einer Ketzerei irgendeiner Person teilnahm und von welcher Art die Ketzerei war, dann nach den Namen des Ketzers oder der Ketzer und der Personen, die dabei waren, und nach der Stelle in dem Haus, in dem eine kranke Person darniederlag sowie der Zeit und der Stunde, ob diese ketzerische Person den Ketzern etwas vermachte, was und wieviel, wer das Vermächtnis einlöste, ob dort dem besagten Ketzer eine Huldigung zuteil wurde, ob die ketzerische Person an der Krankheit starb, wo sie begraben wurde, wer einen oder mehrere Ketzer dorthin führte oder von dort wegführte.

Ferner, ob er glaubte, daß eine ketzerische Person im Glauben der Ketzer gerettet werden könne.

Ferner danach, was er die Ketzer gegen den Glauben und gegen die Sakramente der römischen Kirche sagen oder lehren hörte, was er sie über das Sakrament der Eucharistie sagen hörte, über die Taufe, über die Ehe, über das vor einem Priester abgelegte Sündenbekenntnis, über die Anbetung oder Verehrung des heiligen Kreuzes und so hinsichtlich ihrer anderen Irrlehren, die weiter oben erklärt wurden.

Ferner, ob er glaubte, daß die Ketzer gute, wahrheitsliebende Menschen seien und daß sie einen guten Glauben, eine gute Sekte und eine gute Lehre hätten und daran festhielten, daß die Ketzer selbst und die anderen Gläubigen in ihrem Glauben und ihrer Sekte gerettet werden könnten.

Ferner, wie lange er in diesem Glauben blieb.

Ferner, wann er zum ersten Mal diesen Glauben hatte.

Ferner, ob er immer noch dasselbe glaubt.

Ferner, wann und warum er diesen Glauben aufgab.

Ferner, ob er sonst nie vor einen Inquisitor gerufen oder geladen wurde, wann und warum, und ob er sonst ein Geständnis über den Tatbestand der Ketzerei ablegte, ob er der Ketzerei vor einem Inquisitor abschwor und ob er rehabilitiert oder freigesprochen wurde.

Ferner, ob er seitdem etwas Ketzerisches tat, was und wie, siehe oben.

Ferner, ob er einen oder mehrere gläubige Anhänger oder solche kennt, die mit den Ketzern oder denen, die sie aufnehmen, konspirierten.

Ferner, ob er jemals an Ketzer oder von Ort zu Ort Anschluß an Ketzer hatte oder Bücher von ihnen hatte.

Ferner, ob seine Eltern gläubige oder einhellige Anhänger von Ketzern waren oder wegen des Tatbestands der Ketzerei bestraft wurden.

Dies sind die allgemeinen Fragen an diese Sekte. Allerdings müssen des öfteren mit großer Klugheit und Geschicklichkeit des Inquisitors spezielle formuliert und gestellt werden.

6. Allgemeine Information

Man muß jedoch zu dem vorher Gesagten bemerken – mögen auch noch so viele Fragen gestellt werden und manchmal auch noch andere entsprechend der Verschiedenheit der Personen und Taten, um die Wahrheit noch umfassender herauszufinden –, daß es nicht nützlich ist, daß alle Fragen aufgeschrieben werden, sondern nur diejenigen, die mit größerer Wahrscheinlichkeit das Wesen bzw. den Kern der Tat berühren und die Wahrheit eher zum Ausdruck zu bringen scheinen. Denn wenn in irgendeiner Niederschrift eine so große Zahl von Fragen gefunden würde, könnte eine andere, die weniger Fragen enthält, gekürzt erscheinen. Auch könnte bei so vielen schriftlich festgehaltenen Fragen beim Prozeß kaum Übereinstimmung in den Niederschriften der Zeugen erreicht werden, was man bedenken und im voraus beachten muß.

Kapitel 2: Die Sekte der Waldenser

1. Die Sekte der Waldenser, ihr Ursprung und die Zeit der Anfänge

Die ketzerische Sekte der Waldenser bzw. der Armen von Lyon trat erstmals im Jahre des Herrn 1170 in Erscheinung. Ihr Gründer war ein Bürger aus Lyon namens Waldes oder Waldens, nach dem seine Anhänger so genannt wurden. Er war reich, hatte alles aufgegeben und nahm sich vor, die Armut und die evangelische Vollkommenheit so zu bewahren, wie es die Apostel taten. Er ließ sich die Evangelien und einige andere Bücher der Bibel in französischer Volkssprache aufschreiben, auch einige Texte des heiligen Augustinus, Hieronymus, Ambrosius und Gregorius, die er nach Themen ordnete und die er selbst und seine Anhänger Sentenzen nannten. Sie lasen sie oft für sich, verstanden sie jedoch nicht richtig. Obwohl sie nur wenig gebildet waren, maßten sie sich das Amt der Apostel an und erdreisteten sich, in den Dörfern und auf den Straßen das Evangelium zu verkünden. Dieser Waldes bzw. Waldens machte viele Menschen beiderlei Geschlechts, Männer und Frauen, zu seinen Komplizen, die ebenso anmaßend waren, und sandte sie wie Jünger zum Predigen aus.

Da sie ungebildete Laien waren, zogen sie, die Männer ebenso wie die Frauen, durch die Dörfer, gingen in die Häuser und predigten, besonders die Männer, in den Straßen und sogar in den Kirchen viele Irrlehren und verbreiteten sie ringsum.

Der Erzbischof von Lyon, Jean Bellesmains, lud sie vor und verbot ihnen diese große Anmaßung, aber sie wollten auf keinen Fall gehorchen. Um ihren Wahnsinn zu verbergen, gaben sie vor, man müsse Gott, der den Aposteln aufgetragen hatte, jedem Geschöpf das Evangelium zu verkünden (vgl. Mk 16,15), mehr als den Menschen gehorchen (vgl. Apg 5,29), und sie maßten sich nur das an, was den Aposteln aufgetragen worden sei. Sie behaupteten dreist, sie seien die Nachahmer und Nachfolger der Apostel – sie, die ein falsches Gelöbnis der Armut abgelegt und den Schein der Heiligkeit erweckt hatten. Sie verachteten die Prälaten und die Geistlichen, weil diese reich waren und in Luxus lebten.

So wurden sie, weil sie sich das Predigtamt anmaßten, Lehrer der Irrlehre. Und als man sie aufforderte, damit aufzuhören, wurden sie ungehorsam und trotzig. Daher wurden sie exkommuniziert und aus jener Stadt (Lyon) und aus ihrer Heimat vertrieben. Schließlich wurden sie auf einem Konzil, das in Rom vor dem Laterankonzil (1215) abgehalten wurde, zu Ketzern erklärt, da sie starrsinnig blieben, und dann als Ketzer verurteilt. Ihre Zahl vervielfachte sich im Lande, und sie verbreiteten sich dort in der Provinz, in den benachbarten Gegenden und im Gebiet der Lombardei. Als sie von der Kirche getrennt und abgeschnitten waren, vermischten sie sich mit anderen Ketzern, griffen deren Irrlehren auf und vermengten die Irrlehren und Häresien der alten Ketzer mit ihren eigenen neuen Lehren.

2. Die drei allgemein üblichen Bezeichnungen für die Waldenser

Die Sekte der „Waldenser“ oder der „Armen von Lyon“ oder der „Sandalenträger“ („Insabbatati“) wurde so von einem Mann namens Waldes oder Waldens genannt, der die treibende Kraft und der Gründer dieser Sekte war. „Arme von Lyon“ wurden sie genannt nach dem Ort, wo die Sekte ihren Anfang nahm und ihren Ursprung hatte. „Sandalenträger“ wurden sie genannt, weil einst am Anfang die „Vollkommenen“ der Waldenser auf der Oberseite ihrer Sandalen ein besonderes Zeichen trugen, das wie ein Schild aussah. Durch dieses Zeichen unterschieden sie sich von ihren Anhängern und Gläubigen. Die Irrlehren dieser Sekte werden im Folgenden hinzugefügt, damit man sie mit diesem Vorauswissen besser befragen und verhören kann.

3. Die Irrlehren der derzeitigen Waldenser, denn in der Vergangenheit hatten sie noch viele andere

Die erste Häresie der obenerwähnten Waldenser war und ist bis heute die Verachtung der kirchlichen Macht. Aus diesem Grund exkommuniziert und dem Satan überliefert, wurden sie von diesem in zahllose Irrlehren gestürzt, und sie vermischten die Irrlehren alter Ketzer mit ihren eigenen Phantasiegebilden.

Die vom rechten Weg abgekommenen Anhänger dieser Sekte und ihre gottlosen Lehrer behaupten und lehren, daß sie dem Herrn Papst bzw. dem römischen Pontifex und auch nicht den anderen Prälaten der römischen Kirche unterworfen sind, indem sie erklären, daß die römische Kirche sie völlig zu Unrecht verfolgt und verurteilt. Ferner erklären sie, daß sie von diesem römischen Pontifex und den Prälaten nicht exkommuniziert werden können und keinem von ihnen gehorchen müssen, der den Anhängern und Lehrern dieser Sekte vorschreibt oder befiehlt, daß sie diese verlassen und abschwören, obwohl doch diese Sekte durch die römische Kirche als ketzerisch verurteilt wurde.

Ferner behaupten und lehren sie, daß jeder Eid vor Gericht und außerhalb des Gerichts ohne Ausnahme und ohne Wenn und Aber von Gott verboten wurde und daher unerlaubt und eine Sünde ist. Sie führen die Worte des heiligen Evangeliums und des heiligen Apostels Jakobus an, daß man nicht schwören darf (vgl. Mt 5,34), wobei ihr Verständnis ebenso verrückt wie abwegig ist, während man dagegen gemäß der vernünftigen Lehre der Heiligen und der Kirchenlehrer und der Tradition der heiligen katholischen Kirche nicht nur vor Gericht erlaubterweise und pflichtgemäß schwören soll, um die Wahrheit sicherzustellen, sondern auch aufgrund eines Dekrets der Kirche, das gegen diese Irrlehre schon vor langer Zeit erlassen wurde: *Wenn jemand von ihnen nicht schwören will, weil er aufgrund seines verdammungswürdigen Aberglaubens die religiöse Verpflichtung zu einem Eid von sich weist, muß er gerade deshalb als Ketzer betrachtet werden.* (Corpus iuris canonici, 5. Buch, Titel 7, Kap. 13, § 7)

Man muß erwähnen, daß die Waldenser beim Schwören eine Ausnahme machen, damit einer von ihnen schwören kann, um seinen eigenen Tod oder den eines anderen zu vermeiden bzw. ihm zu entgehen, und auch, um nicht andere Komplizen zu verraten oder ein Geheimnis ihrer Sekte preiszugeben.

Denn sie sagen, es sei ein unverzeihliches Verbrechen und eine Sünde wider den Heiligen Geist, einen Vollkommenen von ihrer Sekte zu verraten.

Aus derselben Quelle der Irrlehre erklärt diese ketzerische Sekte, jedes Gerichtsverfahren sei von Gott verboten und konsequenterweise eine Sünde und es verstoße gegen Gottes Gebot, daß ein Richter in welchem Fall auch immer und aus welchem Grund auch immer einen Menschen zu einer körperlichen Strafe, zu einer Bestrafung, bei der Blut fließt, oder zum Tode verurteile. Dabei führen sie ohne die richtige Erklärung die Worte aus dem heiligen Evangelium an, wo geschrieben steht: *Richtet nicht und ihr werdet nicht gerichtet werden!* (Mt 7,1), ferner: *Du sollst nicht töten!* (Mt 5,21), und alles dergleichen. Und sie verstehen, begreifen und erklären es nicht so, wie es die heilige römische Kirche richtig versteht und den Gläubigen überliefert gemäß der Lehre der Väter und Lehrer und kanonischen Dekrete.

Die kanonischen Dekrete und Konstitutionen der Päpste, die Vorschriften zum Fasten und zur Feier der Festtage und die Lehren der Kirchenväter akzeptiert ferner diese Sekte, die vom rechten Weg abirrt, nicht und hält sie nicht für gültig, sondern verachtet, verwirft und verurteilt sie.

Ferner vertreten die obenerwähnten Sektenmitglieder eine noch unheilvollere Irrlehre bezüglich des Bußsakraments und der Schlüssel der Kirche. Sie sagen, behaupten und lehren, sie hätten Macht allein von Gott und von keinem anderen, so wie auch die Apostel sie von Christus hatten, die Beichte der Männer und Frauen zu hören, die bei ihnen beichten wollen, und sie loszusprechen und ihnen eine Buße aufzuerlegen. Und sie hören ihre Beichte, sprechen sie los und erlegen ihnen eine Buße auf, obwohl sie nicht Priester bzw. Geistliche sind, die durch einen Bischof der römischen Kirche geweiht wurden, sondern einfach nur Laien. Sie geben zu, daß sie eine solche Macht nicht von der römischen Kirche haben, sondern leugnen dies vielmehr. Und tatsächlich haben sie diese weder von Gott noch von seiner Kirche, da sie außerhalb der Kirche stehen und von der Kirche selbst bereits abgeschnitten sind, außerhalb derer es weder wahre Buße noch das Heil gibt.

Ferner verspottet diese ketzerische Sekte die Ablässe, die von den Prälaten der Kirche verkündet und gewährt werden, und behauptet, sie seien gänzlich ungültig.

Zum Sakrament der Eucharistie vertreten sie eine Irrlehre, da sie – nicht öffentlich, sondern im geheimen – sagen, daß im Altarsakrament Brot und Wein nicht Leib und Blut Christi werden, wenn der Priester, der die Messe feiert bzw. konsekriert, ein Sünder ist. Und sie glauben, jeder Mensch sei ein Sünder, der nicht zu ihrer Sekte gehört. Ferner sagen sie, daß die Konsekration von Leib und Blut Christi von jedem Gerechten vorgenommen werden kann, auch wenn er ein Laie ist und kein Priester oder Pfarrer, der von einem katholischen Bischof geweiht wurde, wenn er nur zu ihrer Sekte gehört. Das glauben sie auch von den Frauen, wenn sie nur zu ihrer Sekte gehören, und sie lehren, daß jeder Heilige ein Priester ist.

4. Der Ritus ihrer Meßfeier

Der Ritus ihrer Meßfeier ist gewöhnlich der, daß sie nur einmal im Jahr die heilige Messe feiern, und zwar in der Form des Abendmahls. Dann ruft bei Nacht ihr Vorsteher, obwohl er nicht ein von einem katholischen Bischof geweihter Priester oder Pfarrer ist, alle Mitglieder seiner Gemeinde beiderlei Geschlechts zusammen und läßt dort vor ihnen eine Bank oder eine dazu geeignete Truhe bereitstellen und darauf ein sauberes Tuch legen. Dann stellen sie einen Becher voll von gutem, reinen Wein darauf und ein in der Herdasche gebackenes oder ein ungesäuertes Brot oder ein Stück von einem ungesäuerten Brot. Danach sagt ihr Vorsteher zu den Umstehenden: *Bitten wir unseren Herrn, daß er uns unsere Sünden und Vergehen durch sein Erbarmen vergeben und das, worum wir geziemend bitten, erfüllen möge! Sprechen wir siebenmal das Vaterunser zu Ehren Gottes und der heiligen Dreifaltigkeit, daß er dies tue!* Dann sprechen sie alle kniend siebenmal das Paternoster und erheben sich hierauf wieder.

Dann bricht derjenige, der das Brot und den Becher mit Wein weiht und segnet, das Brot und gibt allen Umstehenden ihren Teil, und dann gibt er allen mit dem Becher zu trinken. Dabei stehen sie immer. So endet ihr Meßopfer. Sie glauben fest und bekennen, daß dies der Leib und das Blut unseres Herrn Jesus Christus ist. Und wenn etwas von dem Opfer übrig wäre, würden sie es bis zum Osterfest aufheben und dann alles zu sich nehmen. Die gesamte restliche Zeit des Jahres geben sie nur den Kranken das geweihte Brot und den Wein.

So behielten alle sogenannten Armen von Lyon bzw. Waldenser dieselbe Form der Meßfeier bis zu ihrer Spaltung bei, die es unter ihnen gab, als sie sich nämlich in die sogenannten lombardischen Armen und die diesseits der Berge (d. h. diesseits der Alpen in Frankreich) lebenden Armen spalteten.

Die Waldenser leugnen auch, daß es nach diesem Leben ein Fegefeuer für die Seelen gibt, und behaupten konsequenterweise, daß Gebete, Almosen, Meßfeiern und sonstige fromme Fürbitten von Gläubigen für ihre Toten diesen nichts nützen.

Ferner verdammen und verurteilen sie die Prälaten, die Geistlichen und die Mönche der römischen Kirche und setzen sie herunter. Sie sagen, sie seien Blinde und Führer von Blinden, sie bewahrten nicht die Wahrheit des Evangeliums und folgten nicht der apostolischen Armut. Ferner lügen sie auf gehässige Weise, daß die römische Kirche selber ein Haus der Lüge sei. Ferner vergleichen sie sich selber mit dem vollkommenen Leben der Apostel und stellen sich auf eine Stufe mit deren Verdiensten. In ihrer Eitelkeit rühmen sie sich ihrer selbst und sagen, sie seien die Nachfolger der Apostel, und sie prahlen damit, daß sie die evangelische und apostolische Armut einhalten und bewahren.

Ferner behaupten und bekennen sie, es gebe drei Weihen in ihrer Kirche, nämlich die der Diakone, der Priester und der Bischöfe. Die Gewalt eines jeden von diesen hängt nur von ihnen und nicht von der römischen Kirche ab.

Sie glauben sogar, daß die heiligen Weihen der römischen Kirche nicht von Gott seien, sondern von einer Satzung der Menschen stammen. Daher lügen sie, wenn sie sagen und bekennen, sie glaubten, es gebe in der heiligen Kirche – darunter verstehen sie ihre eigene – die heilige Weihe des Bischofs, des Priesters und des Diakons.

Ferner behaupten sie, die Wunder, die sich in der Kirche aufgrund der Verdienste und Gebete der Heiligen ereignen, seien nicht echt, weil keiner von ihnen jemals Wunder vollbrachte. Ferner behaupten sie und betrachten es als ein Glaubensgeheimnis, daß die Heiligen im Himmel die Gebete der Gläubigen nicht hören und die Verehrungen, durch die wir sie auf Erden ehren, nicht wahrnehmen. Und sie sagen, die Heiligen würden nicht für uns beten, und daher bräuchten wir sie nicht um ihre Fürsprache zu bitten. Daher mißachten sie das feierliche Hochamt, das wir in Verehrung der Heiligen feiern, und anderes, wodurch wir sie verehren oder ehren. An den Festtagen arbeiten sie, wenn sie es ohne Gefahr tun können. Diese drei Lehren offenbaren sie jedoch ihren Gläubigen nicht ohne Unterschied, sondern die „Vollkommenen" dieser Sekte halten untereinander wegen der Wunder der Heiligen die Behauptung aufrecht, daß sie nicht echt sind, und bezüglich der Fürbitten, daß man nicht bitten soll, und bezüglich der Feiertage, daß man sie nicht zu achten brauche außer dem Sonntag und den Festtagen der Heiligen Jungfrau Maria, und einige fügen noch die Festtage der Apostel und der Evangelisten hinzu.

Diese und einige andere verrückte Irrlehren, die aus dem Vorhergehenden notwendig folgen, lehren sie ihre Gläubigen heimlich bei ihren Zusammenkünften. Ferner predigen sie zu ihren Gläubigen über die Evangelien, die Apostelbriefe und andere heilige Schriften und verfälschen sie beim Auslegen als Lehrer des Irrtums, die es nicht verstehen, Schüler der Wahrheit zu sein, obwohl doch die Predigt den Laien gänzlich untersagt ist. Man muß auch wissen, daß diese Sekte viele andere Irrlehren seit ehedem hatte, an ihnen festhielt und bis heute in einigen Landesteilen im geheimen haben soll, wie zum Beispiel die Feier der Messe am Gründonnerstag, wie oben gesagt wurde, und die abscheuliche Vereinigung, die man im Dunkeln – wer mit wem auch immer – ohne einen Unterschied vollzieht, die Erscheinung eines Katers und das Bespritzen mit seinem Schwanz und einiges andere, das in den Gesamtdarstellungen, die darüber geschrieben wurden, ausführlicher enthalten ist.

5. Die Lebensweise der Waldenser

Die Bräuche und die Lebensweise der ketzerischen Waldenser müssen kurz, aber sachgerecht behandelt werden, damit man sie daran einigermaßen unterscheiden und erkennen kann.

Vor allem muß man wissen, daß die Waldenser einen Oberen haben und einsetzen, den sie ihren Höheren nennen. Diesem müssen alle so gehorchen, wie alle Katholiken zum Gehorsam dem Papst gegenüber verpflichtet sind.

Ferner essen und trinken die Waldenser gemeinsam ihre gemeinsamen Nahrungsmittel. Ferner fasten am Montag und Mittwoch diejenigen, die es können und wollen: Wer fastet, ißt jedoch Fleisch. Ferner fasten sie am Freitag und während der Fastenzeit vor Ostern. Dann verzichten sie auf Fleisch, nur um andere nicht zu schockieren. Sie sagen nämlich, daß es keine Sünde ist, an irgendeinem Tag Fleisch zu essen, weil Christus es nicht verboten hat, Fleisch zu essen, und es ihnen auch nicht geboten hat, darauf zu verzichten.

Wenn sie ferner in die Gemeinschaft, die sie Brüderschaft nennen, aufgenommen sind und versprochen haben, ihrem Oberen Gehorsam zu leisten und die evangelische Armut zu wahren, müssen sie von da an Keuschheit wahren und dürfen kein Eigentum haben, sondern sie müssen alles verkaufen, was sie besitzen, den Erlös der Gemeinschaft zur Verfügung stellen und von den Almosen leben, die ihnen von ihren Gläubigen und Gleichgesinnten gegeben werden. Ihr Gemeindevorstand verteilt es unter ihnen und teilt einem jeden davon das Nötige zu.

Ferner empfehlen die Waldenser ihren Gläubigen Enthaltsamkeit. Sie gestehen jedoch zu, daß brennende Begierde auf jede schändliche Weise befriedigt werden darf, und führen dazu dieses Apostelwort an: *Es ist besser zu heiraten, als in Begierde zu brennen* (1 Kor 7,9). Sie sagen, es sei besser, wenn die Lust durch irgendeinen schändlichen Akt befriedigt wird, als daß man im Herzen versucht wird. Diese Ansicht halten sie aber ganz geheim, damit sie nicht von ihren Anhängern verachtet werden.

Ferner lassen sie ihre Gläubigen und Freunde Kollekten durchführen und bringen das, was gegeben und gesammelt wurde, ihrem Oberen.

Ferner halten bzw. feiern sie jedes Jahr ein oder zwei Generalkapitel in irgendeinem festlich hergerichteten Haus, aber so geheim wie möglich. Sie kommen, als ob sie Geschäftsleute wären, in einem Haus zusammen, das von einem oder mehreren ihrer Gläubigen vorher gemietet wurde. Auf diesen Kapiteln trifft ihr Vorsteher seine Anordnungen für die Priester und Diakone, auch für diejenigen, die in verschiedene Gegenden zu den Gläubigen und Freunden gesandt werden sollen, um die Beichte zu hören und Almosen zu sammeln. Er hört sich die Abrechnung über die Kollekten und Ausgaben an und nimmt sie entgegen.

Ferner arbeiten sie nicht mit ihren Händen, nachdem sie „Vollkommene“ geworden sind, und verrichten keine Arbeit zum Gelderwerb außer vielleicht zur Tarnung, damit sie nicht erkannt und festgenommen werden.

Ferner nennen sie sich allgemein Brüder und sagen, sie seien die Armen Christi oder die Armen von Lyon.

Ferner drängen sie sich sonst auf heuchlerische Weise einer Freundschaft mit Mönchen und Geistlichen auf, um sich zu tarnen, und sie machen ihnen großzügige Geschenke oder leisten ihnen Gehorsam oder Dienste, um sich und ihren Anhängern eine günstigere Möglichkeit zu verschaffen, in Tarnung zu leben und den Seelen zu schaden.

Ferner besuchen sie oft Kirchen und Predigten und benehmen sich in jeder Hinsicht nach außen hin fromm und ordentlich, und sie bemühen sich darum, sozusagen salbungsvolle und wohlüberlegte Worte zu gebrauchen.

Ferner sprechen sie tagsüber viele Gebete und weisen ihre Gläubigen an, daß sie es auch so wie sie selber machen. Die Art zu beten ist nämlich so, daß sie sich, auf dem Boden kniend, nach unten zur Erde neigen und sich dabei auf eine Bank oder auf etwas Ähnliches, das dazu geeignet ist, aufstützen. So auf den Knien zur Erde geneigt, verharren sie da alle in stillem Gebet so lange, wie sie 30- oder 40mal das Vaterunser sprechen können, und manchmal noch länger. Das tun sie regelmäßig jeden Tag, wenn sie mit ihren Gläubigen und den Anhängern ihrer Häresie ohne fremde Personen versammelt sind, vor dem Frühstück, vor und nach dem Essen und später und in der Nacht, wenn sie zu Bett gehen wollen, bevor sie sich also zu Bett legen. Ebenso am Morgen, wenn sie vom Bett aufgestanden sind; ebenso noch einige Male am Tag, sowohl am Morgen als auch am Mittag.

Ferner sprechen, lehren und haben sie kein anderes Gebet als das Vaterunser. Sie achten den Gruß der heiligen Maria, das *Gegrüßet seist du, Maria,* für nichts, ebenso das Apostolische Glaubensbekenntnis, das *Ich glaube an Gott*. Denn sie sagen, daß diese Gebete durch die römische Kirche und nicht durch Christus angeordnet und formuliert wurden. Aber trotzdem sprechen und lehren sie die sieben Glaubensartikel über die Göttlichkeit, die sieben über die

Menschlichkeit, die zehn Gebote und die sieben Werke der Barmherzigkeit – diese wurden von ihnen in einem Kompendium irgendwie abgefaßt und formuliert – , und davon machen sie sehr viel Aufhebens und zeigen sich gleich bereit, über ihren Glauben Rede und Antwort zu stehen.

Dann können sie aber rasch auf folgende Weise überführt werden: *Sage mir das Glaubensbekenntnis, nämlich das ‚Ich glaube an Gott', wie es die katholische Kirche sagt, weil es alle Artikel enthält!* Und dann antworten sie: *Ich kenne es nicht, weil es mir niemand beigebracht hat.*

Bevor sie sich zu Tisch setzen, segnen sie ihn und sprechen: *Segnet, Kyrie eleison, Christe eleison, Kyrie eleison, Pater noster.* Dann sagt der Älteste unter ihnen in der Volkssprache: *Gott, der fünf Gerstenbrote und zwei Fische in der Wüste für seine Jünger gesegnet hat, segne diesen Tisch und das, was darauf ist, und das, was daraufgestellt wird!* Und er macht das Kreuzzeichen und spricht dabei: *Im Namen des Vaters und des Sohnes und des Heiligen Geistes. Amen.*

Wenn sie nach dem Frühstück oder Mittagessen vom Tisch aufstehen, sagen sie auf folgende Weise Dank: Ihr Ältester spricht in der Volkssprache folgende Stelle aus der Apokalypse (Apk 7,12): *Segen, Herrlichkeit, Weisheit und Dank, Ehre, Kraft und Stärke unserem Gott in alle Ewigkeit.* Dann fügt er hinzu: *Gott schenke gute Gnade und gute Speise all denen, die uns Gutes tun und uns segnen!* Und: *Gott, der uns Speise für den Körper gab, gebe uns auch Speise für die Seele!* Und: *Gott sei mit uns und wir mit ihm alle Zeit.* Und die anderen antworten: *Amen.*

Wenn sie den Tisch segnen und das Dankgebet sprechen, nehmen sie sich oft bei den Händen und erheben diese zum Himmel.

Wenn sie nach dem Frühstück das Dankgebet gesprochen und wie oben gebetet haben, predigen und lehren sie und ermahnen die dort Anwesenden zu ihrer Lehre, falls sie an einem günstigen Ort sind, wo sie nicht Angst haben müssen wegen Fremden oder Dienstboten, die ihr Tun ablehnen würden. Ziemlich oft predigen sie nachts nach dem Essen, wenn ihre Gläubigen versammelt sind, weil sie dann von ihren beruflichen Tätigkeiten zurück sind und geheimer, sicherer und im verborgenen reden können. Manchmal legen sich alle nach der Predigt dort auf den Knien so nieder, wie es oben beim Gebet beschrieben ist. Manchmal löschen sie das Licht, wenn eines da ist, und zwar deshalb, damit sie, wie sie sagen, von Außenstehenden oder Fremden, die ihr Tun ablehnen, nicht gesehen oder ertappt werden.

Ferner sagen sie ihren Gläubigen und schärfen ihnen fest ein, daß sie sie auf keinen Fall den Hilfspriestern oder Geistlichen, Mönchen und Inquisitoren verraten, weil sie sonst von diesen festgenommen werden würden. Denn die Inquisitoren und die Amtsträger der katholischen Kirche verfolgen sie, wie sie zu ihren Anhängern sagen, deshalb zu Unrecht, weil sie Gott dienen und die Gebote Gottes, die evangelische Armut und die Vollkommenheit wie Christus und die Apostel wahren. Sie sagen, daß sie selbst die Wahrheit und den Weg Gottes besser erkennen als die Hilfspriester, die Geistlichen und die Mönche der römischen Kirche und daß diese sie deshalb verfolgen, weil diese die Wahrheit nicht kennen und weil Christus im Evangelium (Mt 10,23) zu seinen Aposteln und Jüngern sagte, daß sie von einer Stadt in eine andere fliehen sollten, wenn sie um des Namens Gottes willen verfolgt werden würden. Daher meiden sie selbst, wie sie sagen, die Verfolgung durch ihre Gegner.

6. Die Lehrmethode der Waldenser

An dieser Stelle soll kurz die Methode der Lehre bzw. Predigt der ketzerischen Waldenser besprochen werden.

Es gibt zwei Gruppierungen in ihrer Sekte, denn einige von ihnen sind die Vollkommenen, und diese werden im eigentlichen Sinn Waldenser genannt. Diese wurden zunächst ausgebildet und gemäß ihrem Ritus in ihren Orden aufgenommen, damit sie wissen, wie man andere unterrichtet. Man sagt, daß diese nichts Eigenes besitzen, keine Häuser, keine Habe, keine feste Bleibe. Wenn welche von ihnen vorher eine Frau hatten, verlassen sie diese, wenn sie in ihre Sekte aufgenommen werden. Sie sagen, sie seien die Nachfolger der Apostel, die Lehrer der anderen und Bekenner. Sie gehen im Land herum und besuchen und bestärken ihre Schüler in ihrer Irrlehre. Ihre Schüler und Anhänger verschaffen ihnen das Nötige. An welchen Ort sie auch immer kommen, teilen sie einander deren Ankunft mit, und es kommen ziemlich viele in ihrem Quartier, wo sie aufgenommen wurden, zusammen, um sie zu hören und zu sehen. Sie schicken ihnen dorthin alles, was sie zum Essen und Trinken haben, und sie hören ihre Predigt bei den Zusammenkünften, die sie besonders nachts aufsuchen, wenn die anderen schlafen oder ruhen.

Die Vollkommenen offenbaren aber nicht gleich am Anfang die Geheimnisse ihrer Irrlehren, sondern sie beschreiben zuerst, wie Jünger Christi nach den Worten des Evangeliums und der Apostel sein sollten. Sie sagen, nur diese seien die Nachfolger der Apostel, die ihr Leben nachahmen und daran festhalten. Daher argumentieren und folgern sie, daß der Papst und die Bischöfe, die Prälaten und die Geistlichen, welche den Reichtum dieser Welt haben und die Heiligkeit der Apostel nicht nachahmen, nicht die wahren Hirten und Leiter der Kirche Gottes, sondern reißende Wölfe und Prasser sind und daß Christus solchen nicht seine Braut, die Kirche, anvertrauen will und daß man daher ihnen nicht gehorchen darf. Sie sagen auch, daß ein Unreiner einen anderen nicht rein machen kann und einer, der gebunden ist, einen anderen nicht lösen kann und ein Angeklagter einem anderen Angeklagten einen Richter, der auf ihn zornig ist, nicht besänftigen kann und jener, der auf dem Weg des Verderbens ist, einen anderen nicht zum Himmel führen kann. So schmähen sie den Klerus und die Prälaten, um sie verhaßt zu machen, damit man ihnen nicht glaubt und nicht gehorcht.

Daher sagen die Waldenser gewöhnlich ihren Anhängern zuerst einiges, was gut und moralisch erscheint, und belehren sie über die

Tugenden und guten Werke, über die Fehler, vor denen man sich hüten und die man meiden soll, damit man ihnen desto leichter bei anderen Themen zuhört und damit sie die Zuhörer fangen. So sagen sie, daß der Mensch nicht lügen darf, weil jeder, der lügt, seine Seele tötet, wie die Schrift sagt (Weish 1,11). Ferner, daß ein Mensch nicht einem anderen das tun soll, von dem er nicht will, daß es ihm geschieht (Mt 7,12); daß der Mensch die Gebote Gottes halten soll (Mt 19,17); ferner, daß der Mensch auf keinen Fall schwören darf, weil Gott jeden Schwur verboten hat, da er im Evangelium sagt: *Ihr sollt überhaupt nicht schwören, weder beim Himmel, weil er der Thron Gottes ist, noch bei der Erde, weil sie der Schemel seiner Füße ist, noch bei irgendeinem anderen Geschöpf, weil der Mensch kein Haar weiß oder schwarz machen kann; sondern eure Rede sei ja ja, nein nein, und was darüber hinaus geht, ist vom Bösen* (Mt V 34–37). Diese Worte prägen sie ihren Anhängern fest ein und lassen keine Diskussion darüber zu.

Ferner sagen und lehren sie, daß Schwören immer und in jedem Fall eine Todsünde ist. Und wenn einer ihrer Anhänger durch irgendeine weltliche oder kirchliche Autorität gezwungen wird, vor Gericht zu schwören, muß er, wenn er schwört, dies später bekennen und wie bei einer Sünde eine Buße erhalten.

Wenn sie ferner über die Evangelien und über die Apostelbriefe oder über das gute Beispiel und die Aussprüche von Heiligen predigen, sagen sie als Beweis: *Das wird im Evangelium oder im Brief des heiligen Petrus oder des heiligen Paulus oder des heiligen Jakobus gesagt*. Oder sie sagen so: *Der und der Heilige oder der und der Gelehrte*, damit ihre Worte von den Zuhörern eher angenommen werden.

Die Evangelien und die Briefe haben sie normalerweise in der Volkssprache und auch in Latein, weil es einige von ihnen verstehen. Einige können lesen und lesen das, was sie sagen oder predigen, in einem Buch, manchmal aber verwenden sie kein Buch, besonders jene, die nicht lesen können, aber dies auswendig gelernt haben. Ferner halten sie ihre Predigt in den Häusern ihrer Anhänger, wie es oben erwähnt wurde, manchmal unterwegs oder auf der Straße.

Ferner sagen sie ihren Anhängern und lehren sie, daß es wahre Buße und Reinigung von Sünden nur in diesem Leben hier und nicht in einem anderen gibt. Daher sagen sie ihren Anhängern und lehren sie, daß sie ihnen ihre Sünden beichten sollen, und sie hören ihre Beichte und sprechen diejenigen los, die bei ihnen beichten, und erlegen den Gläubigen eine Buße auf, und zwar normalerweise Fasten am Freitag und das Vaterunser-Gebet. Sie sagen, daß sie diese Macht von Gott haben, wie sie auch die heiligen Apostel hatten.

Ferner sagen und lehren sie, daß jene Seelen, die gerettet werden sollen, sofort ins Paradies kommen, wenn sie den Körper verlassen, und jene in die Hölle, die verdammt werden sollen. Es gibt keinen anderen Ort für die Seelen nach diesem Leben außer dem Paradies oder der Hölle.

Ferner sagen sie, daß Fürbitten, die für die Toten gesprochen werden, ihnen nichts nützen, weil diejenigen, die im Paradies sind, sie nicht brauchen und es für diejenigen, die in der Hölle sind, keine Erlösung gibt.

Ferner sagen sie, wenn sie die Beichte hören, den Beichtenden, daß sie, wenn sie bei einem Priester beichten, ihnen nichts sagen oder offenbaren, was sie den Waldensern selbst gebeichtet haben.

7. Die schlauen Täuschungsversuche, durch die sie sich beim Verhör schützen

Man muß erwähnen, daß es sehr schwierig ist, Waldenser zu verhören und zu befragen, um von ihnen die Wahrheit über ihre Irrlehren zu erhalten. Das liegt an den irreführenden und zweideutigen Formulierungen, durch die sie sich bei ihren Antworten schützen, damit sie nicht überführt werden. Deshalb soll an dieser Stelle etwas über ihre zweideutigen und lügenhaften Täuschungsversuche gesagt werden.

Vor allem ist diese Verhaltensweise bei ihnen üblich: Wenn einer von ihnen festgenommen wurde und zum Verhör gebracht wird, kommt er, als ob er keine Angst hätte, sich nichts Bösem bewußt und unbekümmert wäre. Gefragt, ob er wisse, warum er festgenommen worden sei, antwortet er sehr freundlich und mit leichtem Lächeln: *Herr, gerne würde ich von Euch den Grund erfahren.* Auf die Frage nach dem Glauben, den er hat, antwortet er: *Ich glaube alles, was ein guter Christ glauben soll.* Auf die Frage, wen er für einen guten Christen halte, antwortet er: *Den, der so glaubt, wie die heilige Kirche fest zu glauben lehrt.* – Auf die Frage, welche Kirche er die heilige nenne, antwortet er: *Herr, die Ihr so nennt und von der Ihr glaubt, daß sie die heilige Kirche ist.* – Wenn man zu ihm sagt: *Ich glaube, daß die heilige Kirche die römische Kirche ist, an deren Spitze der Papst und unter ihm die anderen kirchlichen Würdenträger stehen*, antwortet er: *Auch ich glaube es,* und er meint damit, daß er glaubt, daß ich (nämlich der verhörende Inquisitor) es glaube.

Gefragt nach den Artikeln, die er selber glaubt, wie zum Beispiel die Fleischwerdung Christi, seine Auferstehung und Himmelfahrt, antwortet er sodann freudig: *Ich glaube fest daran.* – Gefragt, ob er glaube, daß das Brot und der Wein während der Messe bei den Worten des Priesters durch göttliche Kraft in den Leib und das Blut Christi verwandelt würden, antwortet er: *Sollte ich dies nicht fest glauben?* Wenn man aber weiter fragt und zu ihm sagt: *Ich frage nicht, was du glauben sollst, sondern ob du es glaubst*, antwortet er: *Ich glaube alles, was Ihr und was die anderen guten Lehrer mir zu glauben befehlen.*

Sagt man zu ihm: *Die guten Lehrer, denen du glauben willst, sind die Lehrer deiner Sekte. Wenn ich so denke wie sie, glaubst du mir und ihnen, andernfalls aber glaubst du nicht*, dann antwortet er: *Auch Euch glaube ich gern, wenn Ihr mich etwas lehrt, was für mich gut ist.* – Sagt man zu ihm: *Das hältst du für gut für dich, wenn ich dich das lehre, was auch deine anderen Lehrer lehren, aber antworte schlicht, ob du glaubst, daß auf dem Altar der Leib des Herrn Jesus Christus ist!* Dann antwortet er prompt: *Ich glaube es.* Und er meint: *daß da der Leib und daß alle Leiber des Herrn Jesus Christus sind.*

Dann weitergefragt, ob er glaubt, daß dort der Leib des Herrn sei, der von der Jungfrau geboren wurde, am Kreuz hing, auferstand und in den Himmel auffuhr, antwortet er: *Und Ihr, Herr, glaubt Ihr das etwa?* – Ich sage zu ihm: *Ich glaube das ganz und gar.* Und er antwortet: Ich glaube es auch. – Und er meint damit, daß er glaubt, daß ich es glaube.

Wegen dieses Täuschungsversuchs und noch anderem dergleichen zur Rede gestellt, damit er klar und eindeutig antworte, antwortet er: *Wenn Ihr alles, was ich sage, anders als vernünftig und einfach interpretieren wollt, dann weiß ich nicht, was ich Euch antworten soll. Ich bin ein einfacher und ungebildeter Mensch: Fangt mich nicht mit meinen eigenen Worten!* – Sagt man zu ihm: *Wenn du ein einfacher Mensch bist, dann antworte und rede einfach und eindeutig!* Dann antwortet er: *Gerne!*

Sagt man zu ihm: *Willst du also schwören, daß du niemals etwas gelernt hast, was gegen den Glauben gerichtet ist, von dem wir sagen und glauben, er sei der wahre?*, antwortet er ein wenig ängstlich: *Wenn ich schwören muß, werde ich gerne schwören.* Sagt man zu ihm: *Man fragt dich nicht, ob du schwören mußt, sondern ob du willst*, antwortet er: *Wenn Ihr mir befehlt zu schwören, werde ich schwören.* – Ich sage zu ihm: *Ich zwinge dich nicht zu schwören. Denn wenn du glaubst, es sei nicht erlaubt zu schwören, würdest du Schuld auf mich laden, weil ich dich gezwungen hätte. Wenn du aber schwörst, werde ich zuhören.* – Dann antwortet er: *Wieso soll ich also etwas schwören, wenn Ihr es nicht befehlt?* – Sagt man zu ihm: *Damit du den Verdacht beseitigst, der gegen dich vorliegt, weil man von dir glaubt, du seiest ein ketzerischer Waldenser, da du fest daran glaubst, daß jeder Schwur unerlaubt und eine Sünde sei*, dann antwortet er: *Wie muß ich also sprechen, wenn ich schwöre?* – Sagt man zu ihm: *Schwöre, wie du es weißt!*, antwortet er: *Herr, ich weiß es nicht, außer Ihr lehrt es mich.* – Da sage ich zu ihm: *Wenn ich schwören müßte, dann würde ich die Hand erheben, die hochheiligen Evangelien Gottes berühren und sagen: ‚Ich schwöre bei diesen heiligen Evangelien Gottes, daß ich niemals etwas gelernt oder geglaubt habe, was gegen den wahren Glauben verstößt, an dem die heilige römische Kirche gläubig festhält.'* – Da fängt er an zu zittern, und wie einer, der nicht weiß, wie man dieselben Worte bildet, wird er sich dabei verhaspeln, wie wenn er selbst oder ein anderer dazwischenreden und irgendwelche Wörter einschieben würde, damit die Schwurformel nicht im Wortlaut zustande kommt, sondern eine Formulierung, die kein Schwur ist, daß aber die anderen meinen, er habe geschworen.

Wenn er aber diese Wörter aneinanderreiht, dann bemüht er sich dabei, sie zu wiederholen und somit fälschlich und nicht mit diesem Wortlaut zu schwören und so die Umstehenden zu täuschen, so daß man glaubt, er habe geschworen. Denn entweder verwandelt er die Schwurformel in die Form eines Gebets, wie zum Beispiel: *So wahr mir Gott helfe und diese heiligen Evangelien, daß ich kein Ketzer bin oder dies oder jenes nicht getan oder gesagt habe* ..., oder er gibt die Worte des Schwurs nur wieder, ohne daß er die ernste Absicht hat zu schwören. Wenn man ihn aber fragt, ob er geschworen hat, antwortet er: *Habt Ihr nicht gehört, daß ich geschworen habe?*

Wenn sie aber durch Fragen in die Enge getrieben werden oder lange überlegen, wie sie schlau und nicht eindeutig antworten können, sobald sie nämlich Angst haben, überführt zu werden, antworten sie entweder auf etwas anderes als auf die eigentliche Frage, oder sie sagen, sie seien einfache Leute und verstünden es nicht, eine kluge Antwort zu geben.

Wenn sie sehen, daß die Umstehenden mit ihnen gern Mitleid haben, da sie ja einfache Leute sind, denen Unrecht geschieht oder an denen man nichts Böses findet, gewinnen sie an Selbstvertrauen und tun so, als weinten sie, und zeigen, wie beklagenswert sie sind, und schmeicheln den Untersuchungsrichtern, um sie so von weiterem Nachforschen abzubringen, und sagen: *Herr, wenn ich in irgendeinem Punkt gefehlt habe, will ich gerne die Buße annehmen. Nur helft mir, daß ich von dieser Diffamierung erlöst werde, in die ich ohne Schuld und nur aus Haß geraten bin!*

Wenn jemand einverstanden ist, einfach zu schwören, dann soll man zu ihm sagen: *Wenn du jetzt schwörst, um dadurch freizukommen, dann sollst du wissen, daß mir ein Schwur oder zwei oder zehn oder hundert nicht genügen, sondern so viele, wie ich will. Denn ich weiß, daß ihr untereinander eine bestimmte Zahl von Schwüren genau eingeteilt habt, daß ihr damit euch oder andere freibekommt, wenn euch die Not dazu zwingt. Aber ich will Schwüre ohne Zahl und darüber hinaus fordern. Wenn ich gegen dich Zeugen für das Gegenteil habe, werden dir deine Schwüre nichts nützen. Und dann hast du dein Gewissen durch einen Meineid befleckt. Daher wirst du nicht davonkommen.*

Ich habe erlebt, wie mehrere Ketzer in solcher Angst ihre Irrlehren bekannten, um davonzukommen. Einige sah ich dann öffentlich gestehen, weil es ihnen nichts nützte, einmal oder eine bestimmte Zahl und nicht darüber hinaus zu schwören, um freizukommen. Dann weigerten sie sich überhaupt zu schwören und erklärten, jeder Schwur sei unerlaubt und eine Sünde. Und wenn einer von ihnen gefragt wurde, warum er habe schwören wollen, wenn er glaubte, es sei nicht erlaubt, antwortete er: *Ich wollte mich dadurch vom Tod befreien und mein Leben retten und für meine Sünde später Buße tun.*

8. Ihre Spitzfindigkeiten und zweideutigen Formulierungen

Man muß erwähnen, daß sich Ketzer deshalb, weil sie sich nicht mit Überzeugungskraft und Vernunftgründen, auch nicht gestützt auf Autoritäten gegen den wahren Glauben verteidigen können, gleich auf Spitzfindigkeiten und Zweideutigkeiten verlegen und sich in Worte flüchten, damit sie nicht ihrer Irrlehren überführt werden. Das ist ein untrügliches Anzeichen, an dem man erkennen kann, daß sie Ketzer sind, wenn sie zweideutig antworten.

Eine Form ihrer verbalen Spitzfindigkeiten ist die des Doppelsinns der Wörter. Wenn zum Beispiel gefragt wird, ob sie an das Sakrament der Taufe, der Eucharistie, der Buße, der Ehe, der Priesterweihe oder der letzten Ölung glauben, antworten sie, daß sie fest daran glauben. Aber unter all diesem verstehen sie entweder den guten Willen des Herzens oder die innere Buße. Ebenso benutzen sie dasselbe Wort, z. B. Leib Christi, aber sie meinen damit einen mystischen Leib, das heißt die Kirche und den Leib eines jeden guten Menschen, der, wie sie sagen, Christus gehört, sowie auch andere Leiber. So antworten sie, wenn man sie fragt, ob sie an den Leib Christi glauben, mit demselben Wortlaut, aber zweitdeutig.

Es gibt noch eine andere Form der Mehrdeutigkeit. Wenn man fragt: *Glaubst du, daß Christus geboren wurde, gelitten hat und auferstanden ist usw.?*, antworten sie: absolut. Und damit meinen sie: *Das heißt, ich glaube absolut an das, was meine Sekte betrifft.*

Eine andere Form von Spitzfindigkeit ist die Hinzufügung einer Bedingung: Wenn man zum Beispiel fragt: *Glaubst du dies oder jenes?*, antworten sie: *Wenn es Gott gefällt, glaube ich dies oder jenes*, aber sie meinen damit, daß es Gott nicht gefiele, daß sie es glauben.

Eine andere Form besteht darin, daß sie eine Gegenfrage stellen, um (sprichwörtlich) einen Nagel durch einen Nagel stumpf zu machen.

Eine andere Form besteht darin, daß sie sich mit ihrer Antwort herauswinden. Wenn zum Beispiel gefragt wird: *Glaubst du, daß man einen Schwur leisten oder ein Blutsurteil fällen kann, ohne dadurch eine Sünde zu begehen?*, antwortet der Ketzer: *Was glaubt Ihr und die anderen?* – Wenn man ihm antwortet: *Wir glauben das*, dann antwortet der Ketzer: *Auch ich glaube es*, und er meint damit, daß wir dies glauben und sagen, nicht daß er selbst das glaubt, wonach er gefragt wird.

Eine andere Form besteht darin, daß sie den Verwunderten spielen. Wenn man zum Beispiel jemanden fragt, ob er so etwas glaube, antwortet er verwundert, als ob er erzürnt wäre: *Was sollte ich denn sonst glauben, warum soll ich es nicht glauben?*

Eine andere Form ist die des anderen Zusammenhangs. Wenn

zum Beispiel einer gefragt wird, ob er glaube, daß jeder, der schwört, dadurch sündigt, antwortet er: *Wer die Wahrheit sagt, sündigt nicht.* Ebenso, wenn er folgendermaßen antwortet: *Wer schwört, sündigt nicht, wenn er die Wahrheit sagt.* Dennoch glaubt er, daß er durch das Schwören sündigt, aber nicht, wenn er die Wahrheit sagt.

Eine andere Form ist die der Übertragung. Wenn zum Beispiel nach dem einen gefragt wird, überträgt er es auf etwas anderes.

Auch überträgt er sich, wenn er von jemandem verhört wird, auf andere, und er spricht dann von diesen.

Eine andere Form ist die der Selbstrechtfertigung. Wenn er zum Beispiel nach dem Glauben gefragt wird, rechtfertigt er sich und sagt: *Ich bin ein einfacher Mensch, ungebildet und verstehe diese Fragen und Feinheiten nicht, und leicht würdet Ihr mich fangen und zu einem Irrtum verleiten.*

Sie haben noch viele andere Arten der Täuschung, weil die Praxis ein noch besserer Lehrmeister als die Theorie ist.

Man muß auch erwähnen, daß Ketzer dann und wann so tun, als seien sie Narren oder Verrückte, wie z. B. David vor Achis (vgl. 1 Kön 21,12–15). Und wenn sie ihre Irrlehren vorbringen, mischen sie Wörter darunter, die unpassend, lächerlich und geradezu närrisch sind, um dadurch ihre Irrtümer zu verdecken und den Eindruck zu erwecken, als sagten sie alles, was sie sagen, gleichsam im Scherz. Solche habe ich oft erlebt. Mit Hilfe dieser und vieler anderer Täuschungsversuche bei ihren Antworten, die zu beschreiben zu lange dauerte und zuwider wäre – täglich erfinden sie neue – beabsichtigen sie, sich selbst zu tarnen, um als Unschuldige und Unbelastete davonzukommen, oder daß die Inquisitoren, frustriert und erschöpft, aufhören, sie zu verfolgen, oder daß der Inquisitor bei den Laien in Verruf gerät, weil er einfache Leute ohne Grund zu quälen bzw. nur einen Grund zu suchen scheint, sie durch zu knifflige Verhöre fertigzumachen. Deshalb soll im folgenden Kapitel kurz gesprochen werden von der Methode des Verhörs und der Befragung derjenigen Mitglieder der ketzerischen Sekte der Waldenser, die sich bekehren und geständig sind.

9. Spezielle Fragen an die Mitglieder der Sekte der Waldenser

Zuerst soll einer, der von der Sekte der Waldenser geständig ist, gefragt werden, ob er jemals einen oder mehrere von der Sekte oder Gemeinschaft oder Bruderschaft derer, die wir Waldenser oder die Armen von Lyon nennen (sie selber nennen sich untereinander Brüder oder die Armen Christi) sah oder anhörte.

Ferner, wo, wann und mit wem er sie sah und wer sie waren;

ferner, ob er jemals eine Predigt, eine Lehre, Ermahnungen oder Worte von ihnen hörte;

ferner, welche Worte und welche Lehre er von ihnen hörte;

ferner, was er von ihnen über den Schwur hörte und ob dieser immer und in jedem Fall eine Sünde ist;

ferner nach dem Fegefeuer für die Seelen nach dem Tod bzw. nach diesem Leben;

ferner nach den Fürbitten für die Verstorbenen;

ferner nach den Ablässen, die vom Papst und den Prälaten der römischen Kirche verkündet und gewährt werden. Allerdings spricht ein Waldenser über diese letzten drei Punkte nicht klar und eindeutig in Anwesenheit ihrer einfacheren Gläubigen und vor den Gelehrten, die in ihren geheimen Lehren hervorragend ausgebildet sind;

ferner, ob er mit ihnen am selben Tisch aß oder sie beim Frühstück oder beim Mittagessen essen sah;

ferner nach der Segnung der Mahlzeit und der Danksagung nach der Mahlzeit;

ferner, ob er sie vor oder nach dem Frühstück und vor oder nach dem Essen beten sah und wie sie beteten und während des Gebets dastanden;

ferner, ob er selber mit ihnen betete oder andere beten sah, wen, wo und wann und das, was sie beim Beten sagen;

ferner, ob er jemals einem oder mehreren Mitgliedern der Waldenser seine Sünden bekannte und wem oder welchen Personen;

ferner, ob er von ihnen die Lossprechung von seinen Sünden und eine Buße erhielt, welche Buße, ob er sie leistete, und die Form der Lossprechung;

ferner, ob er von ihnen sagen hörte, wußte oder glaubte, daß sie selbst keine Priester waren, die durch einen Bischof der römischen Kirche geweiht worden waren;

ferner, ob er damals glaubte, daß das Sündenbekenntnis, das er vor ihnen ablegte, die Lossprechung und die Buße, die er von ihnen erhielt, zu seinem Seelenheil dienten, ob er bei seinem zuständigen Priester, der durch einen Bischof der römischen Kirche geweiht worden war, beichtete, durch ihn losgesprochen wurde und von diesem eine Buße erhielt; wenn er aber mit Nein antwortet, dann muß er streng getadelt werden, weil er bei jemandem beichtete, von dem er wußte, daß er kein Priester war, außer er wußte oder glaubte, daß es zu seinem Heil sei; und dies darf man nicht bereitwillig glauben, wenn er das sagt; ferner, ob er seine Sünden einmal im Jahr seinem Ortsgeistlichen in der Fastenzeit oder vor dem Osterfest beichtete und ob er ihm dann unter anderem beichtete, daß er Waldenser gesehen und sie lehren gehört und ihnen seine Sünden gebeichtet hatte; und falls er mit Nein antwortet, soll er nach dem Grund gefragt werden, warum er dies nicht beichtete; ferner, ob er einmal im Jahr an Ostern kommunizierte; denn die Waldenser kommunizieren nicht, auch nicht ihre Anhänger, außer um sich zu tarnen. Sie glauben nämlich nicht an das Opfer, das durch die Priester der römischen Kirche vollzogen wird, obwohl sie diese Überzeugung außer unter den Vollkommenen ihrer Gläubigen streng geheimhalten;

ferner, ob er glaubte, daß die Waldenser bzw. jene, die sagen, sie seien die Armen Christi, und die sich Brüder nennen, gute und gerechte oder heilige Menschen seien und einen guten Glauben und eine gute Sekte hätten, in der sie selbst und jene, die ihnen glaubten, gerettet werden könnten, obwohl er gehört hätte und wüßte, daß sie nicht mit dem Glauben der römischen Kirche übereinstimmten und daß die Angehörigen der römischen Kirche sie verfolgten;

ferner, wann und wie lange er diesen Glauben hatte, wer ihn zu diesem Glauben brachte, wann er von diesem Glauben abließ und warum;

ferner, ob er den Waldensern etwas gab oder etwas von ihnen bekam oder solches von irgendeiner anderen Person wüßte;

ferner, ob er sie von einem Ort zu einem anderen Ort führte und wer sie waren;

ferner, ob er jemanden oder mehrere kennt, die sie aufnahmen und die ihre gläubigen Anhänger waren;

ferner, ob er sonst vor einem Inquisitor stand, weil er wegen seiner Zugehörigkeit zu den Waldensern zitiert bzw. vorgeladen oder festgenommen wurde; ob er gestand und freigesprochen wurde und ob er eine Buße erhielt und der Häresie und der Sekte der Waldenser vor Gericht abschwor, und ähnliche grundsätzliche Fragen.

Kapitel 3: Die Sekte der Pseudo-Apostel

1. Die Sekte der Pseudo-Apostel, die sich Apostel Christi nennen

Die abtrünnige und ketzerische Sekte der Apostel kam um das Jahr des Herrn 1260 auf und wurde von einem gewissen Gerardo Segarelli aus Parma gegründet. Dort war er der Führer der Sekte. Er wurde vom Gericht der Kirche verurteilt und verbrannt (nämlich am 18. Juli 1300). Als sein Nachfolger in der Lehre und in der Sekte trat ein gewisser Dolcino aus Novara, der uneheliche Sohn eines Priesters, auf. Er sammelte sehr viele Anhänger seiner Sekte um sich, wurde schließlich zusammen mit einer gewissen Margarita, seiner Lebensgefährtin, gefangengenommen, da er sich des Verbrechens der Häresie schuldig gemacht hatte, und vom Gericht der Kirche zusammen mit dieser Ketzerin verurteilt und verbrannt, wie in einem Bericht über diesen Vorgang ausführlicher erzählt wird.

2. Wie man in ihre Sekte bzw. ihren Orden aufgenommen wird

Der Aufnahmemodus, mit dem die Pseudo-Apostel in ihre Sekte bzw. ihren Orden aufgenommen werden, soll so sein, wie es von einigen Personen im Kreuzverhör vor Gericht beschrieben wurde, nämlich daß derjenige, der aufgenommen werden oder das Ordensgelübde ablegen soll, zuerst durch ein Mitglied oder mehrere dieser Sekte bzw. dieses Ordens über ihre Lebensweise und die Vollkommenheit des Lebens, das sie das apostolische nennen, unterrichtet wird. Danach zieht dieser in irgendeiner Kirche vor dem Altar oder sogar auf einem öffentlichen

Platz in Gegenwart von Mitgliedern dieser Sekte bzw. dieses Ordens oder sogar vor den anderen Leuten zum Zeichen seiner Entäußerung alle seine Kleider aus und verzichtet zum Zeichen der Vollkommenheit der evangelischen Armut auf alles, was er besitzt, und er gelobt in seinem Herzen Gott, daß er fortan in evangelischer Armut leben wird. Von da an darf er kein Geld annehmen, besitzen oder bei sich tragen, sondern muß von den Almosen leben, die ihm unentgeltlich und freiwillig von anderen angeboten werden, und er darf nichts für den nächsten Tag aufheben. Ferner verspricht er Gehorsam keinem sterblichen Menschen, sondern allein Gott, und daraufhin glaubt er, er sei im Zustand der apostolischen und evangelischen Armut und Vollkommenheit und Gott allein und keinem Menschen unterworfen, so wie die Apostel Christus und niemandem sonst unterworfen gewesen waren.

3. Die Irrlehren der Sekte der Pseudo-Apostel

Die vom rechten Weg abirrenden Anhänger dieser apostolischen oder vielmehr abtrünnigen und ketzerischen Sekte lehrten anfangs im geheimen, und sie lehren auch heute noch ziemlich geheim, wen, wann und wo sie können, daß die ganze Autorität, die vom Herrn Jesus Christus schon vor langer Zeit der römischen Kirche verliehen worden war, ganz ausgehöhlt worden und wegen der Schlechtigkeit der Prälaten geschwunden ist.

Ferner, daß die römische Kirche, die der Papst, die Kardinäle, die Prälaten, die Geistlichen und die Mönche unter ihrer Kontrolle haben, nicht die Kirche Gottes, sondern die verworfene Kirche ist, die keine Frucht bringt.

Ferner, daß die römische Kirche jene große Hure Babylon ist, von der Johannes in der Apokalypse schreibt und die vom Glauben an Christus abgefallen ist.

Ferner, daß die ganze geistliche Macht, die Christus der Kirche von Anfang an gab, auf die Sekte derer übertragen wurde, die sich

Apostel oder Mitglieder des Ordens der Apostel nennen. Diese Sekte bzw. diesen Orden nennen sie die geistliche Gemeinschaft, die in der Endzeit von Gott gesandt und auserwählt wurde.

Ferner, daß sie selbst nach ihren Worten die Apostel Christi sind und niemand sonst als sie die Macht hat, die der hl. Apostel Petrus von Gott hatte.

Ferner, daß der erwähnte Gerardo Segarelli aus Parma der erste Leiter und der Gründer dieser Sekte war.

Ferner: Dolcino aus Novara schrieb in seinen Briefen über den erwähnten Gerardo, daß er eine aus der Wurzel des Glaubens wachsende Pflanze Gottes war, mit der Gott seine Kirche zurück zur Vollkommenheit, zum Leben, zum sicheren Bestand und zur Armut der Urkirche zurückzuführen begann, nämlich in den Zustand, in dem Christus die Kirche dem hl. Apostel Petrus anvertraute.

Ferner sagen sie, daß sie allein, die Apostel dieser Sekte bzw. Gemeinschaft, die Kirche Gottes sind und sich in jenem Zustand der Vollkommenheit befinden, in dem sich die ersten Apostel Christi befanden. Daher sagen sie, sie seien keinem Menschen zum Gehorsam verpflichtet, auch nicht dem Papst oder sonst jemandem, weil ihre Regel, die nach ihren Worten unmittelbar von Christus stamme, das freie und in jeder Hinsicht vollkommene Leben ist.

Ferner, daß weder der Papst noch sonst jemand ihnen vorschreiben kann, diesen Zustand bzw. das Leben in so großer Vollkommenheit aufzugeben.

Ferner, daß der Papst und auch niemand sonst sie exkommunizieren kann.

Ferner, daß sich jeder aus jedem beliebigen Stand und Orden mit dem Recht und Belieben seines eigenen Willens ihrer Lebensweise und ihrem Stand bzw. Orden anschließen kann, ob er ein Kleriker oder ein Laie ist, so daß ein Mann ohne Zustimmung seiner Ehefrau und eine Ehefrau ohne Zustimmung ihres Mannes den Ehestand verlassen und in ihren Orden eintreten kann, und daß kein Prälat der römischen Kirche eine Ehe scheiden kann, sie selber aber schon.

Ferner, daß keiner aus ihrer Lebensgemeinschaft, ihrem Stand bzw. Orden in einen anderen Orden eintreten oder eine andere Ordensregel annehmen kann, ohne eine Todsünde zu begehen, und daß er sich dem Gehorsam keines Menschen unterwerfen darf, weil dies bedeuten würde, daß er von einem Leben in höchster Vollkommenheit zu einem nicht so vollkommenen Leben herabsteigen würde.

Ferner, daß keiner gerettet werden oder in das Himmelreich gelangen kann, wenn er nicht ihrem Stand bzw. Orden angehört, weil außerhalb ihres Standes bzw. Ordens nach ihren Worten später einmal niemand gerettet werden wird.

Ferner, daß alle, die sie verfolgen, eine Sünde begehen und sich im Zustand der Verdammnis und Sündenschuld befinden.

Ferner, daß kein Papst der römischen Kirche jemanden lossprechen kann, außer er ist so heilig, wie es der hl. Apostel Petrus war, indem er nämlich in völliger Armut, ohne eigenen Besitz und in Demut lebt, keine Kriege führt und niemanden verfolgt, sondern jeden in seiner Freiheit leben läßt.

Ferner, daß alle Prälaten der römischen Kirche, die hohen ebenso wie die niedrigen, seit der Zeit des hl. Silvester, als sie sich von der Lebensweise der früheren Heiligen abkehrten, gewissenlose Sünder und Verführer sind, mit Ausnahme des Bruders Pietro del Morrone, der als Papst den Namen Cölestin (V.) annahm.

Ferner, daß der Stand der Mönche, Priester, Diakone, Subdiakone und Prälaten dem katholischen Glauben schadet.

Ferner, daß die Laien keinem Priester oder Prälaten der katholischen Kirche den Zehnten geben dürfen und dazu auch gar nicht verpflichtet sind, außer jener befindet sich in einem Zustand so großer Vollkommenheit und so großer Armut wie die ersten Apostel. Daher sagen sie, daß der Zehnte nur ihnen selbst, die Apostel heißen und die Armen Christi sind, gegeben werden darf.

Ferner, daß jeder Mann und jede Frau zusammen nackt in ein und demselben Bett liegen und erlaubterweise einer den anderen an jedem Körperteil berühren darf und daß sie einander küssen dürfen, ohne daß dies eine Sünde ist; und daß es keine Sünde ist, wenn einer fleischlich erregt ist und seinen Leib nackt mit dem Leib einer Frau vereint, auf daß die Versuchung aufhöre. Ferner, daß es etwas Größeres ist, bei einer Frau zu liegen und sich körperlich mit ihr zu vereinigen, als einen Toten aufzuerwecken. Sie teilen jedoch diese beiden Glaubenssätze nicht allen ohne Unterschied mit, sondern reden darüber nur untereinander und mit ihren treuen Anhängern.

Ferner, daß das Leben vollkommener ist, wenn man ohne ein Gelübde als mit einem Gelübde lebt.

Ferner, daß eine geweihte Kirche nicht wertvoller ist als ein Pferde- oder Schweinestall, wenn man zu Gott beten will.

Ferner, daß man Christus in den Wäldern so gut wie in der Kirche oder sogar noch besser anbeten kann.

Ferner, daß ein Mensch aus keinem Grund und in keinem Fall schwören darf, außer im Fall der Glaubensartikel oder der Gebote Gottes, und daß alles andere verheimlicht werden kann. Falls sie schwören, vor kirchlichen Würdenträgern oder Inquisitoren die Wahrheit zu sagen, sind sie nicht verpflichtet, jemandem zu antworten, ihre Lehre bzw. ihre Irrlehren zu verraten, auch nicht dazu, sie mit Worten zu verteidigen, sondern sie stets im Herzen zu bewahren. Wenn sie jedoch gezwungen sind, in Todesgefahr zu schwören, sollen sie in diesem Fall nur verbal bzw. mit ihrer Stimme schwören und daran denken, daß sie keinesfalls verpflichtet sind, die Wahrheit zu sagen, außer was wörtlich so in den Glaubensartikeln oder Geboten steht. Und wenn sie nach etwas anderem gefragt werden, dürfen sie, ohne daß sie dabei eine Sünde begehen, lügen und mit dem Mund die Wahrheit ihrer Sekte leugnen, sofern sie diese in ihrem Herzen bewahren, damit sie der Macht der Inquisitoren entkommen. Aber sie sollen antworten, indem sie die Wahrheit leugnen, bestreiten oder verhüllen, wie sie auch immer damit durchkommen mögen. Wenn sie jedoch dem Tod nicht entrinnen können, dann sollen sie in einem solchen Fall ihre Lehre in allem und in jeder Einzelheit offen bekennen und verteidigen und darin geduldig und standhaft sterben und auf keinen Fall irgendeinen ihrer Gefährten oder Anhänger verraten.

Diese Irrlehren und noch einige andere, die sich notwendigerweise daraus ergeben, bewahren sie und lehren sie ihre Anhänger, jedoch nicht öffentlich, sondern im geheimen. Und sie lehren diese nicht alle auf einmal, sondern nach und nach bald die eine, bald die andere, bald mehrere, wie sie es für günstiger halten. Damit ihre Worte überzeugender wirken, schicken sie, wenn sie auf die Laien einreden, alles voraus, was sie überzeugend über den schlechten Lebenswandel der Prälaten, der Geistlichen und der Mönche sagen können, und sie sagen, daß die Prälaten, die Geistlichen und die Mönche sie deshalb mit ihrem Haß verfolgen, weil sie die Wahrheit sagen und lehren.

4. Wie die Pseudo-Apostel in der Öffentlichkeit reden

Ihre typische Ausdrucksweise, vor allem wenn sie sich in der Öffentlichkeit sehen lassen, ist gewöhnlich so: Sie sagen etwas, was offensichtlich lobenswert ist, um dadurch Zuhörer anzuziehen und anzulocken. So sagen sie: *Wachet und betet, weil das gut für die Seele ist!* Ferner sprechen sie mit lauter Stimme das „Pater noster", das „Ave Maria" und das „Credo". Auch singen sie, wenn sie durch die Dörfer gehen, manchmal auf den Plätzen oder dort, wo sie Zuhörer finden: *Tut Buße, das Himmelreich ist nahe!* (Mt 4,17), und über die Apostel: *Siehe, ich sende euch wie Schafe mitten unter die Wölfe* (Mt 10,16); außerdem singen sie: *Euer Herz beunruhige und fürchte sich nicht.* (Joh 14,27)

Ferner singen sie das „Salve Regina" und einige andere Lieder, um Zuhörer anzulocken, und stellen nach außen gewisse Zeichen der Ergebung in den Herrn zur Schau, die den Zuhörern auf den ersten Blick alle gut und fromm erscheinen. Vor allem versuchen sie, äußerlich auf die Menschen den Eindruck von Büßern, die ein vollkommenes Leben führen, zu machen.

Sie essen öffentlich auf den Fahrwegen an einem Tisch, der dort für sie hingestellt wurde, von dem, was man ihnen dann bringt. Und das, was von dem Brot, dem Wein und den anderen Speisen, die man ihnen dort gab, übrig ist, nehmen sie nicht mit, wenn sie sich vom Tisch erheben, sondern sie lassen es dort zurück zum Zeichen, daß sie die vollkommenen Armen Christi sind, als würden sie nicht an den morgigen Tag denken und gleichsam kein Haus und keine Bleibe haben. So erbetteln sie sich ihre Nahrung.

5. Wie man die Pseudo-Apostel befragt und verhört

Man muß wissen, daß es sehr schwierig ist, sie zu verhören und die Wahrheit über sie herauszufinden, vor allem deshalb, weil sie, wenn sie geschworen haben, daß sie vor Gericht die Wahrheit sagen werden, dennoch weder ihre Sekte öffentlich verraten noch ihre Irrlehren in der Öffentlichkeit bekennen, auch nicht direkt auf Fragen antworten wollen, sondern unter dem Deckmantel zahlreicher Ausflüchte ausweichen und sich mit Lügen behelfen. Daher braucht der Inquisitor ganz dringend ihnen gegenüber Geschicklichkeit und Beharrlichkeit. Deshalb könnte die Art und Weise, wie man sie anfangs befragen und verhören soll, um gegen ihre Schlauheit anzukommen und damit sie von den Inquisitoren eher überführt werden können, so sein: Nachdem sie vor Gericht gestellt wurden, sollen sie auf die heiligen Evangelien Gottes schwören, daß sie grundsätzlich die volle und reine Wahrheit sagen über den Tatbestand der Häresie und insbesondere über das Verbrechen derer, die sich zu Unrecht Apostel nennen oder sagen, daß sie deren Lebensweise, ihre Sekte und ihren Ritus wahren, und worüber sie auch immer und von wem sie vor Gericht schon befragt wurden. Dann sollen ihnen die grundlegenden Fragen gestellt werden, die (im nächsten Kapitel) folgen, und danach soll man sich den speziellen Fragen zuwenden.

6. Allgemeine Fragen an die Pseudo-Apostel

Zuerst sollen sie nach ihrer Heimat und ihren Eltern gefragt werden, woher sie waren oder ursprünglich stammten, warum und wann sie aus ihrer Heimat wegzogen und in diese Gegend kamen, mit wem und wie lange sie in fernen Gegenden blieben, und in welchen Städten und mit wem sie sich dort hauptsächlich aufhielten.

Ferner, ob sie jemals den Namen des Gerardo Segarelli aus Parma und Dolcino aus Novara in der Lombardei hörten, oder ob sie sie selber oder nur einen von ihnen sahen oder mit ihnen sprachen, was sie glauben oder über sie und ihre Lebensweise, ihre Sekte oder Lehre denken, und ob sie glauben, daß sie gute Menschen waren und eine gute Sekte hatten und eine gute Lehre verbreiteten.

Ferner, ob sie sagen hörten, daß dieser Gerardo der Gründer dieser Sekte und der erwähnte Dolcino dessen Nachfolger war.

Ferner, ob sie einmal einen oder mehrere Angehörige dieser Sekte oder von denen sahen, die man Apostel oder Angehörige des Ordens der Apostel nennt, und wen sie sahen; und ob sie Gemeinschaft mit ihnen oder Anschluß an sie hatten und mit wem.

Ferner soll man sie nach der Ordenstracht fragen, die sie tragen, und nach ihrem Aussehen. Diese sieht wie die Tracht einer religiösen Gemeinschaft aus. Sodann wann und wo sie eine solche Ordenstracht erhielten, welche Weihe sie haben, ob sie sich zu einer Ordensregel bekennen und ob die Ordensregel, die sie einhalten, und die Ordenstracht, die sie tragen, jemals von der römischen Kirche genehmigt wurde. Ob sie andere Personen kennen, die ein solches Gewand haben bzw. ein solches Gewand tragen. Ferner, ob sie einen oder mehrere dazu drängten oder verleiteten, ein solches Gewand anzulegen oder zu tragen oder so einen Ritus und eine ähnliche Lebensweise einzuhalten und so etwas zu tun, und wen und wieviele und warum. Ferner soll man sie danach fragen, wie man in diesen Orden aufgenommen wird.

Ferner soll man sie nach der Lehre fragen, die sie verbreiten, und nach der Methode, die sie beim Lehren anwenden, nach dem, was von ihnen überhaupt auf den Straßen vor dem Volk getan, gesagt und gesungen wird; woher sie das haben, wer es sie gelehrt hat und warum sie es tun, da es nicht von der römischen Kirche, auch nicht von den Prälaten angeordnet wurde. Denn bei diesen Ketzern fällt auf, daß sie als Einzelgänger auftreten, die sich vom üblichen Lebenswandel der Gläubigen, der Mönche und anderer Personen durch ihre Lebensweise, ihre Ernährung und ihre Sitten unterscheiden. Ferner, wann sie anfingen, so zu leben.

Ferner, ob sie in dem Jahr einem Priester ihre Sünden beichteten und wem, ob sie kommunizierten oder den Leib Christi an Ostern empfingen und wo, da sie selber predigen, man müsse Buße tun, und da zur wahren Buße nach der Herzensreue ein mündliches Bekenntnis der Sünde vor einem Priester gefordert wird, der von einem Bischof der römischen Kirche geweiht wurde, und vor keinem anderen. Da alle Gläubigen verpflichtet sind, einmal im Jahr ihre Sünden dem zuständigen Priester zu beichten und an Ostern die Kommunion zu empfangen, scheinen diejenigen dazu besonders verpflichtet zu sein, die ein vollkommenes Leben, wie sie sagen, nach außen hin in Anspruch nehmen und erkennen lassen.

Mit Hilfe dieser allgemeinen sowie anderer ähnlicher Fragen, die sich je nach Sachlage und Situation zwangsläufig ergeben werden, also aufgrund dessen und aufgrund der Antworten dieser Ketzer wird es möglich sein, sie trotz ihrer Zweideutigkeiten und Widersprüche festzunageln, besonders wenn sie einen aufmerksamen, umsichtigen und beharrlichen Inquisitor vor sich haben, da sie dann auf die Fragen keine vernünftige Antwort mehr geben können.

7. Spezielle Fragen beim Verhör von Pseudo-Aposteln

Danach sollen sie speziell zu einigen Irrlehren dieser Sekte befragt und verhört werden.

Zuerst sollen sie also über die römische Kirche befragt werden, die der römische Papst universell leitet und unter dem die Herren Kardinäle, Erzbischöfe, Bischöfe, Prälaten, Geistlichen und Mönche stehen, welche die Sekte der Personen, die Angehörige des Ordens der Apostel genannt werden, mißbilligen, verfolgen und diese verurteilen. Man soll sie fragen, ob sie glauben, daß diese römische Kirche gut und heilig ist, und ob sie glauben, daß es die Kirche Gottes ist und daß sie jene Macht zu binden und zu lösen und zu exkommunizieren hat, welche Christus ihr gab und an den hl. Apostel Petrus weitergab (vgl. Mt 16,18 f.); und ob sie glauben, daß irgendeine andere Sekte oder Gemeinschaft abgesehen von der römischen Kirche diese Macht hat.

Ferner, ob sie glauben oder persönlich meinen, daß sie dem römischen Pontifex unterworfen sind, so daß sie ihm zum Gehorsam verpflichtet sind, und daß sie durch ihn und durch die anderen Prälaten der römischen Kirche exkommuniziert werden können, obwohl sie selber allein Gott und nicht einem Menschen einen Eid geschworen haben.

Ferner, ob sie glauben, daß es ihnen erlaubt sei zu schwören, um vor den Prälaten oder Inquisitoren die Wahrheit über ihre Sekte bzw. ihren Orden zu sagen, und ob sie, nachdem sie geschworen haben, verpflichtet sind, die Wahrheit über alles und jede Einzelheit zu sagen, wonach sie gefragt und worüber sie verhört wurden. Und ob sie glauben, daß es ihnen erlaubt sei, über ihre Sekte und ihre Irrlehren, die sie vom rechten Weg abweichen lassen, und die im Widerspruch zur römischen Kirche stehen, zu schweigen und vor Gericht nicht die Wahrheit zu sagen und in einem solchen Fall, ohne eine Sünde zu begehen zu lügen, um der Macht, welche die Prälaten bzw. Inquisitoren über sie haben, zu entrinnen.

8. Einige Informationen zum Schutz vor den besagten Pseudo-Aposteln

Es kann vorkommen, daß sie aber nichts von den erwähnten Irrlehren oder anderen ähnlichen Irrtümern dieser Sekte vor Gericht gestehen wollen und sich hartnäckig aufs Leugnen versteifen. Denn sie sind sehr verdächtig, da sie mit dem gewöhnlichen Leben gläubiger Menschen, mit ihrer Lebensweise und ihren Sitten im Widerspruch stehen, ebenso aufgrund ihrer Gewohnheiten und der einzigartigen Erscheinungsweise ihrer Sekte, die sie anscheinend auch in der Öffentlichkeit beibehalten, sowie aufgrund der Kleidung, die sie tragen, irgendwie einmalig und doch so, als ob sie das besondere Gewand eines Mönchsordens wäre, obwohl sie selber jedoch keinem Orden angehören, der von der Kirche anerkannt wurde, sondern im Gegenteil verworfen wurde, wie jedes nicht genehmigte Gewand, das wie ein Ordensgewand aussieht, zu tragen streng verboten ist, damit nicht einer, der kein Mönch ist, wegen seines Gewandes wie ein Mönch aussieht. So auch wegen der Besonderheit ihrer Lehre, die sie streng bewahren, wie sie die oben erwähnten Gerardo und Dolcino und ihre Anhänger, die sich Apostel nennen, überliefert haben. Auch wegen der privaten Zusammenkünfte und Versammlungen. Des öfteren wurde festgestellt, daß sie solche im geheimen abhielten. Auch weil in dieser Sekte bzw. diesem Orden mehrere Ketzer eindeutig vor Gericht überführt, verurteilt und dann verbrannt wurden. Daher müssen solche Personen als sehr verdächtig im Gefängnis festgehalten werden, bis sie die Wahrheit gestanden haben. Man muß jedoch sicherstellen, daß nicht mehrere zusammen, sondern daß sie isoliert im Gefängnis inhaftiert sind, damit sie nicht miteinander reden können, weil man dann bei ihnen die Wahrheit besser herausfinden kann. Sie sträuben sich nämlich, wie oben erwähnt wurde, als Gruppe hartnäckig dagegen, die Wahrheit zu gestehen. In einem Fall habe ich wirklich erlebt und mit eigenen Augen gesehen, daß einer fast zwei Jahre lang im Gefängnis eingesperrt war und oft verhört wurde, aber Ausflüchte suchte und die Wahrheit nicht gestehen wollte. Schließlich gab er sie aber preis, und dann bereute er und blieb als reuiger Ketzer eingekerkert, um Buße zu tun.

Kapitel 4: Die Sekte der Beginen

1. Die Sekte derer, die man gewöhnlich (männliche und weibliche) Beginen nennt

Die Sekte der Beginen, die sich Arme Brüder nennen und behaupten, daß sie die dritte Regel des heiligen Franziskus halten und sich dazu verpflichten, trat in der jüngsten Vergangenheit in der Provinz Provence und in der Provinz Narbonne auf, auch an einigen Orten der Provinz Toulouse, die seit langem zur Provinz Narbonne gehört. Sie verrieten sich anfänglich aufgrund ihrer Irrlehren ungefähr im Jahre des Herrn 1315, kurz nachher oder vorher, obwohl schon früher mehrere Leute sie allgemein für verdächtig hielten. Danach wurden in den folgenden Jahren ziemlich viele in der Provinz Narbonne und Toulouse sowie in Katalonien verhaftet, festgehalten, ihrer Irrlehren überführt und ziemlich viele beiderlei Geschlechts als Ketzer befunden, verurteilt und verbrannt, ab dem Jahr des Herrn 1317, besonders in Narbonne, Béziers, in der Diözese Agde, in Lodève, in der Umgebung von Lunel in der Diözese Maguelone, in Carcassonne und drei Ausländer in Toulouse.

2. Die Irrlehren bzw. irrigen Ansichten der Beginen der Gegenwart. – Ihr Ursprung

Beginen beiderlei Geschlechts werden gewöhnlich diejenigen genannt, die sich Arme Brüder der Buße vom dritten Orden des heiligen Franziskus nennen. Sie tragen eine braune oder graubraune Tracht mit einer Kapuze, manche ohne Kapuze. Sie wurden an verschiedenen Orten in der Provinz Narbonne und an einigen Orten der Provinz Toulouse seit dem Jahr des Herrn 1317 und in der Folgezeit Jahr für Jahr verhaftet und gestanden vor Gericht, daß sie ziemlich viele Irrlehren und irrige Ansichten haben und daran festhalten. Sie erheben sich damit gegen die römische Kirche und den Apostolischen Stuhl, gegen den Primat dieses Stuhls, gegen die apostolische Gewalt des Papstes und der Prälaten der römischen Kirche.

Im Rahmen der gesetzmäßigen Inquisition und durch ziemlich viele Niederschriften und Geständnisse, die vor Gericht entgegengenommen wurden, sowie durch zahlreiche Aussagen, wonach sie lieber sterben und verbrannt werden wollten als widerrufen, wie man es nach kirchlichem Recht von ihnen verlangt hatte, stellte man fest, daß sie Irrlehren und unheilvolle Ansichten hatten und teilweise aus den Büchern bzw. kleinen Schriften des Bruders Petrus Johannis Olivi sammelten, der aus Sérignan in der Nähe von Béziers stammte. Gemeint ist seine Postille zur Apokalypse, die sie in lateinischer Sprache und auch in einer Übersetzung in die Volkssprache besitzen. Ferner einige Traktate, die nach ihren Worten und der Überzeugung der Beginen er selbst geschrieben hat: eines über die Armut, ein zweites über die Bettelarmut und ein weiteres über das päpstliche Dispensationsrecht. Ferner auch ein paar andere Schriften, die sie ihm zuschreiben und die sie alle in einer Übersetzung in die Volkssprache haben. Diese Schriften lesen sie, sie glauben daran und betrachten sie als authentisch.

Sie sagen und glauben, der erwähnte Bruder Petrus Johannis habe sein Wissen durch eine Offenbarung von Gott, besonders in seiner Postille bzw. der Auslegung der Apokalypse. Zum Teil hatten und sammelten sie diese Irrlehren aus der Überlieferung desselben Bruders Petrus Johannis. Ihre Überlieferung und Lehre, sagen sie, machte er für seine Freunde und die Beginen zu der Zeit, als er lebte. Seine Worte und Aussprüche, die den Früheren überliefert wurden, tragen ihre Nachfolger einander vor, geben sie aneinander weiter und betrachten sie als authentische echte Dokumente. Zum Teil wurden die Beginen beiderlei Geschlechts von den Gefährten und Anhängern des Bruders Petrus Johannis selbst über vieles unterrichtet. Manches fügten auch die Beginen selbst, von der eigenen Phantasie verführt, hinzu wie Leute, die verblendet sind, und wurden so Meister des Irrtums, infolgedessen sie aufhörten, Schüler der Wahrheit zu sein. Vieles, das allgemein gesagt oder geschrieben wurde, findet sich in den besagten kleinen Schriften oder in einigen anderen Schriften der Gefährten und Anhänger des oben erwähnten Bruders Petrus Johannis. Entsprechend ihrem verkehrten Verständnis eignen sich die Beginen selbst diese Lehren an, legen sie aus, übernehmen sie und legen sie für sich selber und gegen jene aus, die nach ihren Worten ihre Verfolger sind. So verfallen sie von einem Irrtum in noch viele andere, wobei sie in immer schlimmere geraten.

Man muß aber wissen, daß bei der sorgfältigen Prüfung der vorher erwähnten Postille zur Apokalypse durch acht Lehrer der Theologie in Avignon im Jahr des Herrn 1319 sich mehrere Artikel finden, die durch sie als ketzerisch beurteilt wurden, und mehrere andere, die einen unerträglichen Fehler oder Irrtum oder ein unbegründetes Urteil oder eine unhaltbare Weissagung künftiger Ereignisse enthielten. Die Theologen verfaßten darüber ihr Urteil in einer Schrift, versahen sie mit ihrem Siegel und gaben ihr das Gewicht eines öffentlichen verbindlichen Dokuments. Wer sie sah und las und in der Hand hatte, bezeugt ihre Wahrheit.

Man muß jedoch zur Kenntnis nehmen, daß sich unter den Beginen solche finden, die von den weiter unten beschriebenen Irrlehren ziemlich viele oder alle kennen, daran festhalten und sie glauben. Sie wurden darin gründlich ausgebildet und versteiften sich darauf. Es gibt aber auch andere, die nur ziemlich wenig dazu sagen können und die doch manchmal in ihrem starren Glauben für noch schlimmer befunden werden als die anderen Irrenden. Es gibt aber auch andere, die nur ziemlich wenig gehört bzw. im Gedächtnis behalten haben und über rechte Vernunft und einen gesunden Menschenverstand verfügen. Es gibt aber einige, die hartnäckig bleiben und nicht widerrufen wollen, die vielmehr lieber sterben als abschwören wollen. Sie sagen, daß sie dabei die Wahrheit des Evangeliums, das Leben Christi und die evangelische und apostolische Armut verteidigen. Einige von ihnen wollen aber nicht in Irrlehren oder irrige Ansichten verwickelt werden und nehmen sich vor ihnen in acht.

3. Ihre Lebensweise

Die Beginen leben in Dörfern und Ortschaften. Sie haben kleine Wohnungen, in denen manche zusammenleben. Diese nennen sie in ihrer gewöhnlichen Ausdrucksweise „Häuser der Armut“. In diesen Häusern kommen ebenso die Bewohner selbst als auch andere, die privat in ihren eigenen Häusern wohnen, aber auch die Angehörigen und Freunde der Beginen an Festtagen und an Sonntagen des öfteren zusammen. Dort lesen sie oder lassen sich in der Volkssprache vorlesen aus den oben erwähnten Büchern oder Schriften, aus denen sie das Gift saugen, obwohl dort auch manches andere gelesen wird: die religiösen Vorschriften und Glaubensartikel, die Heiligenlegenden und die „Grundlehre von den Lastern und Tugenden“. So scheint die Schule des Teufels unter dem Anschein des Guten die Schule Christi in mancherlei Hinsicht nachzuäffen. Aber in der heiligen Kirche müssen die Gebote Gottes und die Glaubensartikel durch die Leiter und Hirten der Kirche, die Lehrer und Prediger des Wortes Gottes, nicht durch einfältige Laien, öffentlich und nicht geheim verkündet und ausgelegt werden.

Man muß auch zur Kenntnis nehmen, daß es unter ihnen einige gibt, die öffentlich von Tür zu Tür betteln, weil sie nach ihren Worten die evangelische Armut leben. Es gibt auch andere, die nicht in der Öffentlichkeit betteln, sondern mit ihren Händen arbeiten, Geld verdienen und ein armes Leben führen. Es gibt bei ihnen aber auch einige ziemlich Einfältige beiderlei Geschlechts, welche die unten aufgeschriebenen Artikel oder Irrlehren nicht genau kennen, sondern unwissend sind. Dennoch glauben einige von ihnen im allgemeinen fest, daß die Verurteilung der Beginen unbegründet und ungerecht ist, die durch das Urteil der Prälaten und Inquisitoren ab dem Jahr des Herrn 1318 in der Provinz Narbonne an mehreren Orten erfolgte, nämlich in Narbonne, in Capestang, in Béziers, in der Gegend von Lodève, in der Diözese Agde, in der Gegend von Lunel in der Diözese Maguelone, in Marseille und in Katalonien. Sie halten sogar die als Ketzer Verurteilten für gerecht und gut.

4. Die äußeren Merkmale, an denen man sie erkennen kann

Man muß auch zur Kenntnis nehmen, daß gemäß dem Wort von Augustinus (Contra Faustum XIX) gilt: *In keiner Glaubensgemeinschaft – ob wahr oder falsch – können Menschen zusammengehalten werden, außer sie sind durch gemeinsame Merkmale oder sichtbare Sakramente verbunden.* Daher haben die Beginen solche äußeren besonderen Merkmale ihres Verhaltens, durch die man sie von anderen im Reden und auch in anderer Hinsicht unterscheiden kann.

Sie grüßen einander bzw. erwidern einen Gruß so: Wenn sie nämlich in ein Haus kommen bzw. es betreten oder sich unterwegs oder auf der Straße begegnen, sagen sie: *Gepriesen sei Jesus Christus* oder *Gepriesen sei der Name des Herrn Jesus Christus.*

Wenn sie in der Kirche oder anderswo beten, sitzen sie nach vorn gebeugt mit dem Gesicht gewöhnlich zur gegenüberliegenden Wand oder zu einer solchen Stelle oder zum Boden. Man sieht sie selten mit gefalteten Händen knien, wie es andere Leute tun.

Bei Tisch, beim Mittagessen, nach dem Tischgebet sagen diejenigen, die es können: *Ehre sei Gott in der Höhe.* Dabei knien sie, die übrigen hören zu. Beim Essen sprechen diejenigen, die es können, das *Gegrüßest seist du Maria,* ebenfalls knieend.

5. Die irrigen, ketzerischen, unsinnigen bzw. falschen Glaubenssätze der Beginen und ihrer Anhänger

Jene, die vom Volk Beginen genannt werden (sie selber nennen sich aber Arme Brüder der Buße vom dritten Orden des heiligen Franziskus), sagen und behaupten vor allem, daß sie fest daran glauben, daß der Herr Jesus Christus, solange er Mensch war, und seine Apostel keinen persönlichen und auch keinen gemeinsamen Besitz hatten, weil sie die vollkommenen Armen auf dieser Welt waren. Ferner sagen sie, die vollkommene Armut bestehe gemäß dem Evangelium darin, nichts persönlich oder gemeinsam zu besitzen. Ferner sagen sie, daß gemeinsamer Besitz die Vollkommenheit der evangelischen Armut beeinträchtigt. Ferner, daß die Apostel ohne Beeinträchtigung ihrer Vollkommenheit und ohne Sünde nichts, weder persönlich noch gemeinsam, besitzen konnten. Ferner sagen sie, nur ein Ketzer glaube und behaupte das Gegenteil davon.

Ferner sagen sie, daß die Regel des heiligen Franziskus das wahre Leben Jesu Christi ist, das Christus auf dieser Welt bewahrte, das er an seine Apostel weitergab und das er ihnen einzuhalten gebot. Ferner, daß der heilige Franziskus diese evangelische Armut in seiner Ordensregel an seine Ordensbrüder weitergab, so daß diejenigen, die sich zu dieser Regel bekennen, weder persönlich noch gemeinsam etwas besitzen dürfen außer dem armseligen, lebensnotwendigen Bedarf, der immer nach armseliger Bedürftigkeit schmecken und nichts Überflüssiges haben soll.

Ferner sagen sie: Der heilige Franziskus war nach Christus und seiner Mutter – manche fügen hinzu: nach den Aposteln – der höchste und herausragende Vertreter des Lebens und der Regel gemäß dem Evangelium und ihrer Erneuerung in der sechsten Phase der Kirche, in der wir uns nach ihren Worten jetzt befinden. Ferner sagen sie, diese Regel des heiligen Franziskus sei das Evangelium Christi oder ein und dasselbe wie das Evangelium Christi. Ferner sagen sie, daß jeder, der in irgendeinem Punkt die Regel des heiligen

Franziskus, die nach ihren Worten das Evangelium ist, bekämpft oder ihr widerspricht, das Evangelium Christi bekämpft und ihm widerspricht, infolgedessen irrt und ein Ketzer wird, wenn er dabei bleiben sollte.

Ferner sagen sie: Wie der Papst oder sonst jemand am Evangelium Christi nichts ändern, hinzufügen und daraus nichts weglassen kann, so kann er auch an dieser Regel des heiligen Franziskus nichts ändern, hinzufügen und daraus nichts weglassen, sofern es die Gelübde, die evangelischen Räte oder die Vorschriften betrifft, die darin enthalten sind. Ferner sagen sie entsprechend, daß der Papst diese evangelische Regel des heiligen Franziskus nicht für ungültig erklären oder ändern oder den Orden des heiligen Franziskus, der nach ihren Worten ein Orden gemäß dem Evangelium ist, aufheben kann. Dasselbe behaupten sie strikt auch vom dritten Orden des heiligen Franziskus bzw. von seiner dritten Ordensregel.

Ferner sagen sie, daß weder der Papst noch das Generalkapitel etwas von dem aufheben oder etwas Widersprüchliches zu dem beschließen können, was durch einen früheren Papst oder ein früheres Generalkapitel bestätigt, beschlossen oder angeordnet wurde. Daher halten sie gemeinsam daran fest und sagen, daß die zwei oben erwähnten Regeln des heiligen Franziskus – einige von ihnen fügen noch hinzu, auch alle anderen Regeln, die durch römische Päpste bestätigt wurden – durch keinen späteren Papst, auch nicht von einem Generalkapitel aufgehoben werden können.

Ferner sagen sie: Wenn der Papst etwas an der Regel des heiligen Franziskus änderte oder hinzufügte oder daraus wegließe, vor allem soweit es das Gelübde der Armut betrifft, oder wenn er diese Regel für ungültig erklärte, würde er damit gegen das Evangelium Christi handeln, und kein Franziskaner oder sonst jemand wäre ihm in dieser Sache zum Gehorsam verpflichtet, gleichgültig, wie oft er ihm Befehle erteilte oder ob er ihn sogar exkommunizierte, weil er ihm nicht gehorchte. Denn eine solche Exkommunikation wäre ungerecht und würde niemanden binden.

Ferner sagen sie, daß der Papst niemanden von den Gelübden, die er nach der Regel des heiligen Franziskus ablegte, nämlich dem der Keuschheit, der Armut und des Gehorsams, dispensieren kann. Ferner, daß er niemanden vom Gelübde der Armut, das vor Gott abgelegt wurde, dispensieren kann, auch wenn dieses Gelübde nur einfach und nicht feierlich gewesen sein sollte, weil eine Person, welche Armut gelobt, für immer daran gebunden ist. Denn eine Person, die Dispens erhielte, würde von der größeren und höheren Stufe der Tugend und der Vollkommenheit auf eine kleinere und niedrigere herabsteigen. Und die Macht des Papstes hat, wie sie sagen, nur eine konstruktive, nicht destruktive Funktion.

Ferner sagen sie, daß der Papst keine Verfügung erlassen kann, um den Franziskanern Dispens bzw. die Erlaubnis zu geben, daß sie Getreide und Wein als gemeinsamen Besitz zum eigenen Genuß bzw. als notwendige Nahrung in Kornspeichern oder Kellern für eine spätere Zeit aufbewahren, weil dies bedeuten würde, gegen die evangelische Regel des heiligen Franziskus und konsequenterweise auch gegen das Evangelium Christi zu handeln.

Ferner sagen sie, daß Papst Johannes XXII. mit seinem Erlaß, der mit dem Wort „Quorumdam" beginnt (Erlaß vom 7. Oktober 1317; vgl. Corpus iuris canonici, Extravag. Joannis XXII, 14,1 sowie Eubel, Bullarium Franciscanum, V., S. 128–130), worin er den Franziskanern die Erlaubnis bzw. Dispens erteilt, daß sie mit Zustimmung der höheren Geistlichen ihres Ordens Getreide und Wein in Kornspeichern und Kellern für spätere Zeit sammeln dürfen, gegen die evangelische Armut und nach ihren Worten konsequenterweise gegen das Evangelium Christi handelte. Daher sagen sie, daß er ein Ketzer wurde, und daß er aus diesem Grunde die päpstliche Macht, zu binden und zu lösen und anderes zu tun, verloren hat, wenn er dabei bleibt, und daß die Prälaten, die durch ihn seit dem Tag, als er diesen Erlaß verfügte, eingesetzt wurden, keine kirchliche Gerichtsbarkeit oder Macht haben.

Ferner sagen sie, daß alle Prälaten und die anderen, welche mit demselben Herrn Papst bei der Herausgabe dieses Erlasses einer Meinung waren oder ihm wissentlich zustimmen, aus diesem Grund Ketzer wurden, falls sie hartnäckig dabei bleiben, und daß sie alle kirchliche Macht sowie Gerichtsbarkeit verloren.

Ferner sagen sie, daß die Minderbrüder, die das Zustandekommen dieses Erlasses veranlaßten, oder diejenigen, die ihm zustimmen, ihn akzeptieren bzw. davon Gebrauch machen, aus diesem Grund Ketzer wurden.

Ferner sagen sie, daß der Papst, da er Gott untersteht, keinem Franziskanerbruder vor Gott erlauben kann, zu einer anderen Religion oder zu einem anderen Orden zu wechseln, wo er, ein Franziskanerbruder, ebenso wie die anderen Brüder dieses Ordens dann irgendwelchen Reichtum als gemeinsamen Besitz hätte. Denn wie sie sagen, bedeutete dies, von einem größeren und höheren Zustand bzw. Stufe der Vollkommenheit und Tugend auf eine geringere und niedrigere herabzusteigen. Dies hieße zerstören und nicht aufbauen. Die Macht des Papstes ist jedoch nur zum Aufbauen und nicht zum Zerstören verliehen.

Ferner sagen sie, daß ein Franziskanerbruder, wenn er sogar mit Erlaubnis des Papstes einer anderen Religion oder einem anderen Orden beitritt, gehalten ist, das Gelübde der Armut immer zu halten, das von ihm einst gemäß der Regel des heiligen Franziskus abgelegt wurde, so daß er niemals etwas besitzen kann, weder als privates Eigentum noch als gemeinsamen Besitz, außer was man für ein Leben in Armut braucht.

Ferner sagen sie, daß ein Franziskanerbruder, wenn er Bischof oder Kardinal oder sogar Papst wird, verpflichtet ist, immer das Gelübde der Armut zu halten, das einst von ihm gemäß der Regel des heiligen Franziskus abgelegt wurde, damit er selbst sich ganz der Verwaltung und Erledigung seiner geistlichen Aufgaben widmen und alles Weltliche durch andere geeignete Bevollmächtigte erledigen und ausführen lassen soll.

Ferner sagen sie, daß der Papst bei der Größe und dem Wert der

Gewänder der Franziskanerbrüder keinen Dispens von der Regel des heiligen Franziskus erteilen kann, welche zu hohe Ansprüche verbietet, und daß die Franziskanerbrüder ihm in dieser Sache und auch nicht in irgendeiner anderen, die gegen die Vollkommenheit der Regel des heiligen Franziskus verstößt, gehorchen dürfen.

Ferner sagen sie, daß es in der Kirche Gottes keine Vollkommenheit mehr gibt außer im Orden der Franziskanerbrüder, welche Armut im Sinne des Evangeliums gelobt und versprochen haben, und daß die Prälaten nicht in den Zustand der Vollkommenheit gelangen außer denen, die vom Orden der Franziskanerbrüder genommen werden, wo sie Armut im Sinne des Evangeliums gelobten und zu ihrer Einhaltung immer verpflichtet sind. Diese gelangen zur selben Vollkommenheit, wenn sie ihr früher abgelegtes Gelübde einhalten.

Ferner sagen sie, daß jene vier Franziskanerbrüder, die im Jahre des Herrn 1318 in Marseille durch den Inquisitor, der auch aus dem Franziskanerorden war, nach ihren Worten deshalb als Ketzer verurteilt wurden, weil sie die Reinheit, Wahrheit und Armut der Regel des heiligen Franziskus bewahren wollten, und weil sie weder mit der Lockerung der Regel einverstanden waren noch den Dispens, den der Papst erteilt hatte, weder für sich noch für andere im Gehorsam annehmen wollten. Sie wurden, da sie die Wahrheit der evangelischen Regel verteidigten, zu Unrecht verurteilt. Daher, sagen sie, seien sie nicht Ketzer gewesen, sondern Katholiken, und sie seien ruhmreiche Märtyrer, um deren Gebet und Fürsprache sie bei Gott bitten.

Ferner sagen viele von ihnen, sie glaubten, sie hätten kein geringeres Verdienst bei Gott als die heiligen Märtyrer Laurentius und Vincentius. Ferner sagen einige von ihnen, daß in diesen vier Franziskanerbrüdern Christus ein zweites Mal im geistigen Sinn gekreuzigt wurde, sozusagen an den vier Armen des Kreuzes, und daß bei ihnen die Armut Christi und sein Leben verurteilt wurden. Ferner sagen sie: Wenn der besagte Papst befahl oder einverstanden war bzw. ist, daß diese vier Franziskanerbrüder durch die Inquisition als

Ketzer verurteilt wurden, ist er aus diesem Grund selber zum Ketzer geworden, sogar zum größten unter allen, da er selbst als das Haupt der Kirche die Vollkommenheit im Sinne des Evangeliums verteidigen müßte. Daher hat er nach ihren Worten die päpstliche Macht verloren, und sie glauben nicht, daß er noch Papst ist und daß die Gläubigen ihm in irgendeinem Punkt gehorchen müssen, sondern daß seitdem der Stuhl des Papstes leer ist.

Ferner sagen sie, daß alle, die allgemein Beginen genannt werden und die sich selber Arme Brüder der Buße vom dritten Orden des heiligen Franziskus nennen, die in den vergangenen drei Jahren, nämlich vom Jahr des Herrn 1318 an durch das Gericht der Prälaten und Inquisitoren in der Provinz Narbonne als Ketzer verurteilt wurden (nämlich in Narbonne, Capestang, Béziers und in Lodève, in der Diözese Agde und in Lunel in der Diözese Maguelone), zu Unrecht als Ketzer verurteilt wurden. Diese glaubten nämlich, daß die erwähnten vier Franziskanerbrüder heilige Märtyrer seien und wie sie selbst fest an die evangelische Armut glaubten und ebenso über die Macht des Papstes dachten, nämlich daß er sie verlor und ein Ketzer wurde und daß auch die Prälaten und Inquisitoren, welche diese Brüder verfolgten, aus diesem Grunde Ketzer wurden. Ferner, daß die Lehre des Bruders Petrus Johannis Olivi ganz wahr und katholisch war, und daß die fleischliche Kirche, nämlich die römische Kirche jenes Babylon war, die große Hure, die vernichtet und zerstört werden mußte, wie einst die Synagoge der Juden beim Beginn der Urkirche zerstört werden mußte. Solche Beginen – ich betone – wurden, obwohl sie alles, was vorhin gesagt wurde, glaubten und verteidigten, nach ihren Worten zu Unrecht verurteilt, weil sie die Wahrheit verteidigten. Sie waren keine Ketzer, sondern Katholiken, und sie sagen, sie seien vor Gott ruhmreiche Märtyrer.

Ferner sagen sie: Die Kirche Gottes wird die vier Franziskanerbrüder und die Beginen, die als Ketzer verurteilt wurden, noch als heilige Märtyrer anerkennen. Es wird in der Kirche ein feierliches Fest für sie wie bei großen Märtyrern festgesetzt werden. Ferner sagen sie, daß die Prälaten und Inquisitoren, welche diese richteten und als Ketzer verurteilten, aber auch all jene, die bewußt mit ihrer Verurteilung einverstanden waren und sind, aus diesem Grund Ketzer wurden, falls sie dabei bleiben. Und aus diesem Grund haben sie die kirchliche Gewalt, zu binden und zu lösen und die kirchlichen Sakramente zu spenden, verloren, und die gläubigen Christen dürfen ihnen nicht gehorchen.

Ferner sagen sie, daß keiner und kein einziger von denen, die nach ihren Worten wegen der geschilderten Vorgänge Ketzer wurden, nicht die Kirche sind oder zur Kirche Gottes und zur Zahl der Gläubigen gehören, sondern sich außerhalb der Kirche Gottes befinden, wenn sie bei diesem Glauben bleiben.

Ferner, daß alle, die nicht glauben wollen bzw. sich weigern zu glauben, daß die Artikel, welche die besagten vier Franziskanerbrüder und die Beginen, die als Ketzer verurteilt wurden, glaubten, und auch alle diejenigen, die nicht glauben, daß diese als Ketzer Verurteilten ruhmreiche Märtyrer seien, – ich betone – nach ihren Worten nicht zur Kirche Gottes gehören, sondern außerhalb der Kirche stehen.

Ferner sagen sie, daß alle diejenigen, die fest glauben, wie die Beginen selbst oder die Armen Brüder vom dritten Orden alles oben Gesagte fest glauben, und die wie diejenigen fest glaubten, die als Ketzer verurteilt wurden, und auch die anderen Gläubigen, die nicht dem dritten Orden angehören, ob es Geistliche oder Mönche sind oder Laien, die das oben Gesagte wie die Beginen selbst fest glauben, daß also diese nach ihren Worten die Kirche Gottes sind und innerhalb der Kirche Gottes leben.

Viele Beginen beiderlei Geschlechts und auch ihre Anhänger sammelten insgeheim die verbrannten Gebeine und die Asche der Verbrannten, die als Ketzer verurteilt worden waren, um sie für sich als Reliquien aufzubewahren. Sie küßten und verehrten sie aus frommer Ehrfurcht als Reliquien von Heiligen wie die von anderen Heiligen. Dies stellte man fest durch die Inquisition, durch Geständnisse und Niederschriften, die das Gericht von einigen Beginen erhielt; diese hatten solche bei sich bzw. hatten sie gesehen und wußten, daß andere solche haben oder hatten. So berührte und sah auch ich im Rahmen meiner Untersuchungen solche Reliquien, die ich bei ihnen fand, und ich fand somit den sichtbaren Beweis ihrer Existenz.

Ferner schrieben und notierten einige von den Beginen die Namen der obenerwähnten Verurteilten und die Tage bzw. Monate, an denen sie nach ihren Worten als Märtyrer litten, so wie die Kirche Gottes es bei heiligen und richtigen Märtyrern gewöhnlich tut. Sie notierten ihre Namen in ihren Kalendern und riefen sie in ihren Litaneien an.

Sie sagen auch, daß der Papst keiner Person Dispens vom Gelübde der Jungfräulichkeit oder Keuschheit erteilen kann, auch wenn dieses Gelübde nur einfach und nicht feierlich abgelegt wurde, gleichgültig, welch großer Vorteil für die Gemeinschaft sich auch aus einem solchen Dispens ergeben würde – man denke an die Wiederbegründung des Friedens in irgendeiner Provinz oder einem Königreich oder an die Bekehrung eines Volkes zum Glauben an Christus, weil die Person, die Dispens erhielte, von einer größeren und höheren Stufe ihrer Vollkommenheit zu einer geringeren herabsteigen würde.

Ferner fügen sie noch hinzu: Auch wenn alle Frauen tot wären außer einer einzigen, die Gott ihre Keuschheit bzw. Jungfräulichkeit gelobt hätte, und die Menschheit ausstürbe, wenn diese Frau nicht heiraten würde, könne der Papst dieser Frau nicht Dispens erteilen; und diese Frau wäre dem Papst nicht zum Gehorsam verpflichtet, wenn er ihr vorschreiben würde zu heiraten. Würde sie gehorchen, würde sie eine Todsünde begehen, und wenn sie deshalb durch den Papst exkommuniziert würde, wäre diese Exkommunikation unrecht und würde sie nicht binden. Und würde sie deshalb den Tod auf sich nehmen, wäre sie eine Märtyrerin. Einige fügen noch hinzu und sagen: Wenn eine Person, die das Gelübde der Keuschheit abgelegt hätte, eine Ehe – auch mit Dispens vom Papst – schließen würde, wäre diese Ehe nicht legitim, und ihre Söhne wären nicht von legitimer, sondern unehelicher Geburt.

Ferner sagen sie, daß die Prälaten und Mönche, die anspruchsvolle, kostbare Kleidung haben, gegen die Vollkommenheit des Evangeliums, gegen das Gebot Christi und nach dem Gebot des Antichrist handeln und daß diese und auch die Geistlichen, die mit Pomp daherkommen, zur Familie des Antichrist gehören.

Ferner sagen sie, daß die Beginen bzw. die Armen vom dritten Orden nicht verpflichtet sind vor den Prälaten und Inquisitoren zu schwören, auch wenn sie vor diese gestellt wurden, damit sie ihnen zur Sekte und Häresie der Beginen Rede und Antwort stehen, außer allein im Falle des Glaubens und der Glaubensartikel. Ferner fügen sie hinzu und sagen, daß sie durch die Prälaten oder Inquisitoren nur über die Glaubensartikel oder die Gebote oder die Sakramente befragt werden dürfen. Und wenn sie nach etwas anderem gefragt werden, sind sie nicht verpflichtet zu antworten, da sie nach ihren Worten Laien und einfache Menschen sind. Sie sind jedoch listig, schlau und verschlagen.

Ferner sagen sie, daß sie nicht verpflichtet sind zu schwören und daß sie nicht durch einen Schwur verpflichtet werden können oder dürfen, daß sie ihre Gläubigen, Anhänger oder Komplizen entlarven oder verraten, weil dies nach ihren Worten gegen die Liebe zum Nächsten verstieße und ihm schaden würde.

Ferner sagen sie, daß dann, wenn sie aus dem Grund exkommuniziert werden würden, weil sie sich weigern, vor Gericht einfach und strikt die Wahrheit zu sagen, wenn sie dazu aufgefordert wurden, außer über die Glaubensartikel oder die Gebote oder die Sakramente, und weil sie auf anderes nicht antworten wollen und weil sie sich weigern, ihre Komplizen zu enttarnen, eine solche Exkommunikation ungerecht ist und daß diese sie nicht bindet und sie diese überhaupt nicht beachten.

Ferner sagen sie, daß der Papst, der Gott untersteht, den Beginen auch nicht durch den Urteilsspruch der Exkommunikation verbieten kann, vom Betteln zu leben, mit der Begründung, daß sie arbeiten und von ihrem Gewerbe sich einen passenden Lebensunterhalt verschaffen könnten und daß sie nicht am Evangelium arbeiten, da es für sie nicht passend sei, zu lehren oder zu predigen. Denn nach ihren Worten würde dadurch ihre Vollkommenheit abnehmen, und sie sind nicht verpflichtet, diesbezüglich dem Papst zu gehorchen, ein solcher Urteilsspruch würde sie nicht binden. Und wenn sie deshalb zum Tode verurteilt würden, sagen sie, daß sie dann ruhmreiche Märtyrer seien.

Ferner sagen und behaupten sie, daß die ganze Lehre und das Schrifttum des Bruders Petrus Johannis Olivi aus dem Orden der Franziskanerbrüder wahr und katholisch sind. Sie glauben daran und sagen, dies sei ihm vom Herrn geoffenbart worden, und sie sagen, Bruder Petrus Johannis habe dies zu Lebzeiten seinen Freunden geoffenbart. Ferner nennen sie diesen Bruder Petrus Johannis allgemein den heiligen, aber nicht heiliggesprochenen Vater.

Ferner sagen sie, er sei ein so großer Gelehrter, daß es seit den Aposteln und Evangelisten keinen größeren als ihn gab. Manche fügen hinzu, daß er in seiner Heiligkeit und Gelehrsamkeit größer war. Ferner sagen einige von ihnen, daß es in der Kirche Gottes – außer dem heiligen Paulus und dem besagten Bruder Johannis – keinen Gelehrten gab, dessen Worte von der Kirche nicht in irgendeinem Punkt widerlegt wurden. Die gesamte Lehre des heiligen Paulus und des Bruders Petrus Johannis muß von der Kirche vollständig bewahrt werden, und es darf kein einziger Buchstabe weggelassen werden.

Ferner sagen einige von ihnen, dieser Bruder Petrus Johannis habe darin die Wahrheit gesagt, als er sagte, daß Christus lebte, als er am Kreuz hing und seine Seite von der Lanze durchbohrt war. Sie sagen, daß das Leben Christi in Wahrheit noch im Körper war; aber weil Christus ganz erschöpft war, erschien er den Zuschauern als tot. Der Evangelist Johannes sagte daher, er sei damals gestorben, weil er tot schien. Aber der Evangelist Matthäus schrieb, daß Christus lebendig war, weil es so wirklich der Fall war. Aber die Kirche entfernte diese Stelle aus dem Evangelium des Matthäus, damit sie nicht im Widerspruch zum Evangelium des Johannes stand.

Ferner sagen und erklären sie, daß der Bruder Petrus Johannis im geistlichen Sinne jener Engel war, von dem im 10. Kapitel der Apokalypse geschrieben steht: Sein Gesicht war wie die Sonne, und er hatte ein Buch in seiner Hand aufgeschlagen, weil er nach ihren Worten allein von allen anderen Lehrern die reine Wahrheit Christi und das Verständnis des Buches der Apokalypse hatte. Und in seinem in die Volkssprache übersetzten Kommentar, den sie haben, verstehen und erklären sie es selber zu dieser Stelle in der Apokalypse so.

Ferner sagen sie, daß die Schriften und Lehren des Bruders Petrus Johannis zu dieser Endzeit für die Kirche Gottes wichtiger sind als irgendwelche anderen Schriften, von welchen Lehrern und Heiligen auch immer außer den Schriften der Apostel und Evangelisten. Denn nach ihren Worten erklärt er anschaulicher und vermittelt ein besseres Verständnis von der Bosheit des Antichrist und seiner Anhänger, nämlich der Pharisäer, die ihren Worten nach die Prälaten und Mönche der Gegenwart sind.

Ferner sagen sie: Hätte Gott nicht durch den Bruder Petrus Johannis oder jemand anderen, der ihm ähnlich ist, für die Kirche Gottes gesorgt, wäre die ganze Welt blind oder ketzerisch.

Ferner sagen sie, daß jene, die die Lehre oder die Schriften dieses Bruders Petrus Johannis nicht annehmen, deshalb blind sind, weil sie die Wahrheit Jesu Christi nicht bemerken und nicht sehen. Und jene, die seine Lehre verwerfen und verurteilen, sind Ketzer.

Ferner sagen sie, daß der Bruder Petrus Johannis die Leuchte und das Licht ist, das Gott in die Welt sandte, und deshalb wandeln jene, die dieses Licht nicht sehen, in der Finsternis.

Ferner sagen sie: Wenn der Papst die Lehre oder die Schriften des Bruders Petrus Johannis verurteilen würde, wäre er aufgrund dieses Verdammungsurteils ein Ketzer, weil er das Leben und die Lehre Christi verurteilen würde.

Ferner sagen sie: Wenn der Papst diese Lehre oder diese Schriften verurteilen würde, würden sie selber diese nicht als verurteilt betrachten, und wenn er sie deshalb exkommunizierte, würden sie sich nicht als exkommuniziert betrachten, ihm nicht gehorchen und auch nicht von dessen Büchern lassen.

Ferner haben die Beginen die Bücher des Bruders Petrus Johannis in einer Übersetzung aus dem Lateinischen in die Volkssprache; einige von seinen Anhängern haben sie übersetzt und übertragen, nämlich den Kommentar zur Apokalypse, eine kleine Abhandlung über die Armut, eine andere, recht kleine Abhandlung über die Bettelarmut, eine weitere über die sieben bösen Geister und einige andere Schriften. Sie alle schreiben sie namentlich dem Bruder Petrus Johannis selbst zu, ob er sie nun selber schrieb oder ob sie sonst jemand aufgrund seiner Lehre und seiner Überlieferung verfaßte, denn sie haben denselben Stil und stimmen mit seiner Glaubenslehre überein. Diese Bücher lesen sie in der Volkssprache für sich selbst, für ihre Familienangehörigen und Freunde auf ihren Versammlungen und in ihren bescheidenen Wohnungen, die sie Häuser der Armut nennen – das ist ihre übliche Bezeichnung dafür. Mit seiner unheilvollen Lehre unterweisen sie sich und, wenn möglich, andere.

So unterrichtet bzw. falsch unterrichtet von der Lehre, die sie dem Kommentar des Petrus Johannis zur Apokaplypse entnehmen, sagen sie, daß die fleischliche Kirche, unter der sie die römische Kirche verstehen, nicht nur Rom selbst, sondern, soweit sich der Machtbereich Roms ausdehnt, jenes Babylon sei, die große Hure, von der Johannes in der Apokalypse spricht (vgl. Apk 17,5). Damit erklären und verstehen sie das Böse, von dem man dort liest, nämlich daß sie selbst trunken ist vom Blut der Märtyrer Jesu Christi. Sie meinen damit das Blut jener vier Franziskanerbrüder, die in Marseille als Ketzer verurteilt und verbrannt wurden, und das Blut der Beginen vom dritten Orden, die in den vergangenen Jahren in der Provinz Narbonne als Ketzer verurteilt und verbrannt wurden, wie weiter oben ausführlicher berichtet wird. Diese, versichern sie, seien die Märtyrer Jesu Christi.

Ferner legen sie dar, daß diese Kirche allen Königen der Erde von dem Wein ihrer Unzucht zu trinken gab, das heißt den Königen und Fürsten der Christenheit und den großen Prälaten, die dem Prunk der Welt nachfolgen.

Ferner unterscheiden sie sozusagen zwei Kirchen, nämlich die fleischliche, von der sie sagen, sie sei die römische Kirche mit ihrer großen Zahl an schlechten Menschen, und die geistliche mit den Männern, die sie Spirituale bzw. „Evangelische" („evangelici") nennen, die das Leben Christi und der Apostel bewahren. Diese Kirche, sagen sie, sei die ihre, obwohl einige von ihnen sagen, es gebe nur eine Kirche, die sie die fleischliche nennen, die große Hure wegen der schlechten Menschen, aber eine geistliche und jungfräuliche, die keinen Makel und keine Runzel hat, soweit es die Auserwählten betrifft, die sie „Evangelische" nennen. Damit meinen sie sich selbst, die nach ihren Worten die Armut im Sinne des Evangeliums beibehalten und verteidigen und dafür leiden.

Ferner lehren sie, daß die fleischliche Kirche, nämlich die römische Kirche, vor der Predigttätigkeit des Antichrist durch Kriege zerstört werden soll, die Friedrich, der König von Sizilien (Friedrich II., 1296–1337), gegen sie führen wird. Er regiert jetzt mit seinen Verbündeten, welche die zehn Könige genannt werden, mit denen das zehnköpfige Ungeheuer gemeint ist, worüber in der Apokalypse geschrieben wurde (vgl. Apk 17,12). Zu diesem Thema phantasieren sie noch manches andere, das ebenso falsch wie verrückt ist, über den Kampf von König Friedrich gegen den König von Frankreich und König Robert (König von Neapel, 1309–1343).

Ferner lehren sie, daß am Ende der sechsten Phase der Kirche, in der wir uns nach ihren Worten jetzt befinden und die mit dem heiligen Franziskus begann, diese fleischliche Kirche, die große Hure Babylon, von Christus verworfen werden soll, wie die Synagoge der Juden verworfen wurde, weil sie Christus kreuzigte. Denn die fleischliche Kirche kreuzigt und verfolgt das Leben Christi in den Brüdern, die sie die Armen und die Spiritualen des Ordens des heiligen Franziskus nennen. Dabei sprechen sie ebenso vom ersten wie vom dritten Orden im Hinblick auf die Verfolgung, die gegen sie in der Provinz Provence und in der Provinz Narbonne erfolgte, worüber weiter oben gesprochen wurde.

Ferner lehren sie: Wie nach der Zerstörung der Synagoge der Juden von Christus wenige Männer aus ihr auserwählt wurden, durch welche die Urkirche Christi in der ersten Phase der Kirche gegründet wurde, so werden nach der Verwerfung und Zerstörung der fleischlichen römischen Kirche in der sechsten Phase der Kirche, die nach ihren Worten jetzt ist, nur wenige auserwählte Spiritualen, die Armen, die „Evangelischen" übrigbleiben. Der größere Teil davon wird nach ihren Worten aus beiden Orden des heiligen Franziskus stammen, nämlich aus dem ersten und dritten, durch die die geistliche Kirche begründet werden wird. Diese wird demütig und liebevoll sein in der siebten und letzten Phase der Kirche, die mit dem Tod des Antichrist beginnen wird.

Ferner lehren sie, daß alle Religionsgemeinschaften bzw. Orden bei der Verfolgung des Antichrist zerstört werden außer dem Orden des heiligen Franziskus, den sie in drei Gruppen einteilen. Die erste davon, sagen sie, sei die Gemeinschaft des Ordens, die zweite, sagen sie, bestehe aus jenen, denen man in Italien den Namen Fraticellen gab, und die dritte, sagen sie, bestehe aus den Brüdern, die sie Spiritualen nennen, welche die geistliche Reinheit der Regel des heiligen Franziskus bewahren, sowie aus den Brüdern vom dritten Orden, die ihre Anhänger seien. Die ersten zwei Gruppen werden, wie sie sagen, zerstört werden, und die dritte wird bis zum Ende der Welt fortdauern, weil dies nach ihren Worten dem heiligen Franziskus von Gott so verheißen wurde.

Ferner lehren einige von ihnen, daß sich der Heilige Geist auf jene auserwählten Männer, die Spiritualen und „Evangelischen", durch die die geistliche und liebevolle Kirche in der siebten und letzten Phase begründet werden wird, in größerer oder wenigstens in gleicher Fülle ergießen wird, wie er sich in der Urkirche am Pfingsttag über die Apostel, die Jünger Jesu Christi, ergoß. Sie sagen, daß er wie eine Feuerflamme im Ofen auf sie herabsteigen wird, und sie erklären, daß nicht nur ihre Seele vom Heiligen Geist erfüllt werden wird, sondern daß sie auch fühlen werden, daß der Heilige Geist in ihrem Körper wohnt.

Ferner lehren sie, daß es einen doppelten Antichrist gibt, nämlich einen geistlichen bzw. mystischen und einen zweiten, den wirklichen und größeren Antichrist. Der erste, sagen sie, bereitet dem zweiten den Weg. Sie sagen auch, der Antichrist sei jener Papst (Johannes XXII.), unter dem nach ihren Worten ihre Verfolgung und Verurteilung erfolgen wird und bereits erfolgt.

Ferner grenzen sie die Zeit ab, innerhalb der der größere Antichrist kommen, zu predigen beginnen und seinen Lebenslauf beenden wird. Sie sagen, dieser Antichrist sei bereits geboren und werde nach der Aussage einiger von ihnen seinen Lebenslauf im Jahr 1325 der Fleischwerdung des Herrn beenden. Andere sagen aber, im Jahre 1330; wieder andere sagen, dies werde erst später im Jahre 1335 sein.

Ferner lehren sie, daß die Spiritualen, die sie „Evangelische" nennen, in denen und durch die die Kirche gegründet werden wird – von ihnen wurde weiter oben gesprochen –, nach dem Tode des Antichrist den zwölf Stämmen Israels predigen werden; und Zwölftausend von jedem Stamm werden sich bekehren (vgl. Apk 7,5–8). Diese werden alle zusammen 144 000 sein. Das wird die Heerschar sein, die durch den Engel bezeichnet wurde, der das Siegel des lebendigen Gottes trägt. Mit diesem Engel meinen sie den heiligen Franziskus, der die Wundmale Christi hatte. Diese so bezeichnete Heerschar wird mit dem Antichrist kämpfen und vor der Ankunft des Elias und Enoch durch ihn getötet werden.

Ferner phantasieren und lehren sie: Wenn die fleischliche Kirche zerstört wird, dann wird es große Kriege geben, und es wird ein großes Blutbad unter den christlichen Völkern geben; so viele Männer, die die fleischliche Kirche verteidigten, werden im Krieg vernichtet werden. Wenn fast alle Männer tot sind, werden die christlichen Frauen, die am Leben blieben, aus Liebesverlangen nach Männern Bäume umarmen. Zu diesem Thema erzählen sie noch mehrere andere phantastische Geschichten, die man in dem erwähnten Kommentar in der Volkssprache lesen kann.

Ferner sagen sie, daß nach der Zerstörung der fleischlichen Kirche die Sarazenen kommen, das Land der Christen besetzen und in das Gebiet des Königreichs Frankreich, nämlich Narbonne eindringen werden. Sie werden die christlichen Frauen mißbrauchen und viele als Gefangene mitnehmen, um sie zu mißbrauchen. Dies, sagen sie, sei Bruder Petrus Johannis in Narbonne von Gott geoffenbart worden.

Ferner sagen sie, daß in der Zeit der Verfolgung durch den Antichrist sowie in den erwähnten Kriegen die fleischlichen Christen so heimgesucht werden, daß sie verzweifelt sagen werden: Wenn Christus Gott wäre, würde er nicht zulassen, daß Christen so viele schwere Leiden erdulden müßten. Und so werden sie in ihrer Verzweiflung vom Glauben abfallen und sterben. Aber Gott wird die Spiritualen, die Auserwählten, verbergen, damit sie nicht vom Antichrist und seinen Dienern gefunden werden können. Dann wird die Kirche auf die Personenzahl reduziert werden, die die Urkirche bei ihrer Gründung hatte, so daß kaum zwölf übrigbleiben werden, in denen die Kirche gegründet werden wird und in die der Heilige Geist mit der gleichen oder einer noch größeren Fülle einströmen wird, als er sich über die Apostel in der Urkirche ergoß, wie weiter oben gesagt wurde.

Ferner sagen sie, daß nach dem Tod des Antichrist die Spiritualen die ganze Welt zum Glauben an Christus bekehren werden und daß die ganze Welt gut und liebevoll sein wird, so daß keine Bosheit oder Sünde in den Menschen dieser Phase sein wird außer etwa läßlichen Sünden bei einigen. Alles wird im Gebrauch gemeinsam sein, und es wird niemanden geben, der einen anderen beleidigt oder zur Sünde reizt, weil die Liebe unter ihnen sehr groß sein wird und es dann nur einen Schafstall und einen Hirten geben wird. Diese Lebensbedingungen der Menschen werden nach Auffassung einiger von ihnen

100 Jahre lang dauern. Dann wird mit dem Schwinden der Liebe sich allmählich wieder die Schlechtigkeit einschleichen und mit der Zeit so sehr wachsen, daß Christus wegen der Zunahme der Schlechtigkeit gezwungen sein wird, zum allgemeinen Gericht über alle zu kommen.

Ferner widersprechen sie heftig und schändlich dem Papst, dem Stellvertreter Jesu Christi. Wie Verrückte und Ketzer nennen sie ihn den mystischen Antichrist, den Vorläufer und Wegbereiter des größeren Antichrist. Auch nennen sie ihn einen reißenden Wolf, vor dem sich die Gläubigen in acht nehmen sollen, einen einäugigen oder blinden Propheten, den Priester Kaiphas, der Christus verurteilte, oder Herodes, der Christus verspottete und verlachte. Denn er selbst verurteilt das Leben Christi und verlacht Christus in seinen Armen, wie sie sagen. Sie nennen ihn auch den Eber aus dem Wald und das einmalige wilde Tier, das den Bau der Kirche Gottes verwüstet und zerstört, so daß Hunde und Schweine sie betreten können, das heißt Menschen, die die Vollkommenheit des Lebens im Sinne des Evangeliums zerstören und mit Füßen treten. Sie sagen auch, daß er in der Kirche mehr Schlimmes getan hat als alle früheren Ketzer, weil zur Zeit der Ketzer die Kirche in ihrem Zustand blieb, aber jetzt zu seiner Zeit nicht die Kirche Gottes zu sein scheint, sondern die Synagoge des Teufels. Und sie sagen, daß zu seiner Zeit die fleischliche Kirche zerstört werden wird. Er selbst wird mit zwei Kardinälen fliehen, sich versteckt halten und vor Gram und Schmerz sterben.

Das sind die unsinnigen und ketzerischen Lehren der unheilvollen Sekte der Beginen. Sie alle und noch andere mehr im einzelnen aufzuzählen, würde zu weit führen. Ich habe sie aus ihrem eigenen Mund gehört, während ich bei ihnen und gegen sie die Inquisition durchführte. Und in ihren Schriften habe ich noch mehr gelesen, und ich habe gesehen, daß sie noch mehr enthalten. In ihren Geständnissen, die vor Gericht entgegengenommen wurden, und in den Prozessen, die sich damit befaßten, gibt es noch umfangreichere, längere Aussagen. Um sie aber lesbarer bei der Hand zu haben, wurden sie hier gekürzt, gestrafft und bearbeitet.

Die Inquisition gegen die Beginen begann in der Provinz Narbonne im Jahre des Herrn 1318 und in Pamiers in der Provinz Toulouse im Jahre des Herrn 1321, und danach verlief sie sukzessiv.

6. Wie man die Beginen verhört und befragt

Man muß wissen, daß manche von den Beginen über die oben aufgeführten falschen Glaubensartikel und Irrlehren mehr lernten und wissen und andere weniger, je nachdem, ob sie mehr oder weniger darin ausgebildet oder damit vertraut sind. So ist es bei solchen Leuten stets üblich, daß sie sich nach und nach zum Schlechteren entwickeln und nicht alles auf einmal, sondern nur nach und nach lehren. Wenn man daher eine Untersuchung durchführt, könnte ein geschickter Inquisitor nach allen (Irrlehren) oder nach einzelnen oder nur nach einigen fragen und andere auslassen, je nachdem er es für nützlich hält und wie es die Eigenart oder die Situation der Personen, die zu verhören sind, und das Wesen des Amtes der Inquisition es erfordert. Deshalb sind weiter unten die Fragen, die zu stellen sind, der Reihe nach entsprechend den Irrlehren angeordnet, in die sie nach den Feststellungen verstrickt sind. Freilich müssen nicht alle Fragen allen und jedem einzelnen gestellt werden, sondern jene, die nach dem Urteil des Fragenden nützlich sind, daß die Form und Technik der Befragung dieser Personen über diese Dinge je nach der Eigenart der jeweiligen Personen gehandhabt wird. Tatsächlich wird aus den passend gestellten Fragen und aus den Antworten die Wahrheit gründlicher und leichter herausgefunden und eine List rascher festgestellt, wenn sie nicht klar und direkt auf Fragen antworten, indem sie versuchen, sich hinter Worten zu verstecken und nach Gelegenheiten suchen, sich zu entziehen, um nicht direkt auf die Fragen antworten zu müssen. Dies alles lehrt mehr die Erfahrung.

7. Spezielle Fragen an die Beginen der Gegenwart

Zuerst soll einer, der zu verhören ist, danach gefragt werden, wann und wo und durch welchen Diener dieses Ordens er aufgenommen wurde und das Ordensgelübde ablegte. Ferner, ob er bei seiner Aufnahme vom zuständigen Ortsbischof oder sonst jemandem an dessen Stelle im Glauben geprüft wurde, seit Papst Johannes XXII. beschloß und anordnete, daß eine anders vorgenommene Prüfung bzw. Aufnahme nicht gültig ist, sondern überhaupt null und nichtig ist. Ferner, wo und mit wem er damals Umgang hatte.

Ferner soll der zu Verhörende, falls er kein Begine, sondern ein tiefgläubiger Anhänger und Freund der Beginen war, der jedoch hinsichtlich seiner Irrlehren verdächtig ist, gefragt werden, wann er begann, an sie zu glauben und mit ihnen freundschaftlich verbunden zu sein.

Ferner soll der zu Verhörende gefragt werden, ob er jemanden lehren oder behaupten hörte, daß Christus und die Apostel nichts besaßen, weder persönlich noch gemeinsam. Ferner, ob er sagen hörte, daß es ketzerisch sei, das Gegenteil davon fest zu glauben. Ferner, ob er lehren hörte, daß gemeinsamer Besitz die Vollkommenheit der evangelischen Armut beeinträchtige.

Ferner, ob er sagen oder lehren hörte und ob er selber glaubte und glaubt, daß die Regel des heiligen Franziskus ein und dasselbe wie das Evangelium Christi bzw. das Evangelium Christi sei.

Ferner, ob er glaubte oder glaubt, daß ebenso, wie der Papst nichts am Evangelium ändern oder ihm hinzufügen oder davon wegnehmen kann, er auch nichts an der Regel des heiligen Franziskus ändern oder davon wegnehmen oder etwas hinzufügen kann, soweit es die Gelübde oder die evangelischen Räte und die Vorschriften, die in dieser Regel enthalten sind, betrifft.

Ferner, ob er glaubt oder glaubte oder lehren hörte, daß der Papst den Orden der Minderbrüder, der unter der ersten Regel gegründet wurde, nicht aufheben könne, auch nicht den dritten Orden, der unter der dritten Regel gegründet wurde, indem er sie selber oder den anderen Orden aus der Gemeinschaft der anderen Orden ausschließt, wie es manchmal mit einigen Orden geschah.

Ferner, ob er lehren hörte oder glaubte oder glaubt, daß der Papst keine Anordnung mit Beschlußkraft erlassen könne, durch die er den Franziskanerbrüdern Dispens erteilt bzw. erlaubt, daß sie Getreide und Wein sammeln dürfen, um dies nach der Entscheidung der Prälaten ihres Ordens gemeinsam für künftige Zeiten aufzuheben und als Nahrung zu verbrauchen.

Ferner, ob er sagen hörte oder glaubte oder glaubt, daß Papst Johannes XXII. durch seine Verordnung, die beginnt „Quorumdam" (vom 7. Oktober 1317) und in der gesagt wird, er habe den Minderbrüdern Dispens erteilt und ihnen erlaubt, daß sie demnach Getreide und Wein gemeinsam besitzen dürfen, in diesem Punkt gegen die evangelische Armut bzw. gegen das Evangelium Christi handelte.

Ferner, ob er lehren hörte oder glaubte oder glaubt, daß ein Franziskanerbruder diesem Papst in diesem Dispensfall oder wenn dieser etwas anderes an der besagten Regel änderte, nicht gehorchen dürfe, auch wenn der Papst selbst es bei der Tugend des Gehorsams und unter der Strafe der Exkommunikation vorschreiben würde, daß dies so von allen Brüdern eingehalten und beachtet werden solle.

Ferner, ob er sagen hörte oder glaubte oder glaubt, daß Papst Johannes XXII. durch diese Anordnung und diesen Dispens daher ein Ketzer wurde und die päpstliche Macht zu binden und zu lösen verlor.

Ferner, ob er sagen hörte oder glaubte oder glaubt, daß der Papst keinem Franziskanerbruder die Erlaubnis geben könne, daß er einer anderen religiösen Gemeinschaft oder einem anderen Orden beitritt (vgl. Bulle vom 1. Oktober 1317), wo er irgendeinen gemeinsamen Reichtum hätte wie die übrigen Brüder dieses Ordens, sondern daß er für immer verpflichtet ist, das Gelübde der Armut, das nach der Regel des heiligen Franziskus abgelegt wurde, zu halten und zwar so, daß er niemals etwas persönlich oder gemeinsam besitzen kann.

Ferner, ob er sagen hörte oder glaubte oder glaubt, daß ein Franziskanerbruder verpflichtet ist, wenn er Bischof oder Kardinal wurde, immer das Gelübde der Armut einzuhalten, das von ihm nach der Regel des heiligen Franziskus abgelegt wurde.

Ferner, ob er hörte oder glaubte oder glaubt, daß der Papst keiner Person in irgendeinem Fall Dispens vom Gelübde der Keuschheit und Jungfräulichkeit erteilen kann, auch wenn dieses Gelübde nur einfach und nicht feierlich abgelegt wurde und irgendein großer Vorteil für die Gemeinschaft die Folge dieser Dispens wäre. Und wenn nach der Erteilung der Dispens durch den Papst eine solche Person heiraten würde, daß diese Heirat ungültig und ungesetzlich wäre.

Ferner, ob er sagen hörte oder glaubte oder glaubt, daß der Papst niemandem Dispens vom einfachen Gelübde der Armut erteilen könne.

Ferner, ob er hörte oder wußte, daß einige Franziskanerbrüder in Marseille durch einen Inquisitor aus demselben Orden als Ketzer verurteilt wurden. Und ob er hörte oder genau wußte, aus welchen Gründen sie verurteilt worden waren.

Ferner, ob er glaubte oder glaubt, daß sie katholisch und heilige Märtyrer waren und sind, oder ob er von anderen Personen wußte und hörte, die glaubten, sie seien heilige Märtyrer. Und ob er sagen hörte oder glaubte, daß jene, die sie als Ketzer verurteilten, ungerecht gehandelt hätten und deswegen zu Ketzern und Verfolgern der evangelischen Armut geworden seien.

Ferner, ob er sagen hörte oder glaubte oder glaubt, daß der Papst ein Ketzer wurde und durch sein Einverständnis, daß jene vier Franziskanerbrüder in Marseille als Ketzer verurteilt wurden, seine päpstliche Macht verlor.

Ferner, ob er hörte oder wußte, daß einige Beginen, Männer oder Frauen, die sich Arme vom dritten Orden des heiligen Franziskus nennen, in diesen Jahren durch das Urteil der Prälaten und Inquisitoren in der Provinz Narbonne oder anderswo verurteilt wurden. Ferner, an welchen Orten oder Dörfern sie in dieser Provinz verurteilt wurden. Ferner, von wie vielen Beginen, Männern wie Frauen, die verurteilt worden waren, er die Namen erfuhr. Ferner, ob er die Gründe hörte oder kannte, weswegen sie als Ketzer verurteilt worden waren.

Ferner, ob er glaubte oder glaubt, daß diese Beginen, die als Ketzer verurteilt wurden, katholisch und heilige Märtyrer seien bzw. gewesen seien und den Tod für die Verteidigung der Wahrheit erlitten hätten. Ferner, ob er irgendwelche Personen kennt oder von ihnen hörte, die glauben oder meinen oder sagen, diese verurteilten Ketzer seien heilige Märtyrer oder hätten die Erlösung erlangt.

Ferner, ob er glaubte oder glaubt, daß jene, die sie als Ketzer verurteilten, deswegen zu Ketzern wurden.

Ferner, ob er etwas von den Gebeinen oder der Asche und anderen Dingen dieser Verurteilten und Verbrannten als Reliquie besaß, um diese zu verehren.

Ferner, von wem er sie hatte und was er dann damit tat, und ob er sie küßte. Ferner, ob er irgendwelche andere Personen kennt, die von diesen Gebeinen oder der Asche etwas als Reliquie besaßen.

Ferner, ob er glaubte, daß der Papst ein Ketzer wurde und durch sein Einverständnis, daß diese Beginen als Ketzer verurteilt wurden, seine päpstliche Macht verlor.

Ferner, ob er glaubte oder glaubt, daß diese als Ketzer verurteilten Beginen und jene, die dasselbe wie sie glaubten, die Kirche Gottes seien oder zur Kirche Gottes gehörten und daß jene, die sie verurteilten oder ihrer Verurteilung zustimmten, nicht zur Kirche Gottes gehörten.

Ferner, ob er wußte oder hörte, daß der Todestag dieser Verurteilten von manchen in Kalendern notiert bzw. niedergeschrieben wurde oder in Litaneien angerufen wurde, so wie der Todestag von anderen Heiligen in Litaneien aufgeführt ist und ihre Namen angerufen werden und ihre Fürbitten in Litaneien erbeten werden.

Ferner, ob er bei den Beginen die Lehre hörte, daß die Prälaten, Mönche und Geistlichen, die aufwendige und kostbare Kleider haben, gegen das Evangelium Christi und nach dem Gebot des Antichrist handeln oder zur Familie des Antichrist gehören, oder daß die Armut Christi auf einzigartige Weise in den Lumpen der armen Beginen aufleuchtet.

Ferner, ob er bei den Beginen die Lehre hörte, daß in der Gegenwart die Kirche Gottes und der Glaube an Christus nur in der kleinen Schar der armen Beginen vom dritten Orden und in der anderen kleinen Schar blieben, die diese Armen und die evangelische Regel von der Armut nicht verfolgt.

Ferner, ob er unter den Beginen sagen hörte, daß für diese Beginen die größere Vollkommenheit darin liege, vom Betteln bzw. von der Bettelei zu leben als vom Arbeiten bzw. von ihrer Hände Arbeit. Und daß der Papst ihnen nicht verbieten oder durch den Urteilsspruch der Exkommunikation sie dazu zwingen könne, daß sie nicht öffentlich betteln, wenn sie auf andere Weise angemessen von ihrer Hände Arbeit leben können, mit der Begründung, daß sie nicht in der Verkündigung des Evangeliums tätig sind und es sich auch nicht für sie gehört, daß sie predigen.

Ferner zur Lehre bzw. zum Schrifttum des Bruders Petrus Johannis Olivi vom Orden der Franziskanerbrüder, ob er hörte, daß sie ihm in der Volkssprache vorgelesen wurde oder ob er sie selber für sich oder für andere las, wo, wie oft und für wen. Ferner: Welche Bücher dieses Bruders Petrus Johannis oder welche Teile daraus hörte oder las er? War es die Postille zur Apokalypse oder das Traktat über die Armut oder über das Betteln, oder waren es andere seiner kleinen Schriften?

Ferner, ob er meint bzw. glaubt, daß das Schrifttum bzw. die Lehre des Bruders Petrus Johannis wahr und katholisch sei.

Ferner, ob er bei den Beginen oder von einigen von ihnen sagen hörte, daß seine Schrift bzw. Lehre für die Kirche Gottes notwendiger sei als die von irgendwelchen anderen Lehrern oder Heiligen außer den Aposteln und Evangelisten, oder daß er selbst nach den Aposteln und Evangelisten der größte Lehrer in der Kirche Gottes sei.

Ferner, ob er unter den Beginen sagen oder erklären hörte, daß der besagte Bruder Petrus Johannis in einem geistlichen Sinn jener Engel sei, von dem in der Apokalypse geschrieben steht, daß sein Gesicht wie die Sonne war und er ein Buch offen in seiner Hand hatte, weil, wie die Beginen sagen, für ihn die Wahrheit Christi und das Verständnis des Buches der Apokalypse in seiner Postille auf einzigartige Weise offen war.

Ferner, ob er unter den Beginen sagen hörte, daß der Papst die Lehre bzw. das Schrifttum des Bruders Petrus Johannis deshalb nicht verurteilen könne, weil ihm dies nach ihren Worten von Gott geoffenbart wurde. Und wenn er sie verurteilte, daß er dann das Leben Christi verurteilen würde, und daß die Beginen sie nicht für verurteilt und verworfen hielten und dem Papst darin nicht gehorsam seien und daß sie glaubten, sie könnten deshalb von ihm nicht exkommuniziert werden.

Ferner, was er selber von den genannten Artikeln zur Lehre bzw. zum Schrifttum des besagten Bruders Petrus Johannis glaubt oder glaubte.

Ferner, was er unter den Beginen vortragen hörte, was der besagte Bruder Petrus Johannis zu Lebzeiten vorhergesagt hatte und was er seine Anhänger und die Beginen über den Zustand der römischen Kirche und über anderes gelehrt hatte.

Ferner, was er in der zitierten Postille las oder daraus vorlesen hörte und woran er sich erinnert, daß er es hörte oder las.

Ferner, ob er in der zitierten Postille las oder daraus lesen hörte, daß es sieben Phasen der Kirche gebe und daß am Ende der sechsten Phase, die – wie er selbst sagt – mit dem heiligen Franziskus bzw. seiner Regel begann, die Phase der römischen Kirche beendet werden muß, wie die Phase der Synagoge der Juden bei der Ankunft Christi beendet wurde.

Ferner, daß am Beginn der siebten Phase, die nach ihren Worten mit dem Tod des Antichristen beginnt, eine andere, eine neue Kirche beginnen und der Urkirche nachfolgen soll, nachdem die erste fleischliche Kirche, nämlich die römische Kirche, gänzlich verworfen wurde.

Ferner, ob er hörte, daß in der zitierten Postille erklärt und verstanden wurde, daß die römische Kirche jene große babylonische Hure sei, die in der Apokalypse beschrieben wird, daß sie die Gemeinde des Teufels sei und daß sie schließlich von Christus gänzlich verworfen werden soll, so wie die Synagoge der Juden gänzlich verworfen wurde.

Ferner, ob er lesen oder erklären hörte, daß der Primat der fleischlichen Kirche, also der römischen Kirche in das neue Jerusalem übertragen wird, womit sie meinen, daß es am Ende der sechsten Phase und am Beginn der siebten eine neue Kirche geben werde.

Ferner, ob er lesen oder erklären hörte, daß die sechste Phase, die also mit der Zeit bzw. der Regel des heiligen Franziskus begann, die evangelische Regel von der Armut und die Tugend der Geduld vollkommener als irgendeine von den vorhergehenden Phasen beachten wird.

Ferner, ob er erklären hörte, daß die Regel des heiligen Franziskus wirklich und eindeutig jenes evangelische Leben sei, das Christus bei sich selbst bewahrte und den Aposteln auferlegte, und daß der Papst keine Macht darüber habe.

Ferner, ob er erklären hörte, daß die Regel des heiligen Franziskus von der Kirche der Fleischlichen und Stolzen auf schlimme Weise bekämpft und verurteilt wurde, so wie Christus von der Synagoge der Juden verurteilt wurde.

Ferner, ob er hörte, daß in der zitierten Postille gesagt oder erklärt wird, daß der heilige Franziskus nach Christus und seiner Mutter der größte Bewahrer des evangelischen Lebens und der Regel war. Ferner, daß er selbst, unter Christus, der erste und ursprüngliche Gründer, Initiator und Vorbild in der sechsten Phase der Kirche und der evangelischen Regel war. Ferner, daß die Phase bzw. Regel des heiligen Franziskus nach Christi Vorbild am Ende der sechsten Phase gekreuzigt werden würde. Ferner, daß dann der heilige Franziskus leiblich in Herrlichkeit auferstehen werde, so daß er bei der leiblichen Auferstehung Christus ähnlich werde, wie er im Leben und mit den Wundmalen des Kreuzes auf einzigartige Weise Christus ähnlich wurde.

Ferner, ob er sagen hörte, daß die Verfolgung bzw. Strafe, welche jetzt jene treffe, die hartnäckig an dieser Sekte der Beginen festhalten, sozusagen die zweite Kreuzigung des Lebens Christi und sozusagen die Durchbohrung seiner Hände und Füße und seiner Seite sei.

Ferner, ob er über den mystischen Eber reden hörte, den Antichrist, der dem Hohepriester Kaiphas, der Christus verurteilte, und dem Herodes, der Christus verspottete, ähnelte. Ferner über den großen Eber, den Antichrist, der Nero und Simon dem Zauberer ähnelte.

Ferner, ob er sagen hörte, die evangelische Phase sei die Phase jener Armen, die nach ihren eigenen Worten die römische Kirche verfolgt und bestraft, weil sie nicht gehorsam sind, sondern gegen die apostolische Macht und gegen die Aussagen und Erklärungen rebellieren, die durch den Apostolischen Stuhl zur Regel des heiligen Franziskus gemacht wurden.

Ferner, ob er sagen hörte, daß im 13. Jahrhundert nach dem Leiden und der Auferstehung Christi durch den Orden des heiligen Franziskus die Sarazenen und die übrigen Ungläubigen sich bekehren müßten, wobei es aber viele Märtyrer unter den Franziskanerbrüdern geben werde. Ferner, daß im 13. Jahrhundert nach Christi Geburt der heilige Franziskus und sein evangelischer Orden erschien. Ferner, daß im 13. Jahrhundert nach Christi Tod und seiner Auferstehung dieser evangelische Orden am Kreuz erhöht werden wird und sein Ruhm sich über die ganze Erde verbreiten wird. Ferner, daß in der Zeit der Bekämpfung und Verurteilung des evangelischen Lebens und der Regel, die nach ihren Worten unter dem mystischen Antichrist, der nach ihren Worten der Papst ist, erfolgen und unter dem großen Antichrist ihren Höhepunkt erreichen soll,

Christus im geistlichen Sinn und sein Diener Franziskus und die evangelische Schar seiner Jünger gegen alle Irrlehren und die Schlechtigkeit der Welt herabsteigen werden. Ferner, daß so, wie anfangs durch den Orden der Apostel der ganzen Welt die Frohbotschaft verkündet wurde, durch den evangelischen Orden des heiligen Franziskus der ganzen Welt die Frohbotschaft verkündet werden wird und sie sich in der Zeit bekehren wird, die zwischen dem mystischen und dem großen Antichrist liegt.

Ferner, daß mit dem Tier, das in der Apokalypse aus der Erde emporsteigt, der Pseudo-Papst mit seinen Pseudo-Propheten zu verstehen ist, der den leiblichen Tod der Menschen nicht unmittelbar herbeiführen wird, wie das Tier, das aus dem Abgrund der weltlichen Laien steigt, die Heiligen töten wird, mit denen die Beginen sich selbst meinen. Ferner, daß der sechste Kopf des Drachens in der Apokalypse den mystischen Antichrist, den Papst meint, der siebte Kopf aber den großen Antichrist, der einen königlichen Herrscher bedeutet.

Ferner, ob er hörte, daß unter den Beginen über die Zeit des Antichrist und über das Jahr seiner Ankunft gesprochen oder gelesen wurde.

Ferner, was er über viele andere Vorwürfe gegen den Zustand der römischen Kirche und der Prälaten, Mönche und Geistlichen sagen hörte sowie über viele haltlose Weissagungen über die Zukunft, welche in der zitierten Postille ziemlich ausführlich enthalten sind.

8. Informationen und Ratschläge gegen die Schlauheit und Bosheit derer, die nach einem Verhör vor Gericht die Wahrheit nicht gestehen wollen

Weil viele von den Beginen, die sagen, sie seien die Armen Brüder von der Buße und vom dritten Orden des heiligen Franziskus, mit listiger Verschlagenheit ihre Irrlehren und irrigen Überzeugungen verdecken und so davonkommen wollen, weigern sie sich während des ganzen Inquisitionsprozesses zu gestehen und zu schwören, daß sie die Wahrheit über sich und ihre lebenden und toten Komplizen, so wie es üblich und recht ist im Falle eines Menschen, der vor Gericht verhört wird.

Einige von ihnen wollen, obwohl sie schwören, dennoch keinesfalls einfach und bedingungslos schwören. Denn sie wollen nur ihren Protest, ihre Situation und ihre Inhaftierung zur Sprache bringen. Sie wollen also nicht schwören und sich nicht durch einen Schwur verpflichten, etwas zu sagen, das ihrer Meinung nach Gott beleidigt oder sich zu einem Unrecht oder Schaden für einen Mitmenschen auswirkt.

Sie sagen, sie glaubten, dies sei eine Beleidigung Gottes, daß die römische Kirche, die Prälaten und die Inquisitoren die Beginen bzw. ihre Sekte verfolgt, verwirft und verurteilt, da sie selbst nach ihren Worten am Leben Christi und an der evangelischen Armut festhalten und sie verteidigen, und zwar auf die Weise, in der sie es, wie es oben ausgeführt wird, sowohl in den Glaubensartikeln als auch beim Verhör verstehen und erklären.

Ferner glauben sie, wie sie sagen, daß sie Gott beleidigen, wenn sie jenen Glaubensartikeln abschwören würden, weil wir Inquisitoren oder Prälaten die Meinung vertreten, sie seien falsch oder enthielten einen Irrtum bzw. eine Irrlehre. Sie selber sagen, diese seien im Gegenteil nicht falsch und enthielten keine Irrlehre, sondern sie stimmten nach ihren Worten mit der Wahrheit des Evangeliums überein. So nennen sie das Gute das Böse und das Böse das Gute und machen das Licht zur Finsternis und die Finsternis zum Licht.

Ferner sagen sie, sie glaubten, es sei zum Schaden und werde zu einem Unrecht an einem Mitmenschen, wenn sie den Inquisitoren ihre Komplizen und Anhänger verrieten oder offenbarten, weil diese als Folge davon nach ihren Worten Verfolgung durch die Inquisitoren erleiden und Schaden nehmen würden. Dabei begreifen sie, als ob sie blind wären, nicht, daß zunächst einmal Gott nicht beleidigt wird, wenn ein Irrtum aufgedeckt und die Wahrheit gefunden wird und sich jemand vom Abweg der Irrlehre abwendet und zum rechten Pfad der Wahrheit zurückkehrt, die Irrlehre aufgibt und abschwört. Ferner, wie wenig wirkt es sich zweitens zum Schaden für die Mitmenschen, sondern zu ihrem Vorteil aus, wenn Irrende zum Weg und Licht der Wahrheit zurückgeführt werden, damit sie nicht noch mehr verdorben werden und sehr viele Menschen zu ihrem Unheil anstecken und zugrunde richten und wie Blinde mit sich in die Grube reißen.

Daher muß man gegen die Bosheit und Verschlagenheit solcher Leute bei einer Untersuchung dafür sorgen, daß alle gezwungen werden, einfach und ohne jede Bedingung und Einschränkung zu schwören, die volle und reine Wahrheit zu sagen über sich und die anderen Komplizen und Anhänger, Gönner und Leute, die sie aufnehmen und schützen: also so, wie es der Inquisitor meint, ohne jede List und Falschheit, sei es bei einem Geständnis zur eigenen Person oder zu anderen, sei es beim Antworten auf Fragen, beim Bejahen oder Verneinen im ganzen Prozeß der Inquisition. Sonst begehen sie einen Meineid und erhalten somit die Strafe für den Meineid.

Daher darf man bei keinem von ihnen einen Eid mit einer Bedingung oder einer Einschränkung oder einem Protest entgegennehmen, wie oben gesagt wurde, sondern man muß ihnen im Gegenteil erklären und sagen, daß es keine Beleidigung für Gott ist und Gott nicht, wie sie glauben und behaupten, beleidigt wird, wenn von einem Richter die Wahrheit ermittelt wird, damit eine Irrlehre bzw. Häresie aufgedeckt wird. Dabei ist nicht ihre falsche Ansicht darüber entscheidend, sondern das Urteil des Inquisitors.

Ferner wird ein Mitmensch nicht verletzt und erleidet weder einen Schaden noch ein Unrecht, wie sie behaupten, sondern es ist zu seinem Guten und zum Heil der Seele, wenn diejenigen, die von irgendwelchen Irrlehren angesteckt und darin verwickelt sind, zu dem Zweck entlarvt werden, damit sie sich bessern und sich von ihrem

Irrtum abwenden zum Weg der Wahrheit, damit sie gebessert und nicht noch mehr verdorben werden und nicht andere mit ihren Irrlehren anstecken und verderben.

Wenn sie sich aber hartnäckig weigern zu schwören außer unter einer Bedingung und einer Einschränkung, wie es oben erklärt wurde, dann soll in diesem Fall, wenn sie vor Gericht nicht, wie man es verlangt, eindeutig schwören, daß sie die volle und reine Wahrheit sagen, nach einer kirchenrechtlichen Verwarnung und Belehrung das Urteil der Exkommunikation in schriftlicher Form über denjenigen verhängt werden, der – obwohl er auf diese Weise dazu aufgefordert wurde – sich weigert zu schwören: Außer er schwört eindeutig auf der Stelle oder zumindest binnen dieser Stunde oder des Tages oder einer bestimmten Zeit, wenn der Untersuchungsrichter eine Stunde oder einen Tag oder eine bestimmte Zeit in seiner Güte oder Geduld ihm endgültig zugesteht, da er ja von Rechts wegen eigentlich verpflichtet ist, sofort ohne zeitlichen Aufschub eindeutig und einfach zu schwören, wenn es von ihm verlangt wurde. Das Urteil der Exkommunikation soll, nachdem es entschieden, formuliert und verkündet wurde, in schriftlicher Form zu den Prozeßakten gelegt werden.

Wenn nun aber jemand dem Urteil der Exkommunikation verfallen ist und es einige Tage lang hartnäckig und verstockten Herzens erträgt, dann soll er wieder vor Gericht geholt und gefragt werden, ob er glaube, daß er exkommuniziert sei und an dieses Urteil gebunden sei. Wenn er antworten sollte, daß er nicht glaubt, er sei exkommuniziert und an dieses Urteil gebunden, dann wird klar sein, daß ein solcher dadurch die Schlüsselgewalt der Kirche mißachtet. Das ist ein Artikel der Irrlehre und der Häresie: Wer hartnäckig bleibt, ist als Ketzer zu betrachten. Sowohl die Frage als auch seine Antwort sollen in die Prozeßakte aufgenommen werden. Darüber hinaus soll man gegen einen solchen Menschen nach dem Recht vorgehen, ihn kirchenrechtlich ermahnen und endgültig auffordern, daß er von seinem Irrtum und seiner Häresie abläßt und abschwört. Sonst wird er von da an als Ketzer betrachtet und verurteilt werden und als solcher dem weltlichen Gericht übergeben werden.

Man muß auch erwähnen, daß, um dessen Bosheit zu beweisen, damit sein Irrtum noch deutlicher wird und um den Prozeß gegen ihn zu rechtfertigen, wiederum ein anderes, neues Urteil der Exkommunikation in schriftlicher Form gegen den gefällt werden kann, der in einer Glaubensangelegenheit verstockt ist; und zwar deswegen, weil er sich hartnäckig weigert, einfach und eindeutig zu schwören und auf Fragen, die den Glauben betreffen, zu antworten und einem erklärten Irrtum und einer Irrlehre abzuschwören, indem er eindeutig den Gehorsam verweigert, genau so wie derjenige, der trotz der Aufforderung, vor Gericht zu erscheinen, trotzig fernbleibt. Das Urteil, das gegen ihn gefällt wurde, soll ihm mitgeteilt und die Mitteilung aktenkundig gemacht werden. Wenn einer in einer Glaubensangelegenheit aufgrund solcher Verstocktheit exkommuniziert wurde und diesen Urteilsspruch der Exkommunikation länger als ein Jahr verstockten Herzens aushält, dann wird er von Rechts wegen als Ketzer verurteilt werden sollen und können.

Man muß noch erwähnen, daß man gegen einen solchen Ketzer Zeugen vernehmen kann, wenn es welche gegen ihn gibt, oder daß man einen solchen auch zwingen oder unter Druck setzen kann durch Essensentzug oder Kerkerhaft oder Ketten oder auch, daß er nach dem Rat von Sachverständigen peinlich befragt wird, je nachdem, wie es die Eigenart des Falles und die individuelle Situation der Person erfordert, damit die Wahrheit herausgefunden wird.

9. Mögliche Form des ersten Urteils

Du, der und der von dem und dem Ort, wurdest verhaftet und vorgeladen als verdächtig, denunziert, angeklagt oder angezeigt wegen der Irrlehren und irrigen Ansichten der Beginen, die sich Arme Brüder vom dritten Orden des heiligen Franziskus nennen, weil sie an Irrlehren und irrigen Ansichten festhalten und diese Lehren vertreten gegen den rechten Glauben und gegen den Stand der heiligen römischen und universalen Kirche und gegen die apostolische Macht. Du wurdest bei Gericht vor mich, den Inquisitor N., gestellt und von mir wiederholt kirchenrechtlich gebeten, ermahnt, aufgefordert und geheißen, daß du schwörst, die volle und reine Wahrheit zu sagen ebenso über dich als auch über deine anderen Komplizen, Anhänger, lebenden und toten Förderer zum Tatbestand der Häresie und besonders zu den Irrlehren und irrigen Ansichten, durch die sich die oben genannten Beginen gegen den Glauben, die römische Kirche und den Apostolischen Stuhl, gegen die Macht des Papstes und der Prälaten der römischen Kirche erheben. Du weigerst dich aber, in den oben erwähnten Punkten einfach und bedingungslos zu schwören außer unter einer Bedingung und einer Einschränkung und der Äußerung von Protest. Diese Bedingung, Einschränkung und dieser Protest sind mit dem Recht und der Vernunft völlig unvereinbar.

Ich, obengenannter Inquisitor N., befehle dir und ermahne dich einmal, ein zweites und ein drittes Mal, kirchenrechtlich und endgültig, bei der Strafe der Exkommunikation, daß du vor mir bei Gericht auf die heiligen Evangelien Gottes einfach und bedingungslos schwörst, ohne Bedingung und jede Einschränkung, die im Widerspruch mit dem Recht und der Vernunft steht, über dich sowie über deinen Sektenführer als auch über deine anderen Komplizen, Anhänger, Gönner und lebenden und toten Beschützer als Zeuge die volle und reine Wahrheit zu sagen, – alles, was du weißt oder gewußt oder gesehen hast oder glaubst oder geglaubt hast im Falle des Tatbestands der Häresie und besonders im Falle deiner Irrlehren und irrigen oder schismatischen Ansichten und die der anderen Beginen vom dritten Orden des heiligen Franziskus und im Falle aller Dinge, die die Aufgabe und das Amt der Inquisition betreffen.

In meiner Güte und Gnade setze ich dir zum Schwören nach der Weise und Form, die hierfür und für alles, was dies berührt, vorgesehen ist, als ersten Termin von der Stunde des heutigen Tages an, in der wir uns jetzt befinden, bis zur sechsten Stunde und als zweiten Termin von der sechsten Stunde bis zur unmittelbar folgenden neunten und als dritten, letzten und endgültigen Termin von der neunten Stunde bis zur Vesper bzw. bis zur Komplet des heutigen Tages. Und wenn du nicht vor dem genannten letzten und endgültigen Termin nach der obigen Weise und Form schwörst, exkommuniziere ich dich nach der kirchenrechtlichen Verwarnung und Belehrung mit sofortiger Wirkung kraft der apostolischen Autorität, die ich im Amt der Inquisition habe, und verhänge über dich das Urteil der Exkommunikation. So steht es in diesen vor mir liegenden Prozeßakten. Ich biete dir eine Abschrift dieses Urteilsspruchs der Exkommunikation an, wenn du sie haben willst und mich darum bittest.

Dieses Urteil wurde gefällt in dem und dem Jahr, an dem Tag und an dem Ort, in Gegenwart von etc.

10. Mögliche alternative Form des Urteils der Exkommunikation gegen jemanden, der so trotzig ist

Ich, der Inquisitor N., befehle kraft der apostolischen Autorität, die ich im Amt der Inquisition habe, dir, N., der du aus dem und dem Ort hier anwesend bist, und ermahne dich einmal, ein zweites und ein drittes Mal kirchenrechtlich und endgültig, daß du schwörst, einfach und eindeutig die volle und reine Wahrheit zu sagen über dich und deine Komplizen betreffs der Irrlehren und irrigen Ansichten der Beginen vom dritten Orden und betreffs einiger anderer Dinge, die den Glauben berühren und in den Zuständigkeitsbereich des Inquisitors gehören.

Ferner, daß du zu dem, was vorher über dich und über andere gesagt wurde, vor mir bei Gericht die Wahrheit gestehst.

Ferner, daß du demütig um die Gnade des Freispruchs vom verkündeten Urteil der Exkommunikation bittest, das von mir gegen dich in schriftlicher Form gefällt wurde, dem du verfallen bist und an das du gebunden bist.

Und daß du zur Einheit der Kirche zurückkehrst, deinen Irrtum erkennst und ihm und aller Häresie vor mir abschwörst, damit du es nach der Ableistung des Eides, den Geboten der Kirche und meinen Befehlen zu gehorchen, verdienst, mit der Einheit der Kirche wieder versöhnt zu werden.

Und um alles, was oben erwähnt wurde, und jedes Einzelne zu tun, zitiere ich dich auf den dritten Tag vom heutigen Tag an, indem ich dir als den ersten den heutigen Tag, den folgenden als zweiten und den dritten als dritten, letzten und endgültigen Termin setze, damit du zum Glauben und zu dem, weswegen du verdächtig bist, als Verklagter bzw. Angeklagter Rede und Antwort stehst und in allem, was du begangen haben mögest oder begangen hast oder was nach deinem Wissen andere in einer Glaubensangelegenheit gegen den Glauben begangen haben, vor mir bei Gericht die vollständige Wahrheit sagst und daß du in allem und jedem Einzelnen, das oben erwähnt wurde, tust, was von Rechts wegen zu tun ist.

Wenn du nicht vor dem genannten dritten Tag oder wenigstens an diesem genannten dritten Tag vor der Stunde des Komplets alles und jedes Einzelne, das oben erwähnt wurde, tust und erfüllst, wie du von Rechts wegen verpflichtet bist, binde ich dich kraft der apostolischen Autorität, die ich im Amt der Inquisition habe, nach meiner kirchenrechtlichen Verwarnung und Belehrung mit sofortiger Wirkung mit dem Band der Exkommunikation als einen, der in einer Glaubensangelegenheit trotzig ist, weil du in den oben erwähnten Punkten nicht gehorchen willst, dich weigerst und Mißachtung zeigst.

Wenn du die Exkommunikation ein Jahr lang trotzigen Sinnes erträgst, teile ich dir mit und erkläre dir, daß ich dann gegen dich als einen Ketzer vorgehen werde.

Ich biete dir eine Abschrift dieses Urteilsspruchs der Exkommunikation, der jetzt gegen dich gefällt wurde, an, wenn du sie haben willst und mich darum bittest.

Gefällt wurde dieses Urteil in dem und dem Jahr, an dem und dem Tag und Ort etc. in Gegenwart folgender Personen etc.

11. Rat gegen die List und Täuschung der Personen, die nicht klar und deutlich antworten wollen, sondern zweideutig, unklar und mißverständlich antworten

Es gibt bei ihnen auch einige, die ebenso boshaft wie listig sind, welche, um die Wahrheit zu verschleiern und sich und ihre Komplizen zu schützen und damit ihr Irrtum und ihre Falschheit nicht aufgedeckt werden, so zweideutig, unverständlich, allgemein und konfus auf Fragen antworten, daß man aus ihrer Antwort nicht die reine Wahrheit erfahren kann. Wenn sie gefragt werden, was sie bei einem bestimmten Glaubensartikel oder Glaubenssätzen, die ihnen vorgelegt wurden, glauben, antworten sie jedesmal: *Ich glaube in diesem Fall genau das, was auch die heilige Kirche Gottes glaubt*. Sonst wollen sie sich nicht konkret äußern oder antworten, und wenn sie auch noch so oft dazu aufgefordert wurden.

Um in diesem Fall eine Täuschung auszuschließen, die sie im Namen der Kirche Gottes gebrauchen oder vielmehr mißbrauchen, müssen sie sorgfältig, gründlich und scharfsinnig gefragt und verhört werden, was sie mit dieser Kirche Gottes meinen oder was nach ihrer Meinung die Kirche Gottes sei. Denn sie reden irreführend von der Kirche Gottes, wie aus den Artikeln ihrer Irrlehren hervorgeht. Sie sagen nämlich, sie selber, ihre Komplizen und ihre Anhänger seien die Kirche Gottes oder ein Teil der Kirche Gottes, und sie halten diejenigen, die das Gegenteil glauben und sie verfolgen, nicht für die Kirche Gottes oder einen Teil davon.

Daher muß der Inquisitor klug und geschickt sein. Solche Personen können und sollen gezwungen bzw. gedrängt werden, klar zu antworten und eindeutig zu definieren, was sie bei ihren allgemeinen, zweideutigen und konfusen Antworten eigentlich meinen, und zwar unter Androhung der Exkommunikation, wie es im vorausgehenden Abschnitt erwähnt wurde.

12. Die Schrift über den Tod des Bruders Petrus Johannis Olivi, welche die Beginen, Männer wie Frauen, auf ihren Versammlungen verehren, des öfteren lesen oder sich vorlesen lassen

Nebenbei sei an dieser Stelle bemerkt, daß die Beginen, Männer wie Frauen, auf ihren Versammlungen gern und häufig eine kleine Schrift lesen oder sich vorlesen lassen und zuhören. Es hat den Titel „Der Tod des heiligen Vaters".

Darin steht geschrieben: *Im Namen unseres Herrn Jesus Christus, der gepriesen ist in Ewigkeit. Im Jahre 1298 seiner Fleischwerdung am Mittwoch, dem 14. März in der sechsten Stunde (12 Uhr mittags) starb in der Stadt Narbonne der hochheilige Vater und hochberühmte Lehrer Bruder Petrus Johannis Olivi im 50. Lebensjahr im 38. Jahr seit seinem Eintritt in die Ordensgemeinschaft der Franziskanerbrüder. Er stammte aus dem Dorf Sérignan, das ungefähr eine Meile vom Meer entfernt ist, in der Diözese Béziers. Sein hochheiliger Leib ruht ehrwürdig mitten im Chor der Franziskanerkirche in Narbonne.*

Ich meine, es wird besser sein, die bewundernswerte Vollkommenheit des Lebenswandels dieses hochheiligen Mannes und das glorreiche Ende seines Lebens mit heiligem Schweigen zu ehren als dies dem Bellen bissiger Hunde auszusetzen, auf daß sie darauf herumtreten.. Eines darf man meiner Meinung nach nicht übergehen, nämlich daß dieser ehrwürdige Vater am Ende seines Lebens, nachdem er die heilige Ölung erhalten hatte, in Gegenwart des Konvents der Franziskanerbrüder von Narbonne sagte, daß er sein ganzes Wissen durch Eingebung von Gott erhalten habe und daß er in Paris in der Kathedrale zur dritten Stunde plötzlich vom Herrn Jesus Christus erleuchtet worden sei.

Dies steht im oben aufgeführten Büchlein, das die Beginen, Männer wie Frauen, mit großer Andacht lesen und sich auf ihren Zusammenkünften aus Verehrung für ihn vorlesen lassen. Sie glauben, daß alles ganz wahr sei. Seine Leiche wurde aber exhumiert, an einen anderen Ort gebracht und versteckt. Das geschah im Jahr des Herrn 1318. Wo sie sich befindet, darüber rätseln viele, und die verschiedenen Menschen erzählen Verschiedenes darüber.

Ende des I. Buches

Kapitel 5: Die Perfidie der Juden

1. Der Perfidie der Juden gegenüber dem Christenglauben

Die ungläubigen Juden versuchen, wann und wo sie können, heimlich die Christen zu verderben und zur jüdischen Ungläubigkeit zu bringen, am meisten jene, die früher Juden waren, sich bekehrten, die Taufe empfingen und den Glauben an Christus annahmen. Besonders versuchen sie es bei jenen, zu denen sie eine Beziehung haben oder mit denen sie verschwägert oder blutsverwandt sind.

Es gibt ein Dekret, daß man gegen Christen, die zum Judentum konvertierten oder zurückkehrten – auch wenn diese Konvertiten als kleine Kinder oder aus Todesangst, jedoch nicht absolut oder eindeutig unter Zwang getauft wurden –, falls sie diesen Tatbestand gestanden oder durch Christen oder Juden überführt wurden, wie gegen Ketzer vorgehen müsse. Und gegen diejenigen, die solche Personen begünstigen, aufnehmen und verteidigen, müsse man wie gegen Personen vorgehen, die Ketzer begünstigen, aufnehmen und verteidigen.

[…]

2. Spezielle Fragen an Juden und solche, die zum jüdischen Glauben zurückkehrten

Zuerst soll ein Jude, der verhört werden soll, nach seinem Vornamen und Familiennamen gefragt werden.

Ferner nach seinem Geburts- und Wohnort.

Ferner nach seinen Eltern: Ob sie Juden waren bzw. noch sind, nach ihren Namen und ihrem Wohnort.

Ferner, ob er Brüder oder Schwestern hat, nach ihren Vornamen und Familiennamen und ihrem Wohnort. Auch, ob jemand von ihnen getauft wurde, auch wann und wo.

Ferner, ob er selbst Jude oder getaufter Christ sei.

Ferner, welches Gesetz besser ist und unter welchem er leben und sterben will.

Ferner, ob die Juden verpflichtet sind, einen Schwur zu halten, der auf das Gesetz des Moses, auf das Wort Gottes und auf die Schriftrolle geleistet wurde.

Ferner, welche Strafe Meineidige erleiden.

Ferner, ob er eine Frau und Kinder und wie viele habe.

Ferner, ob seine Frau und seine Kinder getauft seien.

Ferner, ob er selber getauft wurde, wann und wo, durch welchen Paten er aus dem heiligen Taufwasser gehoben wurde und welchen Namen er bei der Taufe erhielt.

Ferner, ob auch andere zusammen mit ihm getauft wurden und durch wen und welche Namen sie dabei erhielten.

Ferner, ob sie zum Judentum zurückkehrten, wo und wann, und ob sie eine Frau haben.

Ferner, wann er selbst zum Judentum zurückkehrte, wo und durch wen und wer mit ihm zum Judentum zurückkehrte und wer dabei anwesend war.

Ferner nach dem Ritus bei der Rückkehr zum Judentum.

Ferner, wie viele Jahre er im christlichen Glauben und im Glauben der Taufe lebte und blieb, ob er einmal im Bußsakrament einem Priester seine Sünden bekannte und ob er kommunizierte, wie es die anderen Christen tun.

Ferner, ob er damals an Christus und die Sakramente der Kirche glaubte.

Ferner, ob er eine Christin heiratete.

Ferner, ob er von ihr Kinder bekam und ob sie getauft wurden.

Ferner, ob er das „Vaterunser“, das „Gegrüßet seist du Maria“ und das „Ich glaube an Gott“ lernte.

Ferner, wer ihn dazu veranlaßte, zum Judentum zurückzukehren.

Ferner, ob er selber einen Christen dazu veranlaßte, Jude zu werden, oder einen Konvertierten, wieder zum Judentum zurückzukehren.

Ferner, ob er einen Christen kennt, der zum Judentum zurückkehrt oder zurückkehrte, oder einen Getauften, der abtrünnig wurde und zum Judentum zurückkehrte, und wo das geschah.

Ferner, ob er eine schriftliche Bestätigung seiner Rückkehr zum Judentum besitzt.

Ferner, wie die Juden gegen „goyim" und gegen den Klerus der römischen Kirche beten.

Ferner, wie die Juden die Knaben von Christen anders als ihre eigenen beschneiden.

Hier muß erwähnt werden, daß die Juden ihre eigenen Knaben anders beschneiden als die Christen, seien es Knaben oder Erwachsene, denn wenn sie christliche Erwachsene oder Knaben beschneiden, schneiden sie ihnen die Vorhaut nur halb und nicht ganz rundum ab, wie sie es bei jüdischen Knaben tun.

Ferner geben sie Christen, wenn sie Juden werden, eine schriftliche Bestätigung ihrer Aufnahme ins Judentum, die sie immer bei sich tragen müssen. Sonst würden Juden nicht mit ihnen trinken oder essen. Sie muß die Namen der einzelnen Vorsteher enthalten, welche diese ins Judentum aufgenommen haben.

3. Die unerträgliche Blasphemie der Juden gegen Christus, den Christenglauben und das Christenvolk

Man muß erwähnen, daß die Juden unter den Gebeten, die sie verrichten, lehren und in ihren Schriften haben, unter anderen das folgende haben (aus dem Hebräischen übersetzt): *Gepriesen seist du, Gott, unser Herr, König auf ewig, der du mich nicht als Christen oder Heiden erschaffen hast.*

Ferner: *Für die Verlorenen oder zum Glauben an Christus Konvertierten gebe es keine Hoffnung, für alle Ketzer oder Ungläubigen, Verleumder oder Doppelzüngigen, das heißt für alle Verräter. Für sie komme jener Augenblick, nämlich der Augenblick, in dem sie vernichtet sind. Alle Feinde deines Volkes Israel sollen bald tot sein. Das Reich der Ungerechtigkeit soll bald zermalmt sein, das heißt zusammengebrochen und völlig entkräftet dem Verfall preisgegeben oder vielmehr alsbald in unseren Tagen dem Untergang geweiht sein. Gepriesen seist du, Gott, der du die Feinde zermalmst und die Schlechten zugrunde richtest.*

Alle diese Worte sprechen sie auf Hebräisch, und damit umschreiben und meinen sie das Volk und das Reich der Christen, die sie als Ketzer betrachten, als Ungläubige und als ihre Feinde und Verfolger.

Außerdem sagen sie in einem anderen ihrer Gebete folgendes: *Über uns soll Gott über alles erhöht sein, um den Schöpfer des Anfangs zu verherrlichen, der uns nicht wie die Völker oder Heiden der Welt erschuf und uns nicht in die Gemeinschaft der Völker stellte, die sich den Eitelkeiten der Eitelkeiten zuwenden und zu einem Gott beten, der keine Macht hat und nicht retten kann. Überdies hoffen wir auf dich, Gott, unser Herr, dass du bald in der Schönheit deiner Stärke siegst, um die geschnitzten Bilder zu zerschlagen und hinauszuwerfen, nämlich die Bilder, welche die weltlichen Christen zur Ehre Christi anbeten. Diese Bilder sollen zerstört werden – und sie werden einmal zerstört sein –, um die Welt auf die Herrschaft des Allmächtigen vorzubereiten. Alle Söhne des Fleisches sollen deinen Namen anrufen, wenn sie zu dir zurückkehren, alle schlechten Länder sollen ihn anrufen, und erkennen sollen ihn diejenigen, die auf Erden bzw. in der Welt wohnen. Denn vor dir soll sich jedes Knie beugen und alle Zungen sollen sich vor dir bzw. deinem Angesicht vereinen, unser Gott. Sie sollen sich hinknien und niederfallen und deinen liebsten Namen verherrlichen. Bringe sie alle wieder unter das Joch deiner Herrschaft und herrsche bald wieder über sie! Ein Joch in Ewigkeit, denn dir gehört die Herrschaft von Ewigkeit zu Ewigkeit. Herrschen sollst du in Herrlichkeit, so wie es in deinem Gesetz geschrieben steht: ‚Gott wird herrschen in Ewigkeit und Ewigkeit.'* Das ist aus dem Hebräischen übersetzt.

Man muß aber erwähnen, daß die Juden mit den zitierten Worten den Christen Böses wünschen, obwohl sie die Christen nicht ausdrücklich nennen, sondern nur eine Umschreibung gebrauchen, obwohl sie eigentlich ausdrücklich das Christenvolk meinen ...

Kapitel 6: Zauberer, Wahrsager und Geisterbeschwörer

1. Zauberer, Wahrsager und Geisterbeschwörer

Die vielseitige, häufige und unheilvolle Ketzerei der schwarzen Künste, Wahrsagerei und Geisterbeschwörung findet man in verschiedenen Ländern und Gegenden entsprechend den verschiedenen Hirngespinsten und Wahnvorstellungen abergläubischer Menschen, die sich mit ketzerischen Geistern und dämonischen Künsten beschäftigen.

2. Fragen an Zauberer, Wahrsager und Geisterbeschwörer

Ein Zauberer, Wahrsager oder Geisterbeschwörer soll beim Verhör danach gefragt werden, welche und wie viele Zauberkunststücke, Wahrsagungen oder Beschwörungen er persönlich kennt und von wem er sie gelernt hat.

Ferner soll man – wenn man in Details geht – die Persönlichkeit und gesellschaftliche Stellung der Personen berücksichtigen, weil man nicht allen auf ein und dieselbe Weise dieselben Fragen stellen soll, weil Männer anders als Frauen verhört werden. So wird man Fragen wie die folgenden formulieren können, nämlich was sie über Kinder oder Kleinkinder, die verzaubert oder entzaubert werden sollten, wissen oder wußten oder was sie mit ihnen machten;

ferner (was sie wissen) über die verlorenen oder verdammten Seelen;

ferner über das Einsperren von Räubern;

ferner über die Eintracht oder Zwietracht von Eheleuten;

ferner über die Schwängerung von Unfruchtbaren;

ferner über das, was sie zu essen geben, Haare und Krallen und bestimmte andere Dinge;

ferner über die Situation der Seelen von Verstorbenen;

ferner über die Vorhersagen künftiger Ereignisse;

ferner über die Feen, die sie gute Wesen nennen und die nach ihren Worten nachts umgehen;

ferner über das Besingen oder Beschwören mittels Zaubersprüchen von Obst, Kräutern, Gürteln und anderem;

ferner, wen er lehrte zu zaubern oder mittels Zaubersprüchen zu beschwören, und von wem er solche Zaubersprüche oder Beschwörungen lernte oder hörte;

ferner über die Heilung von Krankheiten mittels Beschwörungen oder Zaubersprüche;

ferner über das Sammeln von Kräutern auf den Knien mit dem Gesicht nach Osten und mit dem Herrengebet auf den Lippen;

ferner über das Auferlegen von Pilgerfahrten, Messen, Kerzenopfern und der Spende von Almosen;

ferner über das Aufdecken verübter Diebstähle oder die Enthüllung verborgener Dinge.

Ferner soll man besonders gründlich danach forschen, was sie von jeder abergläubischen, ehrfurchtslosen oder entehrenden Behandlung der Sakramente der Kirche und besonders des Sakraments des Leibes Christi wissen, auch was den Gottesdienst und heilige Stätten betrifft;

ferner über das Behalten der Hostie oder den Diebstahl von Salböl oder heiligem Öl aus der Kirche;

ferner über Bilder aus Wachs oder andere, die in Weihwasser getaucht wurden, wie diese eingetaucht wurden und zu welchem Zweck oder mit welcher Wirkung;

ferner über das Bleigießen, die Methode dieses Verfahrens und den Zweck;

ferner, von wem er so etwas lernte oder hörte;

ferner, seit wann er so etwas praktizierte;

ferner, wer und wie viele zu ihm kamen, um Rat einzuholen, besonders innerhalb eines Jahres;

ferner ob ihm jemals so etwas verboten wurde und durch wen, ob er diesen Praktiken abschwor und versprach, er werde nie mehr so etwas tun oder so etwas praktizieren;

ferner, ob er glaubte, es sei wirklich so, wie er es andere lehrte;

ferner, welche Vorteile oder Geschenke oder Gaben er dafür erhalten hatte bzw. erhielt.

Kapitel 7: Allgemein übliche Form der Abschwörung von Ketzerei bei Gericht

Wenn jemand geziemend bereuen und von seinen Irrlehren wirklich ablassen will, muß er nach sorgfältiger Prüfung und Entgegennahme seines Geständnisses bei Gericht in schriftlicher Form aller Häresie ganz und gar abschwören, bevor er vom Urteilsspruch der Exkommunikation, der nach dem geistlichen Recht gegen solche Personen gefällt wurde, freigesprochen wird. Die Abschwörung soll an das Ende des Geständnisses des jeweiligen Geständigen geschrieben werden. Trotzdem könnte die Formel der Abschwörung auch an den Anfang des Buches geschrieben werden, das die Geständnisse und Prozeßniederschriften der Geständigen enthält.

1. Form bzw. Formel der Abschwörung von Häresie bei Gericht

Ich, N., aus dem und dem Ort und der und der Diözese, in eurer Gegenwart, des Inquisitors N., vor Gericht gestellt, schwöre, nachdem die hochheiligen Evangelien Gottes vor mich hingelegt wurden, aller Häresie ganz und gar ab, die sich gegen den katholischen Glauben an den Herrn Jesus Christus und der heiligen römischen Kirche und jedem Ketzerglauben jeder Sekte, die durch die römische Kirche verurteilt wurde, mit welchem Namen sie auch bezeichnet werden mag, und besonders der oder der Sekte (sie könnte hier genannt werden) und jeder diesbezüglichen Gunst, Begünstigung, Aufnahme, Verteidigung und Gemeinschaft bei der Strafe, die von Rechts wegen bei denen fällig wird, die in die Häresie zurückgefallen sind, der sie vor Gericht abgeschworen haben.

Ferner schwöre und verspreche ich, daß ich so gut ich kann Ketzer jeder verurteilten Sekte verfolge, entlarve oder verrate und dafür sorge, daß sie gefangengenommen und den Inquisitoren übergeben werden, besonders von der oder der Sekte (sie soll hier genannt werden), und daß ich die Anhänger und Gönner, die ihnen Zuflucht gewähren und sie schützen, und auch jene, von denen ich wüßte oder glaubte, daß sie wegen des Tatbestands der Häresie flüchtig sind, und einen jeden der Genannten, auch ihre Boten, wann und wo auch immer ich weiß, daß sich die Genannten aufhalten oder jemand von den Genannten sich befindet.

Ferner schwöre und verspreche ich, daß ich den katholischen Glauben behalte, bewahre und verteidige, den die römische Kirche verkündet und bewahrt.

Ferner schwöre und verspreche ich, den Geboten der Kirche und der Inquisitoren zu gehorchen und zu einem Termin bzw. zu Terminen vor ihnen oder vor ihren Stellvertretern zu erscheinen, wann und wie oft sie es mir durch einen Boten oder einen Brief oder sonstwie befehlen oder mich dazu auffordern werden, und niemals zu fliehen und vorsätzlich und aus Trotz nicht zu erscheinen bzw. fernzubleiben und so gut ich kann meine Strafe und die Buße zu erfüllen, die sie mir auferlegen.

Dazu verpflichte ich mich mit allem, was ich besitze.

2. Wie man die Abschwörung durch einen Gerichtsschreiber an das Ende des Geständnisses schreiben lassen kann

Der oben genannte N., daselbst in Gegenwart des obenerwähnten Herrn Inquisitors vor Gericht gestellt, hat, nachdem die hochheiligen Evangelien Gottes vor ihn hingelegt und sie auch tatsächlich mit der Hand berührt worden waren, kniend jeder Häresie ganz und gar abgeschworen, jedem Glauben jeder Sekte, die durch die römische

Kirche verurteilt wurde, mit welchem Namen sie auch bezeichnet werden mag, und besonders der und der Sekte (sie soll genannt werden), und jeder diesbezüglichen Gunst oder Begünstigung, Aufnahme und Verteidigung sowie Gemeinschaft bei der Strafe, die von Rechts wegen bei denen fällig wird, die in die Häresie zurückgefallen sind, der sie vor Gericht abgeschworen haben.

Ferner versprach und schwor er, daß er, so gut er könne, Ketzer einer jeden verurteilten Sekte verfolge, entlarve, verrate und dafür sorge, daß sie verhaftet und den Inquisitoren übergeben werden, auch ihre Anhänger, Gönner und diejenigen, die sie aufnehmen und schützen, und auch jene, von denen er wüßte oder glaubte, daß sie wegen Ketzerei flüchtig seien, auch ihre Boten, wann und wo auch immer er wüßte, daß die Genannten sich aufhalten oder sich jemand von ihnen befindet.

Ferner schwor und versprach er, den katholischen Glauben, den die römische Kirche verkündet und bewahrt, beizubehalten, zu bewahren und zu verteidigen.

Ferner schwor und versprach er, den Geboten der Kirche und der Inquisitoren Folge zu leisten und zu einem Termin bzw. zu Terminen vor ihnen oder ihren Stellvertretern zu erscheinen, wann und wie oft es ihm durch einen Boten oder einen Brief oder sonstwie befohlen wird oder er dazu aufgefordert wird, und niemals zu fliehen und nicht vorsätzlich und aus Trotz fernzubleiben und die Strafe oder Buße, die sie glauben, ihm auferlegen zu müssen, anzunehmen und so gut er könne zu erfüllen.

Dazu verpflichtete er sich mit allem, was er besitzt.

3. Schriftliche Schlußformel am Ende eines Geständnisses vor Gericht

So wurde der obenerwähnte N. daselbst durch den genannten Herrn Inquisitor rehabilitiert und nach der Form der Kirche vom Urteil der

Exkommunikation, das gegen solche Personen kirchenrechtlich gefällt wird, freigesprochen, falls er guten Herzens und mit ungeheucheltem Glauben zur kirchlichen Einheit zurückgekehrt ist, die ihm auferlegten Gebote hält und zum Tatbestand der Häresie die volle und reine Wahrheit über sich und die anderen gestanden hat. Dies hat er zu Protokoll gegeben, er hat gestanden und in der oben beschriebenen Form abgeschworen. Er schwor und gab sein Versprechen in dem Jahr und an dem Tag und an dem Ort wie angegeben in Gegenwart des obenerwähnten Herrn Inquisitors, in Anwesenheit und durch das Zeugnis der und der geladenen Zeugen und von mir als dem Schreiber des Inquisitionsprozesses, N., der ich anwesend war und das Geständnis entgegennahm und niederschrieb.

Wenn man aber einen amtlichen Schreiber nicht bekommen kann, dann werden an Stelle des Schreibers zwei Ordensmitglieder unterschreiben können, die bei diesen Vorgängen anwesend waren, und zwar auf folgende Weise:

Ich, N., aus dem und dem Orden, wurde vorgeladen und darum gebeten, ich war anwesend und wurde vom obenerwähnten Inquisitor dazu aufgefordert, und ich habe hier eigenhändig unterschrieben.

Wenn aber das Geständnis durch die Hände eines Mönchs oder irgendeiner anderen Person aufgeschrieben wurde, der nicht Schreiber ist, und danach durch den Schreiber des Inquisitionsprozesses das Geständnis gelesen und in der Volkssprache, wie es Sitte ist, mitgeteilt wird, nachdem der Geständige vor Gericht gestellt wurde, soll der Schreiber am Ende von allem das Folgende formulieren und niederschreiben: und durch mein Zeugnis, des Inquisitionsschreibers N. Ich habe das obige Geständnis verlesen und in verständlicher Form in der Volkssprache dem obenerwähnten N. mitgeteilt, der in Gegenwart des genannten Herrn Inquisitors vor Gericht gestellt wurde. Dieser N., daselbst vereidigt, hat erkannt, daß er dieses Geständnis ablegte und vor Gericht gestand, und er hat versichert, daß es echt sei. Er hinterlegte es erneut in meiner Gegenwart und der Anwesenheit der Zeugen, die unten unterschrieben haben. Er schwor jeder Häresie ganz und gar ab in der Art und Weise, wie es oben beschrieben wurde, und er schwor und versprach das, was oben besprochen wurde. Und ich nahm es entgegen und unterschrieb eigenhändig.

4. Kürzere Form der schriftlichen Abschwörung

Der oben genannte N., in Anwesenheit des Herrn Inquisitors vor Gericht gestellt, schwor aller Häresie ganz und gar ab sowie der Begünstigung, Aufnahme, Verteidigung und Gemeinschaft von Ketzern einer jeden verurteilten Sekte bei der Strafe, die von Rechts wegen fällig ist bei denen, die vor Gericht der Häresie abschworen und rückfällig wurden.

Ferner schwor und versprach er, Ketzer, so gut er könne, zu verfolgen, zu verraten, zu entlarven und dafür zu sorgen, daß sie verhaftet und den Inquisitoren übergeben werden; auch die Anhänger und diejenigen, die sie begünstigen, aufnehmen und schützen, von einer jeden verurteilten Sekte und auch diejenigen, die wegen Ketzerei flüchtig sind; auch ihre Boten, wann und wo auch immer er wüßte, daß diese oder jemand von ihnen sich befinden; und den katholischen Glauben zu behalten und zu bewahren, den Geboten der Kirche und der Inquisitoren Folge zu leisten, nicht zu fliehen, sich nicht zu entfernen und alles andere zu tun, wie es in der Formel der Abschwörung von Häresie am Anfang des Buches ausführlicher steht.

Man muß erwähnen, daß man bei der Abschwörung von einer bestimmten Sekte bzw. Häresie einige bestimmte Aspekte mit treffenden Bezeichnungen oder Namen und passenden Ausdrücken deutlich ansprechen muß. Daher werden weiter unten die Formeln, womit man einer bestimmten Sekte und irgendeiner bestimmten Häresie abschwört, angefügt.

5. Mögliche spezielle Formel der Abschwörung von der Sekte und Häresie der Waldenser

Ich, N., aus dem und dem Ort und der und der Diözese, in eurer Gegenwart, des Inquisitors N., vor Gericht gestellt, schwöre auf die vor mir liegenden hochheiligen Evangelien Gottes jeder Häresie ganz und gar ab, die sich gegen den Glauben an den Herrn Jesus Christus und der heiligen römischen Kirche erhebt, besonders der Sekte und Häresie derer, die man Waldenser bzw. die Armen von Lyon nennt. Von diesen haben ich mehrere gesehen und hatte mit ihnen Gemeinschaft, ich glaubte an ihre Irrlehren bzw. ich glaubte, daß das, was sie sagten, wahr sei, besonders die und die Irrlehre (sie soll hier genannt werden). Ich schwöre allem ihrem Glauben ab, ihrer Begünstigung, Aufnahme, Verteidigung und Gemeinschaft bei der Strafe, die von Rechts wegen bei denen fällig wird, die einer Häresie vor Gericht abschworen und rückfällig wurden.

Ferner schwöre und verspreche ich, Ketzer, so gut ich kann, zu verfolgen, zu entlarven, zu verraten und dafür zu sorgen, daß sie verhaftet und den Inquisitoren übergeben werden, besonders die Waldenser und ihre Anhänger etc. (wie oben in der allgemeinen Form der Abschwörung).

6. Sonderform der Abschwörung von der Sekte und Häresie der Pseudo-Apostel

Ich, N., aus dem und dem Ort und der und der Diözese, in Eurer Gegenwart, N., vor Gericht gestellt, schwöre auf die heiligen Evangelien Gottes, die vor mir liegen, aller Häresie einer jeden Sekte ganz und gar ab, die sich gegen die heilige römische Kirche, den Apostolischen Stuhl und den katholischen Glauben an den Herrn Jesus Christus richtet.

Besonders und ausdrücklich schwöre ich der Sekte und dem Orden derer ab, die sich Apostel nennen und so auch vom Volk genannt werden. Diese Sekte bzw. diesen Orden soll Gerardo Segarelli aus Parma ins Leben gerufen haben; er soll der Gründer gewesen sein. Dolcino aus Novara soll diesen Orden nach dem erwähnten Gerardo mit vielen Anhängern bewahrt und verteidigt haben. Ich habe gehört, daß dieser Gerardo und dieser Dolcino und auch viele Anhänger und Mitglieder dieser Sekte als Ketzer verurteilt wurden, und ich glaube und meine, daß sie zu Recht als Ketzer verurteilt wurden.

An dieser Häresie und diesem Orden habe ich mehrere Jahre festgehalten; ich schwöre hiermit völlig ab und verspreche, daß ich in Zukunft nicht an diesem Orden und dieser Häresie festhalte, da der Name, die besondere Ordenstracht und die Lebensweise an sich im Widerspruch stehen zur allgemeinen Lebensweise und dem Leben der Gläubigen und da alles und ein jedes von der vernünftigen Lehre und von der Schlüsselgewalt der Kirche und ihrer Prälaten abweicht oder in Widerspruch dazu steht.

Ebenso glaube ich von Herzen und bekenne mit meinem Mund, daß es eine heilige, katholische Kirche gibt, der zur Zeit der hochheilige Vater, Papst N., vorsteht, und daß es außerhalb des Glaubens und des Gehorsams gegenüber dieser Kirche kein Heil gibt.

Ebenso widerrufe ich und schwöre allem und jedem Einzelnen ab, das ich vorhin vor Gericht gesagt und behauptet habe, sofern sich darin irgendeine Irrlehre oder eine falsche Ansicht bzw. eine irrige Lehrmeinung erkennen oder irgendwie feststellen läßt. Besonders und ausdrücklich widerrufe ich meine Aussage und schwöre ab, fest daran zu glauben, daß der besagte Orden der Pseudo-Apostel gut sei und daß diejenigen, die an diesem Orden festhalten, der, wie ich vorhin hörte, nicht vom Apostolischen Stuhl anerkannt, sondern vielmehr verworfen wurde, gerettet werden können, wenn sie daran festhalten.

Ferner, daß ich gesagt hatte, ich glaubte daran, daß der römische Papst, die Prälaten, die Mönche und die Inquisitoren sündigten, indem sie den besagten Orden und seine Religionsausübung verfolgten.

Ferner, daß ich gesagt hatte, ich glaubte, daß das Urteil der Exkommunikation, das durch den Papst bzw. Apostolischen Stuhl oder kraft seiner Autorität oder durch Prälaten gegen die Anhänger dieses Ordens verhängt wurde, sie nicht band.

Ferner, daß ich gesagt hatte, ich glaubte nicht, daß ich exkommuniziert worden sei, weil ich an dieser Sekte und diesem Orden festhielt, obwohl ich hatte sagen hören und glaubte, daß es so sei, daß alle, die an diesem Orden festhielten, durch die Kirche exkommuniziert worden seien.

Ferner, daß ich gesagt hatte, damals, als die Kirche zur Zeit des heiligen Silvester die Armut ablegte und beseitigte, sei die Heiligkeit des Lebens von der Kirche genommen worden und der Teufel in die Gefährten des heiligen Silvester und dann in die Welt eingedrungen.

Ferner, daß ich gesagt und geglaubt hatte, daß der römische Papst oder die Prälaten durch den Urteilsspruch des Kirchenbannes nicht mit Recht verbieten können, daß jemand an diesem Orden festhielte oder ihn bewahrte und daß man einem solchen Verbot oder Urteil nicht gehorchen muß.

Ferner widerrufe ich unter Eid, daß ich gesagt habe, daß es zwei Kirchen gibt, nämlich eine geistliche, die in den Menschen ist, die in vollkommener Armut und im geistlichen Gehorsam allein Gott und keinem Menschen gegenüber leben, und eine fleischliche Kirche, welche die Kirche derer ist, die fleischlich und in Vergnügungen, gleichwohl aber auch ganz im Gehorsam einem Menschen gegenüber leben. Ich gestehe, daß es nur eine einzige, katholische Kirche gibt, in der es Gute und Böse gibt.

Ferner widerrufe ich, was ich über die fleischliche Kirche gesagt hatte, nämlich daß sie es war, die Johannes in der Apokalypse die große Hure Babylon nennt, ebenso jenes Tier, das sieben Köpfe und zehn Hörner hatte, ebenso jene Frau, die einen goldenen Becher voller Greuel in ihrer Hand hielt, woraus alle Völker tranken. Und ich bekenne, daß die heilige römische Kirche diejenige ist, von der der heilige Paulus schreibt: *Denn ich habe euch einem einzigen Mann verlobt, um euch als reine Jungfrau Christus zu übergeben* (2 Kor 11,2).

Ferner schwöre ich der irrigen Meinung ab, die ich einmal hatte und an der ich festhielt, indem ich glaubte, es sei eine Sünde, vor Gericht zu schwören, sogar um die Wahrheit zu sagen und es sei nicht erlaubt; und daß ich glaubte, daß jeder Schwur ohne Unterschied von Gott als etwas Unerlaubtes und als eine Sünde verboten sei. Ich bekenne, daß ich glaube, daß es erlaubt sei, vor Gericht zu schwören, um die Wahrheit zu sagen oder zu bekräftigen, weil es nämlich die heilige römische Kirche so überliefert und gelehrt hat und auch so praktiziert.

(Auf ähnliche Weise können andere Irrlehren oder irrige Meinungen zum Ausdruck kommen, wenn ihnen abgeschworen werden soll; die Abschwörung soll auf folgende Weise enden:)

Ferner schwöre ich jedem Glauben, jeder Begünstigung, Verteidigung und Gemeinschaft der Ketzer jeder verurteilten Sekte ab und besonders und ausdrücklich der Sekte derer, die man Pseudo-Apostel nennt, bei der Strafe, die von Rechts wegen über solche zu verhängen ist, die im Fall der Ketzerei, der vor Gericht abgeschworen wurde, rückfällig wurden.

Ferner verspreche und schwöre ich, daß ich, so gut ich kann, Ketzer jeder verurteilten Sekte verfolge, aufspüre oder verrate und mich dafür einsetze, daß sie festgenommen oder den Inquisitoren übergeben werden, besonders und ausdrücklich von der Sekte der Pseudo-Apostel und denen, die an sie glauben, sie begünstigen, aufnehmen und verteidigen, die um dieser Sekte willen auf der Flucht sind, und ihre Boten, wann und wo auch immer ich wissen oder hören werde, daß es sich um sie oder um einen von ihnen handelt.

Ferner verspreche und schwöre ich, daß ich an dem Glauben festhalte, den die heilige römische Kirche verkündet und bewahrt, und daß ich den Geboten der Kirche Folge leiste (usw., wie oben in der allgemeinen Formel der Abschwörung).

7. Spezielle Form der Abschwörung von dieser Sekte bzw. diesem Orden in folgender möglicher Kurzform

Ich, N., von dem und dem Ort und der und der Diözese, in Eurer Anwesenheit, des Inquisitors N., vor Gericht gestellt, habe einst am Orden derer, die man Pseudo-Apostel nennt, festgehalten und ihn bewahrt. Ich schwöre ganz und gar jeder Häresie jeder verurteilten Sekte ab, und besonders und ausdrücklich schwöre ich der Sekte bzw. dem Orden derer ab, die Pseudo-Apostel heißen und es auch sind im Hinblick auf ihre Namen, ihre besondere Tracht und ihre unverwechselbare Lebensweise, die im Widerspruch zum gewöhnlichen Lebenswandel und den Sitten der Gläubigen steht, und im Hinblick auf alles und jede Einzelheit, worin diese Sekte vom Gehorsam gegenüber der römischen Kirche und dem Apostolischen Stuhl und von der vernünftigen Lehre, die diese römische Kirche bewahrt und verkündet, in irgendeiner Hinsicht abweicht oder damit in Widerspruch steht.

Ferner schwöre ich allem Glauben, der Begünstigung, Aufnahme, Verteidigung und Gemeinschaft der Ketzer jeder verurteilten Sekte ab und besonders der besagten Sekte der Pseudo-Apostel bei der Strafe, welche von Rechts wegen bei denen fällig wird, die vor Gericht der Häresie abgeschworen haben und rückfällig wurden.

Ferner verspreche und schwöre ich, daß ich – so gut ich kann – Ketzer jeder verurteilten Sekte verfolge, entlarve, verrate und dafür sorge, daß sie festgenommen oder den Inquisitoren übergeben werden, besonders und ausdrücklich Mitglieder der Sekte der Pseudo-Apostel und ihre Anhänger, Gönner und die, die sie aufnehmen und schützen, und diejenigen, die um dieser Sekte willen flüchtig sind, und ihre Boten, wann und wo auch immer ich weiß oder höre, daß sie sich aufhalten oder sich jemand von ihnen befindet.

Ferner verspreche und schwöre ich, daß ich an dem Glauben festhalte, den die heilige römische Kirche verkündet und bewahrt, und daß ich den Geboten der Kirche gehorche etc., wie oben in der allgemeinen Formel der Abschwörung.

8. Spezielle Form der Abschwörung von der Häresie und von den Irrlehren der Sekte derer, die man gemeinhin Beginen nennt

Ich, N., aus dem und dem Ort und der und der Diözese, ein Begine von dem sogenannten Orden der Armen Brüder bzw. der Büßenden oder von der dritten Regel des heiligen Franziskus, auf den ich mit rechtsverbindlicher Urkunde das Klostergelübde abgelegt habe, in Eurer Gegenwart, des Inquisitors N., vor Gericht gestellt, schwöre auf die vor mir liegenden hochheiligen Evangelien Gottes ganz und gar jeder Häresie einer jeden Sekte ab; besonders und ausdrücklich der Häresie und den Irrlehren und irrigen Ansichten, die ebenso schismatisch wie ketzerisch sind, von der Sekte derer, die gemeinhin Beginen genannt werden und die selber erklären und sagen, daß sie die Armen Brüder vom dritten Orden oder von der dritten Regel des heiligen Franziskus sind, sowie ihrer Anhänger. Sie erheben sich gegen den heiligen römischen und Apostolischen Stuhl und seinen Primat bzw. gegen die Macht des Papstes, des Stellvertreters des Herrn Jesus Christus bzw. gegen den Stand und die Macht der Prälaten und der Schlüssel der heiligen Kirche und gegen die vernünftige Lehre der Heiligen Schrift, welche die heilige römische Kirche bewahrt und verkündet.

Ich schwöre allem Glauben, der Begünstigung, Aufnahme, Verteidigung und Gemeinschaft der Ketzer jeder verurteilten Sekte ab, besonders und ausdrücklich der Sekte der besagten Beginen, die bei den oben ausgeführten Artikeln oder in irgendeinem Punkt davon irren, bei der Strafe, die von Rechts wegen bei denen fällig wird, die der Häresie vor Gericht abgeschworen haben und rückfällig wurden.

Ferner verspreche und schwöre ich, daß ich, so gut ich kann, Ketzer jeder verurteilten Sekte verfolge, entlarve, verrate und dafür sorge, daß sie verhaftet und den Inquisitoren übergeben werden, besonders die Beginen vom besagten dritten Orden und diejenigen, von denen ich weiß oder glaube, daß sie an den Irrlehren und irrigen Ansichten festhalten und daran glauben, die Anhänger, Gönner und diejenigen, die sie aufnehmen und schützen, diejenigen, die wegen der genannten Irrlehren flüchtig sind, und einen jeden dieser Genannten, wann und wo auch immer ich weiß oder höre, daß sie oder einer von ihnen sich befindet.

Ferner verspreche und schwöre ich, daß ich den katholischen Glauben behalte, bewahre und verteidige etc. – wie oben in der allgemeinen Formel der Abschwörung.

9. Wie Juden abschwören, die festgenommen wurden und gestanden, daß sie gegen den katholischen Glauben erheblich verstoßen haben

Ich, N., ein Jude, der Sohn des N., wohnhaft in dem und dem Ort in der und der Diözese, in Eurer Gegenwart, des Inquisitors N., vor Gericht gestellt, schwöre und verspreche auf das Gesetz des Moses, das vor mir liegt, das ich mit meiner Hand berührte und das ich küßte, daß ich in Zukunft keinen Christen zum Judentum bringen oder verleiten werde, auch nicht dazu, die Lebensweise der Juden einzuhalten, und daß ich niemanden, der konvertierte und getauft wurde, auf irgendeine Weise dazu verleiten oder bringen werde, wieder den jüdischen Glauben anzunehmen, zum Judentum zurückzukehren und dem Glauben der Taufe abtrünnig zu werden.

Ferner verspreche und schwöre ich auf dieses Gesetz, daß ich im übrigen keinen Christen, der wie ein Jude lebt und die Wahrheit des christlichen Glaubens leugnet, und keinen, der konvertierte und wieder ein Jude wurde bzw. zum Judentum zurückkehrte, aufnehmen bzw. in meinem eigenen Haus wissentlich aufnehmen werde und ihm und keinem von ihnen Rat, Hilfe oder eine Gefälligkeit erweisen werde, sondern sie den Inquisitoren entdecken und verraten werde, wenn ich weiß, daß sich irgendwo einer oder mehrere von ihnen befinden; und daß ich – so gut ich kann – dafür sorgen werde, daß sie festgenommen und den Inquisitoren übergeben werden.

Dies alles und jedes Einzelne verspreche ich bei der Strafe, die von Rechts wegen bei den Juden fällig wird, die in diesen genannten Punkten oder auch nur einem davon rückfällig werden oder rückfällig geworden sind.

Ferner verspreche und schwöre ich, daß ich so lebe und mich in acht nehme und mich völlig der Blasphemie gegen Jesus Christus, seine Mutter und den christlichen Glauben enthalte.

10. Form der Abschwörung jener, die sich von der Perfidie der Juden zum Glauben der Taufe bekehrten und zum Unflat des Judentums zurückkehrten

Ich, N., wohnhaft in dem und dem Ort und der und der Diözese, in Eurer Anwesenheit, des Inquisitors N., vor Gericht gestellt, schwöre auf die vor mir liegenden hochheiligen Evangelien Gottes jeder Häresie jeder verurteilten Sekte ab. Insbesondere schwöre ich ausdrücklich dem Ritus des perfiden Judentums ab, von dem ich mich schon längst abgewendet hatte und die Gnade der Taufe empfangen habe und zu dem ich später einmal aus eigener Schuld wieder zurückgekehrt war.

Ich schwöre allem Glauben, der Gemeinschaft, der Begünstigung, Aufnahme und Verteidigung von Ketzern jeder verurteilten Sekte ab, insbesondere und ausdrücklich im Falle derer, die vom Christenglauben abfielen, konvertierten bzw. als konvertierte Getaufte zum Ritus bzw. zum Unflat des Judentums zurückkehrten, bei der Strafe, die von Rechts wegen bei denen fällig wird, die vor Gericht der Häresie abschworen und rückfällig wurden.

Ferner verspreche und schwöre ich, daß ich – so gut ich kann – Ketzer jeder verurteilten Sekte verfolge, entlarve, verrate und dafür sorge, daß sie festgenommen und den Inquisitoren übergeben werden, besonders und ausdrücklich Christen, die abtrünnig wurden und zum Ritus der Juden konvertierten und als Getaufte zum Ritus und Unflat des Judentums zurückkehrten, auch ihre Anhänger, Gönner und diejenigen, die ihnen Aufnahme und Schutz gewähren, wann und wo auch immer ich weiß, daß sie sich aufhalten oder sich jemand von ihnen befindet.

Ferner verspreche und schwöre ich, daß ich den katholischen Glauben behalte, bewahre und verteidige etc. – wie oben in der allgemeinen Formel der Abschwörung.

11. Mögliche Form der Abschwörung vom Schisma der Griechen

Ich, N., Sohn des N., nach Nation und Herkunft ein Grieche, aus dem und dem Ort und der und der Diözese, in Anwesenheit von Euch, dem Bischof bzw. dem Inquisitor an Stelle und im Namen des hochheiligen Vaters und Herrn, des Papstes N., vor Gericht gestellt, schwöre ganz und gar dem Schisma und Ritus und den Irrlehren der Griechen ab, bei denen und mit denen ich bisher gelebt habe, inwieweit sie im Widerspruch zur heiligen römischen Kirche stehen, ferner jeder Häresie und Irrlehre, die sich gegen den Glauben an den Herrn Jesus Christus, den Glauben der heiligen katholischen Kirche und den Gehorsam gegenüber dieser heiligen römischen Kirche richtet.

Ich verspreche und schwöre bei den vier heiligen Evangelien Gottes, künftig im Gehorsam gegenüber der römischen Kirche zu leben, den katholischen Glauben und die Lehre, die diese heilige römische Kirche verkündet und bewahrt, festzuhalten und zu bewahren und darin zu leben und zu sterben.

Ich verspreche und schwöre, den Geboten dieser heiligen Kirche zu gehorchen, welcher zur Zeit der hochheilige Vater und Herr, Papst N., vorsteht, bei der Strafe, die von Rechts wegen bei denen fällig wird, die vor Gericht der Häresie abschworen und rückfällig wurden.

Ich bitte darum, daß ich mit der Einheit der Kirche wieder versöhnt werde und die Gnade des Freispruchs vom Urteil der Exkommunikation erhalte, das nach dem Kirchenrecht gegen die schismatischen Griechen gefällt wurde.

12. Form der Abschwörung vom unheilvollen Irrweg der Zauberei, der Weissagungen und Geisterbeschwörungen, insbesondere wo dieser gegenüber der Wahrheit und der Ehrfurcht vor dem Sakrament der Eucharistie, der Taufe oder anderer Sakramente nach Ketzerei riecht oder wo dieser bei der Geisterbeschwörung in Erscheinung tritt, wo ein Opfer dargebracht wird, ein Dämon geopfert wird oder etwas anderes geschieht, das eine erklärte Irrlehre gegenüber dem Glauben enthält.

Ich, N., aus dem und dem Ort und der und der Diözese, in Eurer Gegenwart, des Inquisitors N., vor Gericht gestellt, schwöre ganz und gar jeder Irrlehre und Häresie ab, die sich gegen den katholischen Glauben an den Herrn Jesus Christus richtet. Besonders und ausdrücklich schwöre ich jeder Taufe von Bildern oder eines anderen widersinnigen Gegenstandes und jeder Wiedertaufe von Menschen ab, die früher einmal im richtigen Ritus getauft worden waren.

Ferner jeder Form der Zauberei oder Übeltat, die mit dem heiligen Leib Christi, mit dem Chrisma oder dem heiligen und geweihten Öl geschah.

Ferner jeder Form von Weissagung oder Geisterbeschwörung, besonders im Zusammenhang mit der Anbetung oder Verehrung, die Geistern erwiesen wurde bzw. erwiesen werden sollte, mit der Huldigung, die ihnen erwiesen wurde oder erwiesen werden sollte, oder mit jeder Form von Opfer oder Opferung von irgend etwas, das diesen Geistern auf dem Weg des Opfers oder der Opferung dargebracht wird.

Ferner schwöre ich der Kunst und Technik ab, Bilder aus Blei oder aus Wachs oder aus irgendeinem anderen Material herzustellen, um irgendwelche unerlaubte Wirkungen damit zu erzielen.

Ferner schwöre ich der Kunst ab, welche man die Kunst des heiligen Georg nennt.

Ferner schwöre ich generell allen verurteilten schwarzen Künsten ab, besonders denen, die ausgeübt werden, um irgendwelche unerlaubten oder schädlichen Wirkungen zu erzielen.

Ferner verspreche und schwöre ich, daß ich – so gut ich kann – diejenigen verfolge, entlarve oder den Inquisitoren oder Prälaten verrate, wo und wann auch immer ich wüßte, daß jemand sich aufhält oder einige sich befinden und das tun, was oben erwähnt wurde oder irgend etwas davon.

Ferner schwöre und verspreche ich, daß ich den katholischen Glauben behalte und bewahre etc. – wie oben in der allgemeinen Formel der Abschwörung.

13. Anweisungen und Ratschläge, wie man mit Personen verfahren soll, die bei Gericht geständig waren, und auch mit denen, die bei Gericht, vorgeladen und verdächtig, die Wahrheit nicht gestehen wollen

Wenn jemand vor Gericht im Falle ketzerischer Vergehen – sowohl was ihn selbst als auch andere betrifft – die Wahrheit gestand, aller Häresie abschwor und mit der Einheit der Kirche wieder versöhnt wurde, und wenn er in überzeugender Weise als bußfertig erscheint und man weder seine Flucht noch sein Verderben oder einen Rückfall befürchtet und sonst nichts dagegen spricht, wird er nach Hinterlegung einer Bürgschaft bis zu dem Zeitpunkt freigelassen, an dem das Inquisitionstribunal („sermo") der Inquisitoren stattfindet, wo er mit anderen die Buße für seine Vergehen erhält.

Wenn aber jemand des Verbrechens der Häresie verdächtigt, angezeigt, denunziert oder angeklagt wurde, wird er vorgeladen und, wenn er nicht gestehen will, im Kerker festgehalten, bis die Wahrheit herauskommt. Man muß jedoch vorher die individuelle Situation der Person und auch die spezielle Gegebenheit des Verdachts und des Vergehens bedenken. Manchmal wird jedoch eine solche Person nach Hinterlegung einer Bürgschaft aus dem Gefängnis entlassen, besonders dann, wenn kein stichfester Beweis gegen sie erbracht wird oder sie nicht direkt, sondern von den nächsten Verwandten oder Nachbarn angeklagt wird oder die Verdachtsmomente nicht stark sind, bis zu einer anderen Zeit gegen diese Person etwas anderes überzeugender vorgebracht wird. Manchmal werden auch solche Personen anstelle der Kerkerhaft so festgehalten, daß sie jeden Tag bis zur Stunde des Frühstücks und nach dem Frühstück bis zur Stunde des Mittagessens an der Haustür des Herrn Inquisitors stehen müssen und sich ohne die Erlaubnis des Inquisitors nicht von seiner Haustür entfernen dürfen.

Man muß jedoch darauf hinweisen, daß früher bei dieser Form der Haft mehrere solcher Personen mehr Schaden als Nutzen brachten, besonders weil sich dort mehrere gleichzeitig aufhielten und weil sie sich gegenseitig informierten und verhärtet blieben, eine Erfahrung, die man erst später machte.

Wenn aber jemand, der aufgrund glaubhafter Indizien sehr verdächtig und wahrscheinlich schuldig war und der Inquisitor gut informiert war, diese Person aber sich hartnäckig weigert, ein Geständnis abzulegen, und sich aufs Leugnen versteift, wie ich es öfters in größerer Zahl gesehen habe, dann darf er keinesfalls freigelassen werden, sondern er muß viele Jahre lang eingesperrt bleiben, damit ihm diese Pein die nötige Einsicht eingibt. Oft habe ich auch bei einigen gesehen, daß sie unter dieser Pein und nach mehrjähriger Haft schließlich doch ein Geständnis ablegten, nicht nur über neue Vergehen, sondern auch über alte, längst vergangene, die 30, 40 und noch mehr Jahre zurücklagen.

14. Muster für den Fall, daß jemand nach seinem Geständnis auf Kaution freikommt

Im Namen des Herrn. Amen. Wissen sollen alle, die Einsicht in dieses vorliegende öffentliche Dokument nehmen werden, daß in dem und dem Jahr des Herrn an dem und dem Tag und dem und dem Ort N. aus dem und dem Ort und der und der Diözese aus dem Gefängnis geführt und zu dem Haus gebracht wurde, worin sich der Inquisitor in dieser Stadt aufhält. In Gegenwart des Gottesmannes N., des Inquisitors, vor Gericht gestellt, in meiner, des Schreibers, Gegenwart und der unten angeführten Zeugen versprach und schwor er, was sein Geständnis und die Ausführungen im Urteil zum Verbrechen der Häresie betrifft, so wie es in den Büchern und Akten des Inquisitionsprozesses steht, den Geboten der Kirche und der Inquisitoren unbedingten Gehorsam zu leisten und jede Buße zu akzeptieren und zu leisten, welche die Inquisitoren ihm auferlegen zu müssen glaubten. Ferner, zu dem Termin bzw. zu den Terminen vor den Inquisitoren zu erscheinen oder in den Kerker oder das Gefängnis dieser Inquisitoren zurückzukehren, wann und wie oft auch immer ein Inquisitor oder die Inquisitoren oder ein Teil von ihnen dies verlangt oder befiehlt. Ferner, weder selbst noch durch einen Mittelsmann ein Hindernis herbeizuführen, weswegen die Rechtssprechung des Inquisitors oder der Prozeß gegen diesen Ketzer oder gegen andere behindert oder auch nur verzögert werden könnte, und zu dem Ort oder zu den Orten zu kommen, wohin er durch die Inquisitoren gerufen wird. Ihm wurde streng befohlen, diese Provinz oder diese Diözese oder das Gebiet der Inquisition nicht zu verlassen und heimlich oder offen weder Rat noch Hilfe gegen die Tätigkeit und das Wirken des Inquisitors zu suchen, sondern ihn mit allen Kräften zu unterstützen.

N. versprach, er werde alle oben erwähnten rechtlichen Bestimmungen – jede einzelne – genau einhalten und erfüllen und in keinem Punkt dawider handeln. Darauf wurde ein Eid geleistet, abgesichert durch die Hypothek auf sein Vermögen und seine jetzigen und künftigen Güter, bei der Strafe von 300 Pfund der Währung von Tour, die er an den Inquisitor für seine Tätigkeit im Dienst der Inquisition zu zahlen hat, falls die Hypothek verfällt oder falls er die Vereinbarung in einem Punkt nicht erfüllt.

Er verzichtete in genauer Kenntnis der Sachlage auf jede Ausnahme und Verteidigung. Freiwillig unterstellte und unterwarf er sich bei den aufgeführten Punkten gänzlich dem Willen und der Anordnung des obenerwähnten Inquisitors und dessen Nachfolgern im Amt.

Es bürgten für ihn N. und N. aus dem und dem Ort bei derselben Strafe wie oben erwähnt. Sie verpfändeten sich mit ihrem derzeitigen und künftigen Vermögen, ein jeder von ihnen ganz und gar, und verzichteten ausdrücklich auf das Recht, das besagt, daß der Hauptangeklagte vor einem Bürgen vor Gericht geladen werden soll, und auf Rechte in der Schrift des göttlichen Hadrian und in dem Gesetz „Sancimus“ , siehe Kapitel „Die Bürgen“, und dem ganzen kanonischen und zivilen Recht, womit sie gegen alle oder einige der aufgeführten Bestimmungen vorgehen bzw. daraus einen Vorteil ziehen könnten.

Dies versprachen sie guten Glaubens und schworen freiwillig auf die heiligen vier Evangelien Gottes, daß sie dies erfüllen, beachten und in keinem Punkt dagegen angehen, weder selbst noch durch eine Mittelsperson.

Dies wurde erledigt an dem und dem Ort etc., in Gegenwart dieser Personen, die es bezeugen, die gerufen und dazu aufgefordert wurden, und meiner Gegenwart, des Schreibers der Inquisition, N. Ich habe dies geschrieben und in Verwahrung genommen.

15. Muster für den anderen Fall, daß jemand ohne Geständnis auf Kaution freikommt

Im Namen des Herrn. Amen. Wissen sollen alle, die in dieses vorliegende öffentliche Dokument Einsicht nehmen wollen, daß in dem und dem Jahr und an dem und dem Tag N. aus dem und dem Ort und der und der Diözese in Gegenwart des Inquisitors N., meiner, des Schreibers, Gegenwart und der Zeugen, die unten aufgeführt sind, vor Gericht gestellt, sein Versprechen leistete und sich mit seinem ganzen derzeitigen und künftigen Vermögen verpfändete.

Für ihn und mit ihm bürgten N. und N. in Anwesenheit des genannten Inquisitors und verbürgten sich mit ihrem ganzen derzeitigen und künftigen Vermögen, ein jeder von ihnen ganz und gar ohne Einschränkung bei bzw. unter der Strafe von 100 Pfund Silber, daß der oben genannte N. zu einem Termin oder zu Terminen und an den Ort und die Orte kommen wird, wann und wie oft auch immer er durch den Inquisitor oder seinen Nachfolger oder Stellvertreter des Inquisitors dazu durch einen Boten oder schriftlich aufgefordert und befohlen wird; ferner, daß er diese Diözese oder diese Provinz oder den Amtsbereich des Inquisitors ohne dessen ausdrückliche Erlaubnis nicht verlassen wird; daß er sich an die Aufforderung, vor den Inquisitoren zu erscheinen, halten wird und weder geheim noch offen einen Rat oder Hilfe gegen die Tätigkeit oder das Wirken des Inquisitors selber oder durch eine Mittelsperson in Anspruch nehmen, sondern ihn im Gegenteil mit allen Kräften unterstützen wird; und daß er den Inquisitoren Mitteilung machen oder dafür sorgen wird, daß Ketzer festgenommen und ihnen übergeben werden, auch ihre Anhänger und diejenigen, die sie begünstigen, aufnehmen und schützen, auch ihre Boten und diejenigen, die aus Gründen der Häresie flüchtig sind, wenn er wüßte oder hörte, daß sie oder jemand von ihnen sich an irgendeinem Ort aufhalten.

Der besagte N. und seine Bürgen versprachen und verbürgten sich vor dem Inquisitor, der im eigenen Namen und im Namen seiner

Nachfolger handelt, die obenerwähnte Geldsumme zu bezahlen. Sie verzichteten dabei ausdrücklich auf die Rechte in der Schrift des göttlichen Hadrian und in dem authentischen Gesetz „Presentes“ (Corpus iuris civilis 8,41), dem authentischen Gesetz „Duobus reis“ (Corpus iuris civilis 8,40) und dem Gesetz „Sancimus“ (Corpus iuris civilis 8,41,26) und allgemein dem ganzen kanonischen und zivilen Recht, womit sie sich in dieser Angelegenheit Vorteile verschaffen könnten.

Das versprachen sie guten Glaubens und schworen freiwillig auf die heiligen Evangelien Gottes, dies zu erfüllen und zu beachten und niemals selber oder durch eine Mittelsperson dagegen anzugehen.

Zeugen sind die folgenden Personen und ich, N., der Schreiber der Inquisition. Ich habe dies geschrieben und in Verwahrung genommen.

Anhang I: Die Sekte der Pseudo-Apostel

Über die Sekte derer, die sagen, sie gehörten zum Orden der Apostel, und behaupten, sie bewahrten das apostolische Leben und die evangelische Armut, wurde hier das Folgende niedergeschrieben, nämlich wann und wie die Sekte ihren Anfang nahm, wer ihre Gründer waren und was ihre Irrlehren sind, damit die jetzigen Menschen ebenso wie die künftigen Bescheid wissen.

1. Gerardo Segarelli, der Sektengründer der Pseudo-Apostel

Seit dem Jahr 1260 trat ein gewisser Gerardo Segarelli aus Parma in der Lombardei zum Unheil für ihn selbst und viele andere auf.

Dieser begründete unter dem Schein eines vollkommenen Lebens und geheuchelter Bußfertigkeit eine neue Lebensform, zog mit seinen verkehrten Ansichten und seinem Geschwätz ziemlich viele Schüler und Anhänger an sich und hielt geheime Zusammenkünfte mit ihnen ab. Allmählich verbreitete er heimlich sein verderbliches Gift, lehrte gegen den allgemeinen Zustand der heiligen römischen Kirche sowie der Prälaten, des gesamten Klerus und der Mönche, aller Orden und auch der Laien, wie das Folgende noch deutlicher zeigen wird.

Die neue Lehre vermittelte er seinen Zuhörern unter dem gemalten und geschminkten Bild der Heiligkeit, indem er erklärte, daß er den Weg der Apostel gehen und ihr Leben führen wolle und, wie es die Apostel selber taten, Buße predige und die Völker einen neuen Weg lehre, ohne zu merken, daß die alten Pfade sicherer und heilsamer sind. Daher nannte er seine Schüler und Anhänger Apostel und wollte auch, daß man sie so nenne, die wie die ersten Apostel unseres Herrn Jesus Christus unter niemands Gehorsam außer Gott gegenüber lebten. Er entschloß sich, diese unheilvolle Sekte nicht so sehr aufgrund seiner Autorität, die es ja nicht gab, sondern vielmehr mit großer Dreistigkeit „Orden der Apostel" zu nennen. Diese sollten wie arme Bettler in alle Welt gehen, von Almosen leben und überall den Völkern predigen: *Tut Buße, denn das Himmelreich ist nahe* (Mt 3,2) und manches andere dergleichen, das auf den ersten Blick den Zuhörern, besonders einfältigen, gut erschien. Er brachte ziemlich viele Irrlehren auf und vermittelte sie seinen Anhängern, jedoch nicht offen und öffentlich, sondern als verpflichtende Geheimlehre.

Von Anfang an trugen sie einen weißen Mantel, der am Hals durch die Albe ein wenig aufgebauscht war, eine weiße Albe und lange Haare – ich habe viele gesehen, die so aussahen – und irgendeinen Umhang. Manchmal trugen sie Sandalen, manchmal gingen sie barfuß, und sie unterschieden sich in ihrer Lebensweise und ihren Sitten von der normalen Lebensweise der Gläubigen. Sie heuchelten äußerlich ein vollkommenes apostolisches Leben durch ihr Erscheinungsbild, ihre Verhaltensweise und ihre Art der Verkündigung des Evangeliums vor den Zuhörern. Ihr Leben war aber in Wirklichkeit inwendig vergiftet und äußerlich in abscheulicher Weise schamlos, und ihre Lehre war bei den geheimen Zusammenkünften ebenso ketzerisch wie unsinnig.

So war von Anfang an unter diesem Mantel der Frömmigkeit ein Gift verborgen, zum großen Teil deshalb, weil es niemanden gab, der sich solchen Wölfen, die in Schafskleidern daherkamen, entgegenstellte. Einfältige begannen, deren falsches Bild von Heiligkeit zu ehren, sie zu begünstigen und mit Almosen zu unterstützen. So nahm ihre Zahl rasch zu. In ungefähr 20 Jahren entwickelten sie sich zum Schlechteren. Doch konnte so ihre unheilvolle Lehre nicht länger verborgen bleiben, sondern sie fand unter den Katholiken ein lautes Echo und wurde allmählich bekannt, und von einigen wurden sie der Ketzerei verdächtigt und angezeigt.

2. Die Verurteilung und Hinrichtung von Gerardo Segarelli

Als nach ungefähr 20 Jahren Papst Honorius III. üble Gerüchte über die Sekte, die sich selbst „Orden der Apostel" nannte, zu Ohren kamen, verurteilte er sie als kirchenfeindlich, und er verurteilte ebenso ihre Ordenstracht, so wie es in seinen apostolischen Schreiben steht, die er hierzu an alle Prälaten mit diesbezüglichem Inhalt verfügte. Ebenso wie Papst Honorius IV. hat auch Papst Nikolaus IV. um das Jahr 1290 im dritten Jahr seines Pontifikats allen Prälaten ähnliche Briefe zukommen lassen.

Nach diesen apostolischen Schreiben verwarf man allmählich diese gefährliche Sekte, und die Gläubigen mieden sie. Aber weil sie sich weit und breit in verschiedenen Ländern der Erde ausgebreitet hatte, konnte man sie zur Zeit des obenerwähnten Papstes Honorius IV. und Papstes Nikolaus IV. nicht völlig ausrotten, einerseits wegen der Begünstigung durch die einfachen Menschen, die sie für sich gewonnen hatte, andererseits wegen der Sorglosigkeit der Prälaten in dieser Angelegenheit. Und weil es keine Hand gab, welche die aufsprießenden Keime mit der Wurzel ausriß, stieg die Zahl der Söhne Belials (Dtn 13,14 für „nichtswürdiger Mensch"; Paulus nennt 2 Kor 6,15 so das personifizierte Böse im Gegensatz zu Christus) rasch an. Gerardo, ihr Kopf, Erzketzer und fanatischer Führer, war aber noch immer am Leben.

Da sich diese Irrlehre bzw. Häresie im Lauf der Zeit immer weiter ausbreitete, begannen die Inquisitoren mit Vollmacht vom Apostolischen Stuhl, in einigen Landesteilen Italiens nachzuforschen und gegen sie vorzugehen. Gerardo hielt sich jedoch noch bis zur Zeit von Papst Bonifaz VIII. und hatte noch mehr Schüler und Lehrer seiner Irrlehre. Schließlich wurde Gerardo etwa 40 Jahre seit seinem ersten Auftreten durch den Eifer und die Sorgfalt der Inquisitoren aus dem Dominikanerorden in der Lombardei beim Ketzern erwischt und als Ketzer verurteilt und verbrannt. Das war zur Zeit des obenerwähnten Papstes Bonifaz. Das Urteil gegen ihn wurde am 18. Juli des Jahres

1301 vom Inquisitor Bruder Matfredus von Parma aus dem Dominikanerorden im Palais des Bischofs von Parma gefällt. Es wurden auch viele von seiner Sekte festgenommen, von denen sich einige bekehrten, die Irrlehren dieser Sekte gestanden und ihr vor Gericht abschworen. Sie nahmen die Buße für das, was sie getan hatten, an. Andere aber wurden je nachdem, wie man ihre Verbrechen beurteilte, bestraft. Etliche flohen, und andere hielten sich versteckt, wieder andere begaben sich in andere Gegenden.

3. Dolcino, der Nachfolger des Erzketzers Gerardo

Nach der Beseitigung und Verbrennung des Erzketzers Gerardo folgte ihm im Lehramt der Irrlehre und des verkehrten Glaubens Dolcino aus der Diözese Novara nach. Er war der uneheliche Sohn eines Priesters, einer der Schüler des obenerwähnten Gerardo, und er wurde der Kopf und der Bannerträger dieser ganzen Sekte und Gemeinschaft, die nicht, wie ihre Mitglieder fälschlich sagten, apostolisch, sondern in Wahrheit abtrünnig war. Er reihte Irrlehre an Irrlehre und verschlimmerte sie, wie es weiter unten, wo diese Irrlehren auszugsweise gesammelt sind, noch deutlicher werden wird, damit sie durch ihre Enthüllung von den Gläubigen besser vermieden werden können.

Dolcino vereinte in seiner ketzerischen Sekte besonders in einigen Landesteilen Italiens, der Toskana und anderen benachbarten Gebieten weit und breit viele tausend Menschen beiderlei Geschlechts. Ihnen überlieferte er die unheilvolle Lehre mit einem Geist, der weniger prophetisch als vielmehr fanatisch und wahnsinnig war; er sagte viele künftige Dinge voraus und behauptete bzw. log, er habe eine Offenbarung von Gott und den Geist prophetischen Wissens. In allen diesen Punkten wurde er – zusammen mit seiner Margarita, einer Verbrecherin und Ketzerin, die an seinem Verbrechen und seiner Ketzerei beteiligt war, als falsch, verlogen und als betrogener Betrüger befunden, wie das Folgende noch besser zeigen wird.

Dolcino schrieb drei Briefe, die er allgemein an alle Christgläubigen und insbesondere an seine Anhänger richtete. In diesen Briefen faselte er wortreich über die Heilige Schrift und tat am Anfang seiner Briefe so, als ob er am Glauben der römischen Kirche festhielte. Diese Briefserie offenbart schlüssig seine Perfidie. Aus dem Inhalt zweier Briefe, die ich zur Verfügung hatte, exzerpierte ich kurz das Folgende und ließ der Kürze wegen alles andere weg, das meiner Meinung nach überhaupt nicht zur Sache gehört.

4. Der erste Brief von Dolcino

Der erste der Briefe wurde im Monat August des Jahres 1300 geschrieben und versandt, worin Dolcino selbst am Anfang behauptet, seine Gemeinschaft sei eine geistliche und eine besondere in der besonderen apostolischen Lebensweise und sie habe einen besonderen Namen. Sie sei mit besonderer Armut verbunden und sie sei außerhalb der Gemeinschaft niemandem zum Gehorsam verpflichtet, sondern nur intern.

Diese Gemeinschaft, versichert er, sei in diesen letzten Tagen von Gott für das Heil der Seelen in besonderer Weise gesandt und auserwählt, und der Führer dieser Gemeinschaft sei natürlich er selbst, den man Bruder Dolcino nennt. Er sei von Gott in besonderer Weise gesandt und ausgewählt aufgrund der Offenbarungen, die ihm über die Gegenwart und die Zukunft gemacht wurden und die, wie er versichert, in nächster Zeit sich an Guten und Bösen erfüllen würden, damit die Prophezeiungen und das Verständnis der Schriften des Neuen und des Alten Testaments in dieser Endzeit erschlossen würden.

Ferner behauptet er, seine Gegner und Diener des Teufels seien die weltlichen Priester zusammen mit vielen aus dem Volk, die Machthaber und Herrscher und alle Mönche, besonders die Dominikaner und

Franziskaner, aber auch die anderen, die Dolcino selbst und seine Anhänger verfolgen, weil sie an dieser Sekte, die sie selber eine geistliche und apostolische Gemeinschaft nennen, festhielten. Aus diesem Grund, sagt Dolcino, sei er auf der Flucht und verberge sich vor dem Antlitz seiner Verfolger, wie es seine Vorgänger dieser Gemeinschaft taten, bis zu der im voraus bestimmten Zeit, in der er selbst und seine Anhänger, wie er sagt, öffentlich auftreten und allen Menschen öffentlich predigen werden, wenn ihre Gegner ausgerottet sind.

Ferner sagt er, daß alle seine Verfolger, die mit den Prälaten der Kirche oben genannt wurden, in Kürze getötet und beseitigt werden müßten und diejenigen, die von ihnen übrig seien, sich zu ihrer Sekte bekehren und sich mit ihr vereinigen würden. Dann hätten er selbst und seine Anhänger die absolute Vormacht.

Ferner trifft er folgende Unterscheidung: Es habe vier Phasen von vier Heiligen mit besonderer Lebensform gegeben. Zur ersten gehörten die Väter des Alten Testaments bzw. die Patriarchen und Propheten und die anderen gerechten Männer bis zur Ankunft Christi. An dieser Phase lobt er, daß die Ehe wegen der Vermehrung der Menschheit gut gewesen sei. Und weil am Ende die späteren Menschen vom geistlichen und guten Zustand der früheren abwichen, kam daher Christus mit seinen Aposteln und Jüngern und denen, die ihm nachfolgten, um deren kranken Zustand zu heilen.

Die zweite Phase der Heiligen mit einer anderen besonderen Lebensform verkörperten diejenigen, die wie eine vollkommene Medizin gegen die Krankheit des früheren Volkes waren und den wahren Glauben durch Wunder, die Demut, die Geduld, die Armut, die Keuschheit und andere gute Beispiele ihrer Lebensweise gegenüber all dem zeigten, von dem sich jene abgewandt hatten, die zur ersten Phase gehörten. In dieser zweiten Phase war die Jungfräulichkeit und Keuschheit besser als die Ehe, ebenso die Armut besser als der Reichtum und ein Leben ohne Eigentum besser als der Besitz irdischer Güter. Diese Phase dauerte bis zur Zeit des heiligen Papstes Silvester und des Kaisers Konstantin. Dann hatten sich die späteren Menschen bereits von der Vollkommenheit der früheren entfernt.

Die dritte Phase begann mit dem heiligen Silvester zur Zeit des Kaisers Konstantin, in der die Heiden und andere begannen, sich allgemein mehr und mehr dem Glauben an Christus zuzuwenden. Während sie sich also bekehrten und in der Liebe zu Gott und dem Nächsten nicht erkalteten, war für den heiligen Papst Silvester und seine Nachfolger die apostolische Armut besser als irdische Güter und Reichtum zu gewinnen und zu besitzen, und es war besser, ein Volk zu regieren als es nicht zu regieren, um es so zu erhalten und zu bewahren. Aber als die Völker begannen, in der Liebe zu Gott und zum Nächsten zu erkalten und sich von der Lebensform des heiligen Silvester abzuwenden, da war die Lebensform des heiligen Benedikt besser als sonst eine, weil er in irdischen Belangen strenger und von der weltlichen Herrschaft eher getrennt war. Und doch war nach seinen Worten die Lebensform der damaligen guten Geistlichen so gut wie die der Mönche, nur daß die guten Geistlichen entsprechend ihrer größeren Anzahl weniger wurden und die Zahl der Mönche sich vervielfachte. Als die Geistlichen und Mönche sozusagen in der Liebe zu Gott und zum Nächsten ganz erkaltet waren und sich vom früheren Zustand entfernt hatten, da war die Lebensform des heiligen Franziskus und des heiligen Dominikus besser, da sie im Hinblick auf den Besitz irdischer Güter und die weltliche Herrschaft strenger war als die Lebensform des heiligen Benedikt und der Mönche.

Und weil gerade die Zeit ist, in der alle Prälaten, Geistlichen und Mönche in der Liebe zu Gott und zum Nächsten erkaltet sind und sich vom Zustand ihrer Vorgänger entfernt haben, war es und ist es besser, die besondere apostolische Lebensform zu erneuern, als an irgendeiner anderen Lebensform festzuhalten. Diese apostolische Lebensform sei, wie er behauptet, in den gegenwärtigen Tagen von Gott gesandt worden. Diese apostolische Lebensform griff Bruder Gerardo Segarelli aus Parma auf, der von Gott sehr geliebt wird, und sie wird bis zum Ende der Welt dauern und bleiben und Früchte bringen bis zum Tag des Gerichts.

Das ist die vierte und letzte Phase in der besonderen apostolischen Lebensform, und sie unterscheidet sich von der Lebensform des heiligen Franziskus und des heiligen Dominikus, weil sie in ihrem Leben viele Häuser hatten und sie dorthin ihr Erbetteltes brachten. Aber wir, sagt Dolcino, haben keine Häuser und müssen auch nicht Erbetteltes tragen. Deshalb ist unsere Lebensform größer, und sie ist die entscheidende Medizin für alle.

Ferner sagt er, daß die Kirche von Christus an bis zum Ende der Welt vier Veränderungen mitmachen muß. Bei der ersten mußte sie so sein, wie sie auch war: gut, jungfräulich und keusch, und sie erlitt Verfolgungen; und dies dauerte bis zum heiligen Papst Silvester und Kaiser Konstantin. Bei der zweiten mußte sie so sein, wie sie auch war: reich und angesehen, wobei sie gut und keusch blieb; und dies dauerte, solange die Geistlichen, die Mönche und alle Gläubigen in ihrer Lebensform den Beispielen der Heiligen folgten, nämlich Silvester, Benedikt, Dominikus und Franziskus. In der dritten mußte sie so sein, wie sie wirklich ist: böse, reich und angesehen. Und das ist, wie Dolcino sagt, gerade zu der Zeit, in der er dies alles schrieb; und sie wird dauern, bis diese Geistlichen, Mönche und alle Gläubigen durch einen sehr grausamen Tod vertilgt sind, was, wie er im Folgenden dieses Briefes behauptet, bald sein werde, nämlich binnen drei Jahren seit der Zeit, in der er dies schrieb. In der vierten Phase mußte die Kirche so sein, wie sie auch begann: gut und arm, und sie litt Verfolgungen und wurde in der besonderen apostolischen Lebensform erneuert. Diese vierte Veränderung wurde eingeleitet durch Bruder Gerardo aus Parma, von dem er sagt, er sei von Gott sehr geliebt; und sie wird vollkommen bleiben und Früchte bringen bis zum Ende der Welt.

Um diese vier beschriebenen Phasen zu bestätigen, führt er die Worte des Propheten Jesaja am Ende des Buches an, wo geschrieben steht: *Lobe, Unfruchtbare, die du nicht gebärst* etc. bis zu der Stelle: *Es gibt keinen Frieden für die Gottlosen, sagt der Herr* (Jes 54–57). Und er behauptet, daß er das auch glaube und daran festhalte.

Ferner sagt er, daß die Verfolger des Dolcino und seiner Anhänger Bruder Gerardo aus Parma töteten, der diese ganz neue reformierte Lebensform begründete, und daß sie den anderen Führer, nämlich ihn selbst, Dolcino, mit seinen Anhängern verfolgen. Er wurde von Gott mit dem Verständnis, die Prophezeiungen zu deuten, zu dieser Gemeinschaft gesandt. In vielen Punkten rechtfertigt er sich und seine Anhänger überzeugend und verurteilt alle anderen.

Ferner behauptet er: Wenn er die Zukunft vorhersagt und wenn das nicht eintrifft, was er vorhersagt und was ihm nach seiner Behauptung von Gott geoffenbart wurde, gelten er selbst und seine Anhänger als Lügner und die anderen, die ihn und die anderen verfolgen, dagegen als wahrhaft.

Ferner stellt er ungefähr von der Mitte des Briefes an bis zum Ende bezüglich der Zukunft das dar, was in nächster Zeit kommen und sich binnen drei Jahren erfüllen wird. So sagt er, daß alle Prälaten der Kirche und die übrigen Geistlichen von der überwiegenden Mehrheit bis zur Minderheit und alle Mönche, Nonnen und gottesfürchtigen Männer und Frauen und alle Brüder und Schwestern vom Orden der Dominikaner, Franziskaner und Eremiten, die sich nach seinen Worten bereits von der Lebensform ihrer Vorgänger abgewendet haben und die dritte Veränderung der Kirche darstellen, die weiter oben beschrieben wurde und über die er dort sehr viel Böses hinzufügt, und Papst Bonifaz VIII., der damals in Rom auf dem Apostolischen Stuhl saß und über den er dort desgleichen sehr viel Böses hinzufügt, indem er entsprechend seinem verkehrten Verständnis vieles aus den Schriften der Propheten und des Alten und des Neuen Testaments zum Obigen anführt und interpretiert, daß alle, ich betone, alle oben genannten Personen vom geoffenbarten Herrscher durch das göttliche Schwert ausgerottet werden und vom geoffenbarten Herrscher durch die neu eingesetzten Könige auf der ganzen Erde getötet und vernichtet werden.

Er führt aus und behauptet, der geoffenbarte Herrscher sei Friedrich, König von Sizilien, der Sohn von Peter (II.), dem König von Aragonien. Dieser Friedrich soll der Herrscher der Offenbarung sein, neue Könige einsetzen und gegen Papst Bonifaz kämpfen und ihn mitsamt den anderen töten, die getötet werden sollen. Um diese Aussagen zu bestätigen, führt er viele Stellen aus den Schriften des Alten und Neuen Testaments an, wobei er sie – da nur gefühlsmäßig – falsch versteht und dementsprechend interpretiert und erklärt.

Er sagt, daß dann alle Christen in Frieden leben werden und daß es dann einen heiligen Papst geben werde, der auf wunderbare Weise von Gott gesandt und nicht von den Kardinälen gewählt wird, denn dann werden alle Kardinäle mit den anderen getötet sein. Unter diesem Papst werden jene sein, die wie er apostolisch sind, auch die anderen Geistlichen und Mönche, die sich mit diesen vereinigen. Diese werden mit göttlicher Hilfe vom obenerwähnten Schwert verschont sein. Dann werden sie die Gnade des Heiligen Geistes empfangen, wie sie die Apostel in der Urkirche empfingen, und sie werden von da an Frucht bringen bis zum Ende der Welt.

Der zitierte Friedrich, König von Sizilien und Sohn des Königs Peter von Aragonien, ist der Herrscher der Offenbarung, und der heilige Papst nach der Ermordung des Bonifaz durch den Herrscher und die durch den Herrscher der Offenbarung eingesetzten Könige werden bleiben bis zum Antichrist, der dann auftreten und herrschen wird. Um diese Aussagen zu bestätigen, führt er viele Stellen aus den Schriften sowohl der Propheten als auch des Alten und Neuen Testaments an, wobei er entsprechend seinem Textverständnis, das mit der Wahrheit und der übereinstimmenden Erklärung durch die Heiligen und Lehrer unvereinbar ist, interpretiert und Zusätze macht.

Er fügt an, daß Bruder Gerardo aus Parma, der getötet wurde, der Begründer dieser ganz neuen Gemeinschaft war, die er die apostolische nennt, und Bruder Dolcino aus der Diözese von Novara der zweite Führer dieser Gemeinschaft ist, die bis zum Ende der Welt Bestand haben und Früchte bringen wird. Um diese Aussagen zu bestätigen, führt er Prophezeiungen und Schriften des Alten und Neuen Testaments an, wobei er sie des öfteren entsprechend seinem falschen Textverständnis interpretiert.

Ferner deutet er gegen Ende seines Briefes die sieben ersten Engel, über die in der Apokalypse geschrieben wurde, als seine Kirchen, indem er sagt, daß der Engel von Ephesus (Apk 2,1) der heilige Benedikt war und die Gemeinschaft der Mönche seine Kirche. Ferner war der Engel von Pergamon (Apk 2,12) der heilige Papst Silvester und die Geistlichen seine Kirche. Ferner war der Engel von Sardes (Apk 3,1) der heilige Franziskus und die Franziskanerbrüder seine Kirche. Ferner war der Engel von Laodikien (Apk 3,14) der heilige Dominikus und die Predigerbrüder seine Kirche. Ferner war der Engel von Smyrna (Apk 2,8) Bruder Gerardo von Parma, der, wie oben erwähnt, von grundschlechten Menschen getötet wurde. Ferner ist der Engel von Tyatir (Apk 2,18) Bruder Dolcino selbst aus der Diözese Novara. Ferner wird der Engel von Philadelphia (Apk 3,7) der obenerwähnte heilige Papst sein. Diese drei letzten Kirchen sind die apostolische Gemeinschaft, die in den letzten Tagen ausgesandt ist.

Wie er hinzufügt, ist dies mit den drei Gütern und drei Ämtern seiner Führer in den drei Kirchen gemeint: mit dem ersten Gut beginnt das Amt des ersten Leiters und wird erweitert. Mit dem zweiten Gut wird das Amt des zweiten Führers erhöht, erneuert und erweitert. Und mit dem dritten wird das Amt des dritten Führers auf die ganze Welt ausgedehnt. Und die Verkündigung wird ihre Früchte bringen. Friedrich, der Herrscher der Offenbarung, wird über die ganze Welt mehr als je ein Herrscher vor ihm regieren und herrschen, und er wird bleiben bis zur Zeit des Antichrist. Wann dieser Antichrist kommen wird, behauptet er, erkenne er klar.

Dies alles ist aus dem ersten Brief des genannten Dolcino exzerpiert. Es wurde von ihm im Monat August des Jahres 1300 ausgedacht und zusammengestellt, wie am Ende des Briefes geschrieben steht.

5. Der zweite Brief Dolcinos

Aus dem zweiten Brief Dolcinos, der im Monat Dezember des Jahres 1303 verfaßt und versandt wurde, wurde das Folgende exzerpiert. Zuerst nennt er sich selbst Bruder Dolcino aus Novara, den Führer aller Mitglieder dieser apostolischen Gemeinschaft. Ferner die vor den anderen von ihm am meisten geliebte Schwester Margarita und seine Schüler, nämlich Bruder Longinus von Bergamo, Bruder Friedrich von Novara, Bruder Albert aus Tarent und Bruder Valdericus aus Brescia. Sie und viele andere Männer und Frauen, mehr als 100, die den Genannten sehr ähnlich sind, und eine weitere große Zahl von Brüdern und Schwestern derselben Vereinigung in Italien, mehr als 4000, alle ohne Verpflichtung zum Gehorsam außerhalb der Gemeinschaft, sondern nur innerhalb der Gemeinschaft dazu verpflichtet und geeint: *Alle seien gegrüßt, zu denen dieser Brief gelangt.*

Dann fügt er gleich danach hinzu, daß er kurz von den Neuigkeiten berichtet, die eingetreten sind und noch eintreten sollen, vor allem mit den Worten, daß in diesen unseren Tagen, nämlich in dem Jahr, in dem er diesen Brief schrieb bzw. schickte, im Jahr 1303, vier Päpste beschrieben wurden, zwei gute, nämlich der erste und letzte, und zwei schlechte, nämlich der zweite und dritte.

Als ersten Papst deutet und nennt er Celestin (V.), der dem Papsttum entsagte. Über ihn deutet er die Prophezeiung des Jesaja, in der gesagt wird: *Die Last des verlassenen Meeres* (Jes 21,1) wo es sich handelt um die Himmelfahrt des Esels (Jes 21,7) und beim Propheten Obadja (Obd 1,10) vom Bruder Jakob und in der Apokalypse (Apk 2,12,13) vom Engel Pergamons und vom Diener Antipas.

Als zweiten Papst deutet und nennt er Bonifaz VIII., der Celestin nachfolgte. In dem Jahr, in dem dieser Brief Dolcinos geschrieben wurde, war Bonifaz im Monat September gefangengenommen worden, und er starb im folgenden Monat Oktober. Dazu erklärt er, was beim Propheten Jesaja über *die Himmelfahrt des Kamels* (Jes 21,7) und den Plan eines Tempels geschrieben steht – er ließ sich dieses

Denkmal auf einem Felsen mit einem Bild, als ob er lebendig wäre, errichten – und beim Propheten Obadja (Obd 1,1) über den Boten Esau und beim Propheten Zacharias sozusagen in der Mitte des Buches über den törichten Hirten, der einen Arm und ein rechtes Auge hatte. Er deutet es so, sein Arm und Auge seien Karl der Erste, der König von Sizilien, und Karl der Zweite, der Sohn dieses Königs, die für den Papst gegen Friedrich kämpften.

Als dritten Papst nennt er den Nachfolger des Bonifaz, den er nicht mit seinem eigenen Namen nennt, sondern über den er ausführt, was beim Propheten Jeremias über den Boten Esau und danach über das große Babylon gesagt wird, wo es heißt: *Siehe, wie ein Löwe wird er sich über den Hochmut Jordans erheben* (Jer 49,19) etc., und darunter: *Wer wird erwählt sein*, zuerst nach dem Tode des Bonifaz erneut etc., was folgt. Er interpretiert, der Löwe sei Friedrich, der König von Sizilien, von dem er sagt, er werde im nächsten Jahr, also 1304, über den boshaften neuen Papst und über die Kardinäle kommen, um die ganze römische böse Kurie zu vernichten, die er endgültig vernichten wird. Über diesen Papst sagt er auch, was beim Propheten (Ezechiel) gesagt wird: *Das Ende kommt, es kommt das Ende über die vier Erdteile* etc. (Ez 7,2).

Den vierten Papst nennt er aber nicht bei seinem Namen. Von ihm behauptet er, er sei heilig, und er sagt von ihm, was beim Propheten Jesaja (Jes 22,23 und 25) vom verbrannten Pflock und was bei Obadja am Ende gesagt wird: *Auf dem Berge Zion wird das Heil sein* (Obd 17), in der Kirche wird es einen heiligen Papst geben, der dann herrschen wird; und beim Propheten Ezechiel (Ez 34,2) wird gegen Ende des Buches von den Hirten Israels gesprochen, die sich selbst weideten etc.; dort wird von den Bergen Israels gesagt, welch große Drangsale sie für Gott leiden müssen, und er deutet die Berge und sagt, sie seien er selbst und seine Anhänger. Er selbst wird der vierte heilige Papst sein, von dem in der Apokalypse über den Engel von Philadelphia die Rede ist. Er wird nicht von Kardinälen gewählt werden, weil die Kardinäle mit dem dritten Papst, ihrem neuen Oberhaupt, von Friedrich vernichtet sein werden, sondern er wird von Gott erwählt werden, wenn Friedrich herrscht und regiert.

Dann werden Dolcino selbst und seine Anhänger der apostolischen Gemeinschaft überall befreit sein, und alle Geistlichen, die in allen anderen Orden sind, werden dann mit dieser apostolischen Gemeinschaft vereinigt werden und die Gnade des Heiligen Geistes empfangen. So wird die Kirche erneuert werden. Und dann werden sie, wenn die Bösen vernichtet sind, bis zum Ende der Welt herrschen und Früchte bringen. Und wegen der *drei Söldnerjahre*, von denen beim Propheten Jesaja gesprochen wird (Jes 16,14), müssen jene Schlechten und Bösen, von denen er vorher sprach, vernichtet werden.

Diese Jahre müssen so verstanden werden: Das erste der drei Jahre war 1303, in dem eine Heimsuchung über den König von Anjou und Papst Bonifaz kam. Das zweite Jahr ist 1304, in dem eine Heimsuchung über die Kardinäle mit ihrem neuen Oberhaupt eintreten wird. Das dritte Jahr von den dreien ist 1305, in dem überall ringsum eine Heimsuchung über alle Geistlichen, Mönche, Nonnen und die übrigen Ordensmitglieder, die Franziskaner- und Dominikanerbrüder und Eremiten, kommen wird, die bis dahin noch schlechter werden. Das alles wird durch Friedrich, den Kaiser der Römer, in zwei Jahren geschehen, nämlich 1304 und 1305.

Dolcino behauptet, er habe von Gott eine absolut zuverlässige Offenbarung, daß seine Worte so eintreffen werden. Er sagt, bis zu dieser Zeit halte er sich wegen der Verfolgung seiner Person und seiner Anhänger verborgen. Aber dann werden sie öffentlich auftreten und öffentlich in Erscheinung treten.

Hier endet das Exzerpt aus den Briefen bzw. Schriften Dolcinos.

In den Briefen Dolcinos steht dies und noch vieles andere, das weniger ungereimt und phantastisch, sondern vielmehr irrig und unvernünftig ist. Hier habe ich die Exzerpte niedergeschrieben, damit den jetzt und in Zukunft lebenden Menschen ihre Falschheit, ihr Irrtum und ihre Unvernünftigkeit deutlich ist, so wie es bereits die Erfahrung in der Vergangenheit erhellt hat. Denn seit dem Jahr, in dem ich dieses geschrieben habe, nämlich am 1. Mai des Jahres 1316, sind bereits zehn Jahre vergangen, daß die Zeiten, von denen er gesprochen hatte, vorübergegangen sind. Und das, was er als künftige Ereignisse darin vorhergesagt hatte, ist keineswegs eingetroffen. Die Auslegung, Deutung und Ergänzung der heiligen Schriften, die er selbst in seinen Briefen vornahm, sind ganz falsch, unvernünftig und völlig unvereinbar mit der wahren, übereinstimmenden Meinung und Auslegung der Heiligen und der Lehrer der Kirche. So hat der besagte Dolcino, nicht so sehr als ein falscher Prophet (freilich nicht Gottes, sondern des Teufels!) als vielmehr als ein betörter Erzketzer viele andere betört und als ein Lehrmeister der Irrlehre Irrlehren und Irrtümer gelehrt.

6. Die Irrlehren des Dolcino, des Gerardo und ihrer Anhänger

Nun sollen also seine Irrlehren, die seines Lehrers Gerardo und die seiner Anhänger systematisch betrachtet werden, damit den Katholiken die Irrlehren, die jene selbst verheimlichen, bekannt sind, auf daß man sie, wenn sie entdeckt und erkannt sind, mit größerer Vorsicht meide und diese Gemeinschaft, die gewiß nicht apostolisch, sondern in Wahrheit abtrünnig und ketzerisch ist, überall, wo Gläubige leben, ganz und gar ausgerottet werde.

Dolcino lehrte unter anderem nachdrücklich, er habe den Geist der Weissagung; es sei ihm von Gott geoffenbart worden, daß im Jahre 1305 Friedrich, der König von Sizilien, der Sohn des einstmaligen Königs Peter von Aragón, Kaiser werde und dann zehn Jahre lang in Italien herrsche, daß er den Papst, alle Kardinäle, alle Prälaten und alle Gläubigen außer denen töte, die sich in den Schoß der Sekte des Dolcino und seiner Anhänger flüchteten. Dann werde Dolcino auf den Thron des heiligen Petrus gesetzt werden, und er selbst werde mit seinen Anhängern beginnen, in der Kirche zu herrschen. Daß dies völlig falsch ist, ist und war klar!

Ferner, daß nur er selbst, Dolcino, und seine Anhänger und sonst niemand den Heiligen Geist hätten, – aber ohne daß er ihnen zunächst Stärke verlieh! Daher predigten sie damals im geheimen, nachts und mit Furcht. Aber in dem Jahr, in dem Friedrich Kaiser werde, da wollten sie selbst eine so große Fülle des Heiligen Geistes im Hinblick auf ihre Stärke empfangen wie die ersten Apostel am Pfingsttag. Da legten sie alle Furcht ab und predigten in aller Welt mehr in der Öffentlichkeit, um die Völker zu ihrer Sekte, Lebensweise und apostolischen Gemeinschaft zu bekehren, da außerhalb von ihr einmal niemand gerettet werden könne.

Ferner lehrte Dolcino, daß die Kirche vier Entwicklungsstufen hat bzw. hatte. Die erste war gut und demütig, arm und der Verfolgung ausgesetzt. Diese Stufe war die Zeit Christi und der Apostel. Die zweite war gut, keusch, ehrbar und reich; das war die Zeit des heiligen Silvester. Die dritte war und ist reich, habgierig, unzüchtig, auf Ehre bedacht und stolz; diese Stufe dauerte bzw. dauert noch an. Die vierte ist wie die erste. Sie begann mit Gerardo Segarelli aus Parma, der erst vor einiger Zeit von Gott gesandt wurde und als erster seit den Aposteln ein Leben apostolischer Vollkommenheit begann. 40 Jahre vergingen, bis Dolcino ungefähr im Jahre 1300 Obiges lehrte und schrieb. Dieses apostolische Leben behalten Dolcino und seine Anhänger nach ihren Worten bei.

Ferner hatte Dolcino eine Geliebte namens Margarita bei sich, von der er behauptete, er betrachte sie keusch und ehrbar wie eine Schwester in Christus. Weil man aber bemerkte, daß sie schwanger sei, behaupten er und seine Anhänger, sie sei schwanger vom Heiligen Geist.

Ferner hatten auch die Schüler und Anhänger des Dolcino, die behaupteten, Apostel zu sein, Geliebte bei sich, wie man des öfteren erfuhr. Diese nannten sie Schwestern in Christus. Mit ihnen lagen sie im Bett, behaupteten aber auf lügnerische, heuchlerische Weise, sie würden von keinerlei fleischlichen Versuchungen heimgesucht.

Ferner ist anzumerken, daß Dolcino der uneheliche Sohn eines Priesters war.

7. Die Verurteilung und Hinrichtung Dolcinos

Papst Clemens V. befahl, gegen den Ketzer Dolcino und seine Anhänger vorzugehen, wie aus seinen apostolischen Schreiben hervorgeht, die er den Inquisitoren, dem Erzbischof von Mailand und seinen Bischöfen im Gebiet der Lombardei schickte.

Es gab daher in apostolischem Auftrag gegen den Dolcino einen Kreuzzug, der mit einem von der Kanzel verkündeten Ablaß verbunden war. Die Inquisitoren setzten mehrmals ein Heer gegen ihn in Bewegung, konnten aber nicht die Oberhand gewinnen, weil sich im Gebiet der Lombardei die Zahl derer vervielfacht hatte, die ihm folgten, an ihn glaubten, ihn aufnahmen, unterstützten und verteidigten.

Aber später sammelten endlich die Inquisitoren aus dem Dominikanerorden in der Lombardei zusammen mit dem Bischof von Vercelli ein großes Heer gegen den Erzketzer Dolcino, nachdem zum Kreuzzug bei vollkommenem Ablaß gepredigt worden war, und zwar weniger, weil er alte Irrlehren wieder aufgriff, sondern neue, schlimme Lehren aufbrachte, viele damit angesteckt, viele verführt und sehr viele Schüler und Anhänger hatte. Er hielt sich mit seinen Leuten in der Gebirgsgegend von Novara auf.

Da geschah es, daß wegen starken Frostwetters viele von denen, die sich in diesen Bergen aufhielten, vor Hunger und Kälte ihre Kräfte verloren und in ihren Irrlehren ums Leben kamen. Also stiegen rechtgläubige Soldaten aus dem Heer auf und nahmen dort Dolcino und mit ihm ungefähr 140 Personen gefangen. Man fand über 400, die an Hunger und Kälte gestorben waren, zusammen mit denen, die durch das Schwert getötet worden waren. Zusammen mit Dolcino wurde auch Margarita gefangengenommen, die weniger eine Verbrecherin als vielmehr eine Ketzerin war; sie hatte an seiner verbrecherischen Irrlehre ihren Anteil. Diese Gefangennahme erfolgte in der Karwoche am Gründonnerstag des Jahres 1308. Ihre fällige gerechte Hinrichtung wurde durch das weltliche Gericht vorgenommen. Margarita wurde vor den Augen Dolcinos Glied für Glied zerstückelt. Dann wurde auch Dolcino Glied für Glied zerteilt. Alle Gebeine und Glieder der beiden wurden zusammen mit einigen anderen ihrer Komplizen verbrannt, so wie es ihre Verbrechen verdienten.

8. Die Sekte der Pseudo-Apostel nach Dolcinos Tod

Die Irrlehre des Dolcino wurde jedoch durch seinen Tod nicht restlos beseitigt. Daher gingen in einigen Landesteilen Italiens, der Toskana und anderswo Inquisitoren gegen alle Schüler und Anhänger der Sekte des Gerardo und Dolcino als Ketzer vor, spürten sie auf, verfolgten sie, nahmen sie gefangen, sperrten sie ins Gefängnis und bestraften sie gemäß den kanonischen und sonst vom Recht vorgesehenen Bestimmungen.

Es gab nach dem Tod Dolcinos von jener ketzerischen Sekte viele Personen beiderlei Geschlechts, die sich zur Einheit des katholischen Glaubens bekehrten, ihre Irrtümer nachträglich erkannten und eingestanden und dieser Sekte und Häresie vor Gericht abschworen. Und wenn sie versprachen, den Geboten der Inquisitoren und der Kirche schlicht zu gehorchen, taten sie je nach dem Ausmaß ihrer Schuld öffentlich Buße.

Viele andere aber, die sich nicht bekehren wollten, überließ man der weltlichen Gerichtsbarkeit. Mehrere andere hielten sich versteckt, andere flohen und begaben sich in verschiedene Teile der Welt und verschiedene Reiche, um dort unerkannt, heimlich und verborgen ihre Sekte und ihre ketzerische Irrlehre unter dem geheuchelten Schein der Frömmigkeit und dem falschen Bild der Heiligkeit einfältigen Menschen eher einpflanzen zu können. Falls solche Ketzer irgendwo in welcher Provinz oder welchem Reich auch immer ermittelt werden, wenn sie heimliche Zusammenkünfte abhalten und sich von der allgemeinen Lebensweise und den Sitten der Gläubigen unterscheiden und dasselbe wie das Obige oder ähnliches öffentlich oder im geheimen predigen, obwohl es ihnen nicht erlaubt, sondern ganz und gar verboten ist, öffentlich zu predigen oder zu lehren, und ebenso, wenn sie die Ordenstracht der sogenannten Apostel oder eine ihr ähnliche tragen, weil sie sich oft in ihrem Aussehen verändern und dann und wann sogar ihre Namen ändern, und besonders, wenn welche erklären, sie seien vom Orden der Apostel oder von der Sekte oder Lehre des Gerardo oder Dolcino, oder wenn welche eben diesen Gerardo oder Dolcino oder deren Leben oder Lehre gutheißen oder irgendwie empfehlen, dann müssen die Prälaten und Inquisitoren, denen dies aufgrund ihres Amtes obliegt, gegen diese und ebenso gegen diejenigen, die an sie glauben, sie unterstützen, aufnehmen und verteidigen, als Ketzer vorgehen.

Die rechtgläubigen und katholischen Eiferer im Glauben müssen sie als Ketzer in allem Umgang strikt meiden, sie entdecken, entlarven, den Prälaten, Geistlichen und Inquisitoren anzeigen, wo auch immer sie über sie Kenntnis haben. Dazu müssen die Laien öffentlich in den Kirchen durch die Prälaten, Priester, Seelsorger und jene, die das Wort Gottes in der Kirche predigen, ermahnt und aufgefordert werden.

9. Brief, gerichtet an die Landesteile Spaniens, gegen die Anhänger des Ketzers Dolcino, die sich zu Unrecht öffentlich Apostel Christi nennen und sich dazu bekennen

Den ehrwürdigen Vätern in Christus und allen verehrungswürdigen Herren, den kirchlichen Prälaten und den frommen Brüdern der Dominikaner, der Franziskaner und der anderen Orden dieser Region und den Eiferern im Glauben an den Herrn Jesus Christus in den Landesteilen Spaniens, zu denen dieser Brief gelangt, wünscht Bruder Bernard Gui aus dem Dominikanerorden, Inquisitor zur Bekämpfung verruchter Ketzerei im Königreich Frankreich und besonders im Gebiet von Toulouse, eingesetzt von der Autorität des Apostolischen Stuhls, ewiges Heil im Spender und Vollender des Glaubens und des Heils, dem Herrn Jesus Christus.

Um das Unkraut aus der Mitte des Christenvolks auszureißen, das in den vergangenen Jahren reichlicher gewuchert ist, da der Feind, der Teufel, das Unkraut aussät und hegt, muß man um so eifriger wachsam sein, je unheilvoller man es aus Nachlässigkeit zum Tod des katholischen Samens sich ausbreiten und so sehr überhandnehmen läßt, daß es den Weizen des wahren Glaubens auf dem Herrenacker erstickt (vgl. die Parabel vom guten und vom schlechten Samen, Mt 13,24–30).

Wie wir und die anderen Inquisitoren häufig die Erfahrung machten und wie es uns vor allem im Gebiet der Lombardei klar und deutlich wurde, hat schon längst der hartnäckige Feind der Menschheit, der von Anfang an durch seine totale Ungläubigkeit und Mißgunst das Heil der Menschen zu behindern schien, zuletzt in wenigen Jahren durch den Diener seiner Schlechtigkeit und Handlanger seiner Missetat, nach Name und Herkunft Gerardo Segarelli aus Parma, das tödliche Gift neuer Ketzerei verspritzt und viele zu seinen Schülern und zu Anhängern seiner verkehrten Lehre gemacht. Er wurde jedoch im Irrtum seiner schrecklicher Ketzerei gefaßt, durch das Urteil der Kirche und den endgültigen Urteilsspruch der Inquisitoren verurteilt, als bekannter Erzketzer der weltlichen Gerichtsbarkeit überlassen und mit der fälligen Strafe belegt und verbrannt.

Aber er hinterließ den schlimmsten Samen, einen nichtsnutzigen Samen, nämlich einen Schüler von seinen verbrecherischen Söhnen, den Lehrer des Irrtums und Verfechter falscher Lehren, nicht nur einen Nachahmer alter, sondern einen Erfinder neuer Häresien, einen gewissen Dolcino mit Namen aus Novara, der den Spuren seines verurteilten Lehrmeisters folgend noch mehr Schüler und Anhänger für sich gewann, die er seine Apostel nannte. Er brachte sie von der Einheit des Glaubens ab und führte sie weg vom Gehorsam gegenüber dem höchsten Priester, dem Nachfolger des heiligen Petrus und Stellvertreter des Herrn Jesus Christus auf Erden, wobei er sich selbst zu ihrem Prälaten und sie sich zu seinen Untertanen machte, sie mit neuen, unheilvollen Lehren vergiftete und verführte. Diese nahmen zahlenmäßig so sehr zu, daß ihm Tausende und Abertausende folgten, obwohl er Falsches lehrte, leere Versprechungen machte, sie verführte und in den Irrtum versetzte.

Gegen sie wurde durch die Inquisitoren lange und intensiv in jenen Landesteilen gearbeitet, ein Kreuzzug in Verbindung mit Sündenablaß unternommen, im apostolischen Auftrag gegen sie öffentlich gepredigt und ein andermal gegen sie ein Heer von Gläubigen gesammelt. Lange leisteten auch diese Rebellen gegen das Licht Widerstand, versteckten sich bald in den Bergen, bald in Höhlen und Erdlöchern wie die Käuzchen und Söhne der Finsternis. Schließlich wurde im Jahr 1307 der Erzketzer Dolcino mit vielen seiner Anhänger in der Karwoche am heiligen Gründonnerstag gefangengenommen. Er war mit Margarita zusammen, die weniger eine Verbrecherin als vielmehr eine Ketzerin war und an seinem Verbrechen und seiner Irrlehre Anteil hatte. Er wurde mit mehreren anderen seiner Anhänger und Schüler gefangengenommen und festgehalten. Sie wurden mit dem endgültigen Urteilsspruch der Kirche verurteilt und als Ketzer dem weltlichen Gericht zur Bestrafung mit der fälligen Strafe überlassen. So wurden sie den Flammen der Vergeltung übergeben, dazu bestimmt, im ewigen Feuer zu brennen.

Obwohl sie ausgelöscht waren, wurde dennoch ihre Irrlehre nicht ganz ausgelöscht, auch ihre ketzerische verurteilte Sekte konnte so nicht mit der Wurzel ausgerottet und ausgerissen werden, ohne daß ein Keim und Reste übrigblieben. Infolgedessen vermehrten sie sich und nahmen zu wie ganz schlimmes Unkraut, das keimt und wuchert. Das sind die Pseudo-Apostel, die Schüler der besagten Gerardo und Dolcino, nach denen man sie Gerarditen und Dolciniten nennen kann. Diese nennen sich fälschlich Apostel Christi und Bekenner der evangelischen Armut und tun so, als hießen sie die Armen im Geiste und würden auf den Spuren der Apostel wandeln. Sie bilden einen Orden von Büßern, deren Brüder sie sich nennen. Ihn hat die heilige römische Kirche, deren Obliegenheit es ist, Orden zu bestätigen, nicht nur nicht anerkannt, sondern sogar als ketzerische Sekte verurteilt.

Sie heucheln Buße, und wie Affen äffen sie die Buße nach. Sie sagen und rufen oftmals an Straßenecken und Plätzen: *Tut Buße, das Himmelreich ist nahe,* manchmal *Gegrüßet seist du, Königin* und derlei manches andere, um die Zuhörerschaft zu fangen, die Ohren der Zuhörer zu gewinnen und die Herzen von Einfältigen zu verführen, wenn sie singen, während es doch außerhalb der Einheit und des Gehorsams zur heiligen und katholischen römischen Kirche, von der sie abgeschnitten sind, keine wahre, heilbringende Buße gibt.

Sie sind es, die nicht durch die Tür in den Schafstall des Herrn eintreten, sondern sonstwie einsteigen, stehlen und nicht so sehr die Körper, sondern die wertvollen Seelen zugrunde richten und abschlachten.

Sie sind die kleinen Füchse, die verschiedene Gesichter haben, aber Schwänze, die zusammengebunden sind: Sie versuchen, den Weinberg des Herrn Sabaot, nämlich die katholische Kirche, die über den Erdkreis verbreitet ist, zu zerstören. Sie fahren über das Meer, ziehen auf dem trockenen Land umher und halten geheime Versammlungen ab, sie sondern sich vom gemeinsamen Leben der Gläubigen ab und unterscheiden sich in der Lebensweise und den Sitten, in der Ernährung und in der Kleidung.

Sie sind es, die einen gewissen vorgetäuschten, falschen äußeren Schein und das Bild der Heiligkeit zur Schau stellen, wodurch sie Einfältige leichter überzeugen und verführen können.

Durch alle diese und einige andere Merkmale können sie durch die Hirten der Kirche von den Schafen Christi unterschieden werden, wenn sie über ihre Herde wachen, die ihnen anvertraut ist, und wachsame Wächter sind. Sie sind nämlich reißende Wölfe, erscheinen aber äußerlich im Schafspelz, um Unvorsichtigen um so sicherer nachzustellen und diejenigen, die sie in ihre Netze verstrickt haben, mit sich in den Abgrund ihrer Sekte zu reißen. Daher ist es nützlich, vielmehr nötig, daß sich alle Christgläubigen gegen sie mannhaft erheben, damit sie aus dem Gebiet der Gläubigen vertrieben werden und damit sie nicht die gesunden Schafe mit ihrer unheilvollen Seuche infizieren.

Mehrere von ihnen sind in den Jahren, die seit dem Jahr 1300 vergangen sind, und sogar schon kurz vorher vor dem Antlitz der Inquisitoren, die sie verfolgen, aus ihrem Gebiet geflohen und in einige Landesteile Spaniens gekommen. Sie versuchen nun, dieses Heimatland zu durchwandern, aber nicht mit Licht zu erfüllen, damit sie, weil man sie dort weniger als in ihrer eigenen Heimat erkennt, mehr schaden und mehr infizieren und um so vertrauenerweckender, je heimlicher ihre Anhänger gewinnen, die ihnen ähnlich sind, die Söhne des Verderbens und der Hölle. Nicht wenige ihrer Namen sind aus dem Buch des Lebens getilgt, falls sie nicht wieder zur Vernunft kommen, und sie bleiben bei uns aufgeschrieben. Dadurch wurde vor uns bei Gericht geklärt, wer sie sah, hörte und kannte und wer mit ihnen da war und sich anderswo aufhielt.

Wacht, ihr Hirten, haltet Wache über eure Herde! Steht auf, ihr Glaubenseiferer, damit sie, wo sie auch immer bei euch entdeckt werden, gefangengenommen und sorgfältig und umsichtig überprüft werden. Wer festgenommen wird, soll zur Bekehrung ermahnt und eingeladen werden. Und wenn sie sich nicht bekehren und zur kirchlichen Einheit zurückkehren wollen, sollen sie, wenn sie vor Gericht dieser Sekte und jeder anderen schlimmen Häresie abgeschworen haben, an einen sicheren Ort hinabgestoßen werden, um Buße zu tun. Es soll sichergestellt werden, daß sie nicht aufgrund einer nur vorgetäuschten Bekehrung – also durch Betrug – zurückkehren und unter dem Schein des Lammes als Wolf auftreten, indem sie andere, jedoch vielmehr sich selber täuschen. Sie sollen aufgefordert und gezwungen werden, ihre Irrtümer zu gestehen und ihre Komplizen vor Gericht zu verraten.

Wenn sie nach ihrem Verhör den Geboten der Kirche nicht unbedingten Gehorsam leisten, der Häresie abschwören und freiwillig zur kirchlichen Einheit zurückkehren wollen, sollen sie, nachdem sie nach dem Gesetz und Kirchenrecht ermahnt und zur Bekehrung aufgefordert wurden und nach einer angemessenen Bedenkzeit und nach der Beratung der Sachverständigen dem weltlichen Gericht übergeben werden, damit sie nach dem Kirchenrecht mit der fälligen Strafe bestraft werden.

Zur höchst glaubwürdigen Bestätigung des Ganzen und zum Zeugnis der Wahrheit habe ich, der oben genannte Inquisitor, das Siegel, das ich führe, vor den Anwesenden aufdrücken lassen.

Toulouse, am 1. Mai im Jahre des Herrn 1316

10. Brief des Erzbischofs Roderich von Compostela

Roderich, durch Gottes Gnade Erzbischof von Compostela und Kanzler des Königreichs León, grüßt den Gottesmann und Bruder Bernard Gui vom Dominikanerorden, den Inquisitor, im Namen dessen, der sich für uns alle opfern wollte.

Ihr sollt wissen, daß wir Euren Brief sahen, der uns und den anderen Prälaten Spaniens geschickt wurde und der allgemein den Inhalt hat, daß einige Landesteile Spaniens in das Verbrechen der Häresie verstrickt waren. Wir sahen Euren Brief und achteten auf das, was darin stand, und ich ließ einige Personen, die Eurer Meinung nach von der Häresie betroffen sind, nämlich Bernard mit zwei Gefährten und Canus mit zwei anderen in der Stadt Compostela und in verschiedenen anderen Teilen des Landes gefangennehmen, und wir haben sie jetzt in Fesseln gelegt. Daher bitten wir Euch angelegentlich, daß Ihr uns durch einen offenen Brief von Euch sofort mitteilt, zu welchen Glaubensartikeln sie befragt und verhört werden sollen und wie wir gegen diejenigen, die bereits gefangen wurden, und gegen ihre Beschützer vorgehen sollen, wenn sie in ihrer großen Blindheit für schuldig befunden werden und sie so manches Schlimme und Unrechte gegen den katholischen Glauben wagen. Ihr mögt uns bestimmte Artikel und das Verfahren übersenden, wie man gegen sie und gegen all ihre Anhänger und Beschützer und gegen die anderen vorgehen soll, wenn später einmal welche an der Wurzel faul befunden werden, weil so etwas in unseren Gegenden bisher ungewöhnlich war. Ich weiß jedoch sicher, daß wir Gott zu Gefallen und auf daß das Fundament des Glaubens, das auf einem festen Felsen errichtet ist, erhöht werde, gegen sie alles tun werden, wenn sie für schuldig befunden werden, was gottgefällig ist und von Rechts wegen zu tun ist.

Compostela, am 4. März

Anhang II: Verschiedenes, die Tätigkeit des Inquisitors betreffend

1. Das öffentliche Tribunal der Inquisitoren

Sind also die Geständnisse und die Aussagen der Geständigen zur Häresie, zur Aufnahme oder Begünstigung von Ketzern entgegengenommen, soweit diese sie selbst und andere sowie die Aufgabe der Inquisition betreffen, sind die Vorgänge der Verteidigung der Toten oder Lebenden dargelegt und abgeschlossen, sind auch alle Vorgänge der Geständnisse und der Verteidigung sorgfältig und gewissenhaft geprüft und ist die Beratung durch die Prälaten und Rechtskundigen abgeschlossen, wenden sich die Inquisitoren mit der gebotenen Feierlichkeit dem öffentlichen Tribunal zu, bei dem entsprechend den Verdiensten oder Vergehen der Personen die Begnadigungen ausgesprochen, die Bußen auferlegt und die Urteile gesprochen werden.

Vor dem Tribunal beraten sich bei günstiger Gelegenheit die Inquisitoren mit den Sachverständigen, nachdem vorher über die jeweilige Schuld eine kurze Zusammenfassung, worin der Kern des Geständnisses einer jeden Person vollständig erfaßt ist, über die Schuld dessen erstellt wurde, um den es geht, aber ohne Namensnennung einer Person, aus Vorsicht, damit die Beratenden freier über die Strafe für die aufzuerlegende Schuld ohne persönliche Gefühle für die jeweilige Person urteilen. Die Beratung wäre gesicherter, wenn alles, was zu tun ist, vollständig zur Sprache käme, wo und wann man Berater haben kann, für die ein offenes Gespräch keine Gefahr darstellt. Es bestünde dann auch nicht so sehr die Gefahr einer Denunziation. Es war aber seit jeher wegen dieser Gefahr kein Brauch der Inquisition. Es werden aber die Geständnisse der Einzelnen zuerst vollständig in Gegenwart des Diözesanbischofs oder seines Stellvertreters in Anwesenheit einiger weniger Sachverständiger und Sekretäre und Geschworener besprochen.

Auch dieser kurze Auszug der Verfehlungen einer jeden Person wird vorgelesen bzw. in der Volkssprache gelesen, und zwar einen Tag oder zwei Tage vor dem Tribunal, zu jeder Person einzeln, teilweise durch den Inquisitor und den Schreiber und einige andere Personen. Ferner wird derselbe Auszug im öffentlichen Tribunal vorgelesen, wobei an den, um den es geht, folgende Worte zu richten sind: *Du, N., aus dem und dem Ort, hast dies und das getan, wie durch dein Geständnis bekannt ist.*

Dann kündigt in der Nacht vor dem Tribunal der Inquisitor persönlich oder durch einen anderen, je nachdem, wie es ihm opportun erscheint, allen und jedem Einzelnen an, daß sie am folgenden Tag an diesem Ort im öffentlichen Tribunal je nach der Besonderheit des Falles die Buße entgegennehmen oder den Urteilsspruch hören. Am folgenden Tag kommt es in aller Frühe zum Tribunal.

Dies ist, was im öffentlichen Tribunal der Inquisitoren im Gebiet von Toulouse und Carcassonne in der folgenden Reihenfolge zu tun ist:

Zu allererst soll eine kurze Ansprache zur Zeitdauer des Verfahrens gehalten werden. Dann soll die übliche Lossprechung vom Kirchenbann verkündet werden.

Zweitens wird der Eid der Beamten des königlichen Hofes sowie der Ratgeber und der anderen Anwesenden, die die weltliche Gerichtsbarkeit haben, abgenommen.

Drittens werden die Kreuze den Personen zu Füßen gelegt, denen man eine solche Gnade erweisen soll.

Viertens werden die Männer und Frauen aus dem Gefängnis geführt, denen diese Gnade zugute kommt, und es werden ihnen die Kreuze gegeben und die Pilgerfahrten auferlegt.

Fünftens werden die Verfehlungen derer vorgelesen, die normal zu bestrafen oder zu verurteilen sind, und zwar in folgender Reihenfolge: erstens solche, denen selbständige Bußen aufzuerlegen sind, also Pilgerfahrten unternehmen, das Kreuz tragen und die allgemein üblichen Lebensregeln beachten. Dann solche, die zu einfacher Kerkerhaft bestimmt sind. Dann solche, die als falsche Zeugen zu bestrafen und einzukerkern sind. Dann Priester und Geistliche, falls welche zu degradieren und einzukerkern sind. Dann tote Personen, die, falls sie lebten, zur Kerkerhaft zu verurteilen wären. Dann verstorbene Personen, die das Verbrechen ihrer Ketzerei nicht bereuten und deren Leichen exhumiert werden sollen. Dann Flüchtige, die als Ketzer zu verurteilen sind. Dann diejenigen, die bei Gericht der Ketzerei abschworen und rückfällig wurden und die dem weltlichen Arm zu überlassen sind, zuerst die Laien, dann die Geistlichen, falls es solche gibt. Dann die „Vollkommenen“ unter den Ketzern, die der Häresie nicht abschwören und auch nicht zur kirchlichen Einheit zurückkehren wollen, seien es Manichäer oder Waldenser, seien sie von der Sekte bzw. Häresie derer, die sich Beginen oder die Armen Christi nennen und die sich von der Gemeinschaft der anderen absondern und die Macht des Papstes und der Kirche schwächen. Zuletzt aber diejenigen, die früher vor Gericht ihre Ketzerei gestanden und später das Geständnis widerriefen oder durch Zeugen widerlegt und des Verbrechens der Häresie überführt wurden, diesbezüglich nicht die Wahrheit gestehen wollen und sich bei Gericht nicht verteidigen oder rechtfertigen können, die daher als Unbußfertige im Fall des Verbrechens der Häresie dem weltlichen Gericht zu überlassen sind.

Sechstens soll nach dem Verlesen der schuldhaften Vergehen, bevor dann den bußfertigen Personen ihre Strafen auferlegt werden, die Abschwörung von der Häresie und ein Eid, daß sie den Geboten der Kirche und der Inquisitoren gehorchen, ihnen abgenommen werden. So sollen sie vom Urteil der Exkommunikation freigesprochen werden, dem sie wegen der begangenen Verfehlungen beim Tatbestand der Häresie verfallen sind und das grundsätzlich solchen Personen von Rechts wegen öffentlich angekündigt ist.

Siebtens werden die Urteile zuerst in lateinischer Sprache verlesen und schließlich in derselben Reihenfolge in der Volkssprache abgekürzt erläutert, in der ihre schuldhaften Verfehlungen vorher vorgelesen wurden, falls es sich ohne Schwierigkeiten so einrichten läßt, weil manchmal die große Zahl der Personen, die büßen oder bestraft werden oder verurteilt werden müssen, nicht zuläßt, die oben beschriebene Reihenfolge einzuhalten, sondern vernünftigerweise dazu zwingt, bei jedem anders zu verfahren. Dies hängt von der Ansicht des Richters ab, je nachdem, wie er es als passender und nützlicher ansieht und regeln zu müssen glaubt.

Die passende Reihenfolge der Bußen und Urteile, die auferlegt bzw. gefällt werden, könnte beim Tribunal folgende sein:

1. Die selbständigen Bußen werden auferlegt.
2. Die Verurteilung bzw. die Bestrafung der zu Inhaftierenden soll erfolgen.
3. Die toten Personen, die zu Lebzeiten in Anbetracht ihres Vermögens zu Kerkerhaft zu verurteilen wären, in dem Fall, wonach die Erben wegen der Häresie des Angeklagten nicht erben dürfen, wobei nichts dagegen spricht, daß dies nicht zu Lebzeiten des Angeklagten durch ein Urteil erklärt worden wäre, da ja sein Tod dazwischenkam.
4. Das Urteil der Exhumierung, jedoch nicht der Verbrennung der Gebeine eines Toten, der sich nach dem Befund der Inquisition zu Lebzeiten der Begünstigung von Ketzern schuldig machte und nach den vorliegenden Erkenntnissen dies nicht vor Gericht gestand und auch nicht mit rechtlicher Wirkung vom Urteil der Exkommunikation freigesprochen wurde, das nach dem Kirchenrecht gegen solche Personen verhängt wird.
5. Das Verdammungsurteil für Personen, die in ihrer Häresie gestorben sind, deren Leichen exhumiert und verbrannt werden müssen, oder weil sie am Ende Ketzer waren oder weil sie nach den vorliegenden Erkenntnissen starben, ohne für ihr Verbrechen der Ketzerei Buße zu tun.
6. Die Verurteilung der Flüchtigen, die als Ketzer zu verurteilen sind.

7. Die Verurteilung derer, die vor Gericht der Häresie abschworen und rückfällig wurden, die dem weltlichen Gericht oder Arm zu überlassen sind, zuerst der Laien, dann der Geistlichen, falls solche zu verurteilen sind.
8. Das Verdammungsurteil für die „Vollkommenen" der Ketzer, die sich von der Ketzerei nicht abwenden und nicht zur Einheit der Kirche zurückkehren wollen.
9. Das Urteil für jene, die früher einmal nach dem Gesetz ihre Häresie vor Gericht gestanden und später rechtskräftige Geständnisse widerrufen oder, obwohl sie von Zeugen überführt wurden, nicht die Wahrheit über das Verbrechen der Häresie gestehen wollen.
10. Nun könnte man den Urteilsspruch der Exkommunikation gegen solche Personen verkünden, die in einer Glaubenssache trotzig und wegen des Tatbestands der Häresie flüchtig sind, deren Prozesse noch nicht bis zum endgültigen Urteil vorangekommen sind.
11. Zu allerletzt wird das Urteil über die Häuser gesprochen, die zerstört werden sollen, in denen irgendwelche Personen verketzert oder in die verurteilte Sekte von Ketzern aufgenommen wurden oder aus anderen triftigen Gründen. Auch dieses Urteil gegen Häuser kann manchmal zweckmäßig nach der Verurteilung der Personen gefällt werden, die verketzert oder in die verurteilte Sekte von Ketzern in diesen Häusern aufgenommen wurden, falls es so zweckmäßiger erscheint.

2. Eidesformel des Seneschalls und der königlichen Beamten, wobei die Hand auf dem Evangelienbuch liegt

Wir, der Seneschall und Statthalter von Toulouse und zuständige Richter (und so die übrigen dort anwesenden Beamten), schwören bei diesen heiligen Evangelien Gottes, daß wir am Glauben an unseren Herrn Jesus Christus und der heiligen römischen Kirche festhalten werden und ihn nach Kräften gegen alle verteidigen werden.

Ferner, daß wir die Ketzer, ihre Anhänger und diejenigen, die sie begünstigen, aufnehmen und schützen, und diejenigen, die wegen ihrer Häresie flüchtig sind, verfolgen, gefangennehmen oder dafür sorgen werden, daß sie gefangengenommen werden, wann auch immer wir es können, und sie anklagen und der Kirche und den Inquisitoren anzeigen werden, wenn wir wissen, daß sie oder jemand von ihnen sich irgendwo aufhalten.

Ferner, daß wir keine Ämter, Richterstellen oder sonstige Verwaltungsämter und keine anderen öffentlichen Ämter jemandem von den genannten von der Häresie verseuchten, verdächtigen oder wegen Häresie in Verruf geratenen Personen noch jemandem, der wegen des Verbrechens der Häresie bestraft wurde oder dem sonst von den Inquisitoren oder von Rechts wegen verboten wurde, ein öffentliches Amt zu bekleiden, anvertrauen werden und daß wir nicht erlauben werden, daß sie diese Ämter bekleiden oder öffentliche Ämter behalten.

Ferner, daß wir keinen von den Genannten wissentlich aufnehmen und in unserer Familie, in unserer Hausgemeinschaft oder unserem Gesinde oder in unserem Rat haben werden. Und falls unwissentlich das Gegenteil geschähe, werden wir sie sofort entlassen, wenn wir durch die Inquisitoren oder durch andere vertrauenswürdige Personen davon Kenntnis bekommen haben.

In diesem und in anderem, das das Amt der Inquisition betrifft, werden wir Gott, der römischen Kirche und den Inquisitoren gehorsam sein. So wahr uns Gott helfe und diese heiligen Evangelien Gottes.

3. Die Reihenfolge, die beim Verlesen der Verfehlungen einzuhalten ist

Beim Vorlesen der Verfehlungen könnte man zwei verschiedene Formen bzw. Reihenfolgen einhalten.

Eine Form bzw. Reihenfolge ist die, daß zuerst die Verfehlungen jener vorgelesen werden, die geringere selbständige Bußen erhalten sollen, wie z. B. Pilgerfahrten, lediglich Kirchenbesuche oder gleichzeitig das Tragen eines Kreuzes und eine Pilgerfahrt. Unmittelbar darauf könnte die Buße dieser Personen hinzugefügt werden.

Zweitens könnten die Verfehlungen der Lebenden vorgelesen werden, die einzukerkern sind, und unmittelbar darauf könnte ihre Buße hinzugefügt werden.

Drittens könnten die Verfehlungen der toten Personen vorgelesen werden, die man, wenn sie lebten, in Anbetracht ihres Vermögens zur Kerkerhaft verurteilen müßte, und das endgültige Urteil könnte daran angeschlossen werden.

Viertens könnten die Verfehlungen der Toten im Fall der Häresie vorgelesen werden und unmittelbar darauf ihr Urteil hinzugefügt werden.

Fünftens könnten die Verfehlungen der Rückfälligen vorgelesen werden und unmittelbar darauf ihr Urteil angeschlossen werden.

Sechstens die Verfehlungen und die Prozesse der Ketzer, die sich nicht bekehren wollen.

Und so die anderen einzeln, von denen beim Tribunal gesprochen werden muß.

Diese Form bzw. Reihenfolge könnte man sinnvollerweise dann einhalten, wenn die Personen nur wenige an der Zahl sind, von denen beim Tribunal gesprochen werden muß.

Die zweite Form bzw. Reihenfolge beim Vorlesen der Verfehlungen ist die, daß in einem Zusammenhang und einer Anordnung die Verfehlungen aller vorgelesen werden und danach im selben Zusammenhang die Bußen und Urteile, je nachdem wie sie formuliert und geschrieben wurden, durch den Inquisitor im Sitzen vorgelesen werden, zuerst in lateinischer Sprache, und daß sie schließlich durch den Inquisitor oder Schreiber oder irgendeinen anderen, der dafür geeignet ist, in der Volkssprache kurz und bündig erläutert werden, jedoch so, daß sie von diesen Personen ganz begriffen und verstanden werden können.

Diese Form bzw. Reihenfolge könnte und sollte man einhalten, wenn die Zahl der Personen groß ist, über die gesprochen werden muß, mit dem Ziel, daß das, was zur Sprache kommen muß, rascher erledigt werden kann, weil die Zeit durch die Unterbrechungen, nämlich die Pausen, die beim ersten Modus des Vorlesens entstehen, davonläuft. Jedenfalls machte man diese Erfahrung bei den beiden Verfahrensweisen.

4. Mögliche Form, wie man die Verfehlungen lebender anwesender Personen vorlesen könnte

Die Person aus dem und dem Ort, der Sohn von dem und dem, beging, wie durch sein vor Gericht abgelegtes Geständnis mit Rechtskraft für uns feststeht, in dem und dem Jahr und an dem und dem Tag (der Tag und das Jahr, an dem das Geständnis abgelegt wurde, sollen genannt werden) dies und das (die Verfehlung, die dem Geständnis in Kurzform entnommen und in einer kurzen Zusammenfassung angelegt wurde, soll hier genannt werden). So soll man auch mit jeder einzelnen anderen Person verfahren.

Auch die Form des Vorlesens der Verfehlungen von Toten, die zu Lebzeiten vor Gericht gestanden und aufgrund ihres Geständnisses, daß sie sich der Häresie schuldig gemacht hatten, in Anbetracht ihres Vermögens zu Kerkerhaft zu verurteilen wären, wenn sie noch am Leben wären, könnte der obenerwähnten Form sehr ähnlich sein, besonders wenn es ziemlich viele Personen sind. Wenn es aber nur eine Person wäre oder nur zwei, dann könnte die Verfehlung mit dem Urteil zusammengefaßt werden.

Die Verfehlungen der Personen, die in ihrer Häresie gestorben sind und deren Leichen in Friedhöfen exhumiert und verbrannt werden sollen, können mit dem Urteil zusammengefaßt werden.

Auch die Verfehlungen flüchtiger Häretiker, die als Ketzer verurteilt werden müssen, können mit dem Urteil zusammengefaßt werden, wie sich in den Urteilsformen weiter unten zeigen wird.

5. Mögliche Form, wie man solche Personen, die exkommuniziert wurden, vom Urteil der Exkommunikation freisprechen könnte

Dann sollen sie nach der Abnahme des Eides und nach der Abschwörung von der Häresie, wie oben gesagt wird, vom Urteil der Exkommunikation freigesprochen werden, das sie sich zuschulden kommen ließen, mit dem Bußpsalm *Erbarme dich meiner, Gott* oder *Gott erbarme sich unser*. Dabei soll er oder jene, die freigesprochen werden sollen, mit Ruten geschlagen und gezüchtigt werden. Nach Beendigung des Psalms und dem *Kyrie eleison; Christe, eleison; Kyrie eleison*; *Pater noster* (*Herr, erbarme dich; Christus, erbarme dich; Herr, erbarme dich; Vater unser*) soll hinzugefügt werden: *und führe uns nicht in Versuchung*.

Bitte: *Heile deine Diener und deine Dienerinnen*.

Antwort: *Mein Gott, wir hoffen auf dich*.

Der Herr sei mit euch.

Gebet: *Gewähre, bitten wir, Herr, diesen deinen Dienern und deinen Dienerinnen die Frucht, die der Buße würdig ist, damit sie deiner Kirche, von deren Reinheit sie sich durch ihre Sünde abgewandt haben, durch die Vergebung ihrer Missetaten frei von Schuld zurückgegeben werden. Durch unseren Herrn Christus*.

Danach soll der Inquisitor hinzufügen: *Ich spreche euch kraft der Autorität Gottes und des Amtes der Inquisition, das ich ausübe, von den Urteilen der Exkommunikation frei, die ihr erhalten habt für das, was ihr gegen das Amt der Inquisition getan habt und das ihr vor Gericht in unserer Anwesenheit gestanden habt, falls ihr guten Herzens und mit ungeheucheltem Glauben zur Einheit der Kirche zurückkehrt und über euch und die anderen bei Gericht die vollständige und reine Wahrheit gestanden habt.*

Diese Worte sollen mit der Feierlichkeit gesprochen werden, die beim öffentlichen Tribunal der Inquisitoren üblich ist, wenn das Volk an einem Feiertag in der Kirche oder anderswo zusammengerufen wurde, je nachdem, wie es nach der Ansicht des Inquisitors am besten anzusetzen ist. Wenn es aber aus irgendeinem vernünftigen Grund nützlich erscheint, daß man dies nicht beim Tribunal der Inquisitoren und nicht vor der versammelten Menge öffentlich tun soll, soll es jedoch immer in Gegenwart und unter Bezeugung angesehener Personen, die dazu zusammengerufen wurden, erfolgen. Dann sollen öffentliche Urkunden angelegt werden, auf die auch zur Erhöhung der Glaubwürdigkeit die Siegel der anwesenden Personen gedrückt werden sollen und worin der ganze Inquisitionsprozeß schriftlich festgehalten werden soll – als Vorsichtsmaßnahme und zur Erinnerung in der Zukunft.

Wenn das gemäß dem Zeremoniell erledigt ist, sollen die Verfehlungen der Einzelnen einzeln in ihrer schriftlichen Kurzfassung vorgelesen werden.

6. Was man mit Ketzern tun soll, die wegen einer drohenden Hinrichtung bereuen

Wenn es vorkommen sollte, was früher auch ziemlich oft vorkam, daß einer, nachdem er dem weltlichen Arm und Gericht überlassen und übergeben worden war und von demselben Gericht übernommen und zum Ort der Hinrichtung gebracht worden war, sagen und versichern würde, er wolle bereuen und von seinen Irrlehren abspringen, müßte er in diesem Fall zurückgehalten, den Inquisitoren übergeben werden und von ihnen übernommen werden, es sei denn, er wäre vielleicht rückfällig geworden. Es soll nämlich in diesem Fall die Gerechtigkeit über die Härte gestellt werden und auch ein Ärgernis für Kleingläubige vermieden werden, wenn jemandem das Sakrament der Buße, um das er bittet, von der Kirche verweigert wird. Es ist festzustellen, daß so etwas früher öfters bei solchen Personen im Rahmen der Inquisitonsprozesse vorkam.

Es müssen aber in einem solchen Fall die Inquisitoren unbedingt achtgeben und sorgfältig darauf achten, ob ihre Bekehrung wahrhaft oder geheuchelt ist, da Personen, die sich in einem solchen Fall aus Furcht vor Strafe bekehrten, mit Recht als verdächtig gelten. Sie sollen geprüft werden, ob sie im Dunkeln oder im Lichte wandeln, damit sie nicht unter dem Schein des Lammes Wölfe sind.

Dies könnte man wahrscheinlich auf folgende Weise anhand folgender Kriterien herausfinden: Wenn sie alle ihre Komplizen den Inquisitoren bereitwillig und freiwillig den Inquisitoren entdecken und verraten; ebenso, daß sie ihre Sekte mit Zeichen, Worten und Werken verfolgen und ihre früheren Irrlehren einzeln demütig gestehen und zugleich verfluchen und abschwören. Dies alles und eine jede Einzelheit wird man bei ihrer Überprüfung und bei ihrem Geständnis, das zu den Akten genommen wird, eindeutig erkennen können.

Nachdem sie in Verwahrung genommen wurden und vor Gericht gestanden haben, müssen sie dann alle ihre Irrlehren, an denen sie zuerst festhielten, widerrufen und mit eigenem Mund verfluchen, speziell diesen Irrlehren und generell jeder Häresie öffentlich vor Gericht abschwören, sich zum katholischen Glauben bekennen und sonst versprechen und schwören, was in einem solchen Fall bei denen üblich ist, die sich von der Häresie abwenden und wieder aufgenommen werden.

Schließlich sollen sie zu lebenslanger Kerkerhaft hinausgestoßen werden, um Buße zu tun, wobei man sich die Möglichkeit einer Strafmilderung vorbehält, wie es auch gewöhnlich geschieht.

Diese Überstellung zur Buße nach der Verkündigung des Urteilsspruchs, wie oben erwähnt, ist in den meisten ähnlich gelagerten Fällen in der Inquisition immer noch üblich, auch wenn sie nicht dem öffentlichen Recht entspricht, weil sie im allgemeinen als Privileg zugestanden wird und hauptsächlich das Heil der Seelen und die Reinheit des Glaubens zum Ziel hat, weitere Nachforschungen ermöglicht und Ketzer, die sich bekehren und zur Einheit der Kirche zurückkehren wollen, wieder erstmals zur Buße aufnimmt. Durch Beichten werden auch ziemlich oft ihre Komplizen und Irrlehren aufgedeckt. Daher findet man zur Wahrheit, es wird die Falschheit aufgedeckt, und die Aufgabe der Inquisition gelingt.

Wenn aber eine Bekehrung den Inquisitoren nur als wahrscheinlich vorgetäuscht und geheuchelt erscheint, sollen die obigen Maßnahmen unterbleiben, so daß das verkündete Urteil in Kraft bleibt.

7. Verfahren bzw. Form rechtsgültiger Amtsenthebung

(Betrifft einen Priester) Beim Wegnehmen des Kelches und der Patene: *Wir nehmen dir den Kelch und die Patene und entkleiden dich und nehmen dir das Amt und die Befugnis, Gott ein Opfer darzubringen und eine Messe zu feiern.*

Beim Wegnehmen des Meßgewandes bzw. der Kasula des Priesters: *Wir nehmen dir das priesterliche Gewand und nehmen dir die priesterliche Ehre.*

Bei der priesterlichen Stola: *Wir nehmen dir die priesterliche Stola, da du es verschmäht hast, das süße Joch des Herrn, das damit symbolisiert wird, zu tragen und die Stola der Unschuld zu achten.*

(Betrifft einen Diakon) Bei der Dalmatika (dem liturgischen Gewand des Diakons): *Wir nehmen dir die Dalmatika, das schmuckvolle Gewand im Amt des Diakons, da du es nicht als Gewand der Freude und als Kleid des Heils getragen hast.*

Beim Evanglienbuch: *Wir nehmen dir das Evangelienbuch und entziehen dir das Amt und die Erlaubnis, in der Kirche Gottes zu lesen.*

Bei der Stola des Diakons: Wir nehmen dir die Stola des Diakons und entziehen dir die Befugnis, das Amt des Diakons auszuüben.

(Betrifft einen Subdiakon) Beim Kelch, der Patene, Krüglein, Wasserkrüglein und Handtuch: *Wir nehmen dir den Kelch, die Patene, das Krüglein, das Wasserkrüglein und das Handtuch, die Geräte für den Dienst des Subdiakons, und verbieten dir ihren Gebrauch.*

Beim Hemdrock des Subdiakons: *Wir nehmen dir den Hemdrock, das schmucke Gewand im Dienst des Subdiakons, da du ihn nicht zur Gerechtigkeit und zum Heil getragen hast.*

Bei der Manipel: *Wir nehmen dir die Manipel, den Schmuck im Dienst des Subdiakons, und entziehen dir den Dienst, der darin zum Ausdruck kommt.*

Beim Buch der Episteln: *Wir nehmen dir das Buch der Episteln und entziehen dir die Erlaubnis, in der heiligen Kirche Gottes zu lesen.*

(Betrifft einen Meßdiener) Beim Wachskerzenträger: *Wir nehmen dir den Wachskerzenständer und entziehen dir den Dienst, in der Kirche Lichter anzuzünden.*

Beim Krüglein: *Wir nehmen dir das Krüglein, damit du es nicht in Zukunft dazu gebrauchst, Wein und Wasser bei der Eucharistie des Blutes Christi herbeizutragen.*

(Bei einem Exorzisten) Beim Buch der Teufelsbeschwörungen: *Wir nehmen dir das Büchlein der Teufelsbeschwörungen und entziehen dir die Befugnis, Besessenen, ob Getauften oder Glaubensschülern, die Hände aufzulegen.*

(Betrifft einen Lektor) Beim Buch des Lektors: *Wir nehmen dir das Buch, das du mit dem Lektorenamt erhalten hast, und entziehen dir die Erlaubnis, daraus künftig in der heiligen Kirche Gottes zu lesen.*

(Betrifft einen Mesner) Bei den Schlüsseln: *Wir nehmen dir die Schlüssel der Kirche und entziehen dir das Amt und die Befugnis, das zu verwahren, was durch diese Schlüssel eingeschlossen wird, und auch die Kirchentüren zu öffnen oder zu verschließen.*

Wenn das letzte der Insignien weggenommen wird, und zwar das, das bei der Priesterweihe das erste war, soll er dann in schriftlicher oder anderer Form verkünden oder sagen: *Kraft der Autorität des allmächtigen Gottes, des Vaters und des Sohnes und des Heiligen Geistes und unserer Autorität* (oder in einem besonderen Fall so: *und der apostolischen Macht, die uns anvertraut wurde*), *nehmen wir dir das geistliche Gewand, nehmen wir dir den Priesterstand und jede sonstige Stellung, degradieren dich und berauben dich aller geistlichen Ehre, jeden Vorzugs und jeden Privilegs. Außerdem verkünden und sagen wir dem edlen Seneschall, der hier anwesend ist, daß er dich als einen Degradierten an seinen Gerichtshof übernimmt. Ihn selbst ersuchen und bitten wir, daß er unter Androhung des Todes und der Verstümmelung an dir das Urteil vollstreckt.*

8. Die drei Weihen in der Kirche der Waldenser

Die ketzerische Sekte der Waldenser bekennt, daß es drei Weihen in ihrer Kirche gibt, nämlich die der Diakone, der Priester und der Bischöfe.

Die Bischofsweihe. – Bischof wird der Vorsteher von ihnen allen genannt und von allen Priestern und Diakonen zum Vorsteher gewählt. Wenn sich nach einer einmütigen Wahl, einem gemeinsamen Gebet, einem persönlichen und anschließend einem öffentlichen Schuldbekenntnis (jedoch nicht bestimmter, sondern allgemeiner Sünden) ein Vorsteher bei ihnen befindet, andernfalls einer ihrer Priester, legt er, das „Vaterunser" betend, die Hand auf das Haupt des Gewählten, damit er den Heiligen Geist empfange. Nach ihm legen alle anderen Priester und die Diakone der Reihe nach einzeln ihre Hände auf sein Haupt. Und so wird er ohne irgendeine Formel, ohne irgendeinen traditionellen Ritus, ohne jede Salbung und ohne bischöfliche Insignien allein durch das Gebet und die Handauflegung bei ihnen zum Bischof geweiht.

Wie sie sagen, gehört es zu seiner Amtsgewalt, die Sakramente der Buße, der Weihe und der Eucharistie zu spenden sowie den Priestern das Evangelium zu übergeben und die Ohrenbeichte zu übertragen. Ferner kann dieser Vorsteher jeden, der bei ihm beichtet, von allen Sünden, die er ihm gebeichtet hat, lossprechen, welche Sünden es auch immer sein mögen. Ferner kann er die ganze Buße, die für seine Sünden erforderlich ist, oder einen Teil davon erlassen, wenn es auch nicht vor der Gemeinde geschehen soll. Wenn er von Sünden losspricht, sagt er folgendes: *Gott spreche dich los von allen deinen Sünden! Ich erlege dir bis zum Tod Reue über deine Sünden auf und folgende Buße, die zu leisten ist* (nämlich Gebete oder Fasten oder beides).

Die Priesterweihe. – Ein Priester wird bei ihnen folgendermaßen geweiht: Nachdem der Priester gewählt worden ist, legt ihr Vorsteher nach einem einleitenden Gebet und dem Sündenbekenntnis die Hände auf das Haupt des Priesters, der geweiht werden soll, und nach ihm die anderen Priester, die dabei anwesend sind, damit er den Heiligen Geist empfange. Mit der Handauflegung durch den Vorsteher wird die Weihe vollzogen.

Zur Amtsgewalt des Priesters, der so geweiht wurde, gehört es, Sündenbekenntnisse zu hören; er kann jedoch Sündenstrafen nicht erlassen, und er kann nicht zelebrieren. Er kann jedoch einen Vorsteher („maior") oder einen Höheren („maioralis") in dem Fall weihen, wenn alle anderen tot sind. Denn sie sagen, daß die Diakone und Priester deshalb, weil sie um Christi willen alles verlassen haben, die Weihe und den Rang der Apostel haben.

Die Weihe der Diakone. – Der Diakon wird folgendermaßen geweiht: Nach der Wahl, einem Gebet wie oben und dem Sündenbekenntnis legt allein der Vorsteher, während er das Vaterunser spricht, seine Hände auf das Haupt des zu ordinierenden Diakons, damit er den Heiligen Geist empfange, und sonst geschieht nichts mit ihm. Mit dieser Weihe wird er Diakon, wobei er das Gelübde der Armut, Keuschheit und des Gehorsams ablegt. Vor einer solchen Weihe ist bei ihnen keiner ein „Vollkommener", sondern die anderen, die nicht geweiht sind, heißen Gläubige oder ihre Freunde. Von diesen bekommen sie auch ihren Lebensunterhalt.

Der Diakon soll seinem Bischof ebenso wie den Priestern das Lebensnotwendige verschaffen. Er hat jedoch nicht die Gewalt, Beichten zu hören.

Auf die gleiche Weise ohne Formel, allein mit Gebet, wie gesagt, ohne Mahl und ohne daß ein ritueller Gegenstand dabei verwendet wird, werden bei ihnen nur durch die Auflegung der Hände ohne Unterschied Bischöfe, Priester und Diakone geweiht, Laien und Ungebildete ebenso wie Gebildete, sofern sie nur in dieser Sekte vorher geprüft, als geeignet befunden und danach gewählt wurden, wie es oben beschrieben wurde.

Dies ist über die verblendeten Weihen bei den Waldensern deshalb hier zur Kenntnis gebracht worden, damit man ihre Verlogenheit erkenne, wenn sie erklären, sie glaubten daran, daß die Weihe des Bischofs, des Priesters und des Diakons etwas Heiliges sei.

Teil 3

Anhang

Literaturhinweise

Edition, die der Übersetzung zugrunde liegt:

Mollat, Guillaume (Hrsg.): Bernard Gui, Manuel de l'Inquisiteur. Band 1, Paris 1926; Band 2, Paris 1927

Sekundärliteratur:

Angelov, Dimiter: Ursprung und Wesen des Bogomilentums.– In: *W. Lourdaux/D. Verhelst* (Hrsg.), The Concept of Herecy in the Middle Ages. Leuven 1976, S. 144–156

Angelov, Dimitar: The Bogomil movement. Sofia 1987

Angenendt, Arnold: Geschichte der Religiosität im Mittelalter. Darmstadt 1997

Baier, Lothar: Die große Ketzerei. Berlin 1984

Beck, Hans-Georg: Vom Umgang mit Ketzern. München 1993

Beinart, Chaim: Geschichte der Juden. Augsburg 1998

Benad, Matthias: Zustände und Entwicklungstendenzen im Pfarrklerus des Bistums Pamiers 1295–1325, dargestellt aufgrund der Inquisitionsprotokolle des Bischofs Jacques Fournier (1318–1325). – In: *Wilhelm-Ludwig Federlin/Edmund Weber,* Unterwegs für die Volkskirche. Frankfurt/M. 1987, S. 35–49

Benad, Matthias: Domus und Religion in Montaillou. Tübingen 1990

Berg, Dieter/Steur, Horst (Hrsg.): Juden im Mittelalter, Göttingen 1976

Bihlmeyer, Karl: Kirchengeschichte. Teil 2. Das Mittelalter. Paderborn u. a. [19]1996

Blumenthal, Peter/Kramer, Johannes (Hrsg.): Ketzerei und Ketzerbekämpfung in Wort und Text. Stuttgart 1989

Boehmer, Heinrich: Waldenser. – In: Realencyklopädie für protestantische Theologie und Kirche. Hrsg. von *Albert Hauck.* Leipzig [3]1907, S. 799–840

Boehmer, Heinrich (Hrsg.): Analekten zur Geschichte des Franziskus von Assisi. Tübingen [2]1930
Borst, Arno: Die Katharer. Freiburg/Br. 1991
Cohn, Norman: Das neue irdische Paradies. Hamburg 1980
Coincy-Saint Pal, Simone: Doujous et castels au pays de Cathares. Paris 1964
Daxelmüller, Christoph: Aberglaube, Hexenzauber, Höllenängste. München 1996
Ebenbauer, Alfred/Zatloukal, Klaus: Die Juden in ihrer mittelalterlichen Umwelt. Wien, Köln 1991
Eco, Umberto: Der Name der Rose. München [24]1983
Ehrle, Franz: Die Spiritualen – ihr Verhältnis zum Franziskanerorden und zu den Fraticellen. – In: Archiv für Literatur- und Kirchengeschichte des Mittelalters. Bd. 4. Freiburg/B. 1888/Reprint Graz 1956
Elm, Kaspar: Franziskus und Dominikus. Wirkungen und Antriebskräfte zweier Ordensstifter. – In: Saeculum 23 (1972), S. 127–147
Erk, Wolfgang (Hrsg.): Waldenser. Geschichte und Gegenwart. Frankfurt/M. 1971
Eschmann, Jürgen: Die Waldenser. – In: *Titus Heydenreich/Peter Blumenthal* (Hrsg.), Glaubensprozesse – Prozesse des Glaubens? Tübingen 1989, S.17–24
Esser, Kajetan: Das Testament des heiligen Franziskus von Assisi. Münster 1949
Fauth, Dieter/Müller, Daniela: Religiöse Devianz in christlich geprägten Gesellschaften. Würzburg 1999
Feine, Hans Erich: Kirchliche Rechtsgeschichte. Bd. 1: Die katholische Kirche. Weimar 1959
Fink, Karl August: Papsttum und Kirche im abendländischen Mittelalter. München 1994
Flade, Paul: Das römische Inquisitionsverfahren in Deutschland bis zu den Hexenprozessen. Leipzig 1902
Frank, Isnard Wilhelm: Kirchengeschichte des Mittelalters. Düsseldorf 1984
Gidal, Nachum T.: Die Juden in Deutschland von der Römerzeit bis zur Weimarer Republik. Köln 1997
Gorre, Renate: Die ersten Ketzer im 11. Jahrhundert. Religiöse Eiferer – soziale Rebellen? Zum Wandel der Bedeutung religiöser Weltbilder. Konstanz 1982

Greive, Hermann: Die Juden. Darmstadt [4]1992

Grigulevic, J. R.: Ketzer – Hexen – Inquisitoren. Berlin 1976

Grundmann, Herbert: Religiöse Bewegungen im Mittelalter. Darmstadt [4]1977

Grundmann, Herbert: Neue Forschungen über Joachim von Fiore. Marburg 1950

Grundmann, Herbert: Oportet et haereses esse. Das Problem der Ketzerei im Spiegel der mittelalterlichen Bibelexegese. In: Archiv für Kulturgeschichte 45, H. 3 (1963), S. 129–164

Grundmann, Herbert: Ketzerverhöre des Spätmittelalters als quellenkritisches Problem. – In: Deutsches Archiv für Erforschung des Mittelalters 21 (1965), S. 519–575

Grundmann, Herbert: Ausgewählte Aufsätze. Teil 2: Joachim von Fiore. Stuttgart 1977

Guenée, Bernard: Histoire et culture historique dans l'occident médiéval. Paris 1980

Guenée, Bernard: Entre l'Église et l'État. Paris 1987

Hageneder, Othmar: Der Häresiebegriff bei den Juristen des 12. und 13. Jahrhunderts. – In: *W. Lourdaux/D. Verhelst* (Hrsg.), The Concept of Herecy in the Middle Ages. Leuven 1976, S. 42–103

Hanssler, Michael: Katharismus in Südfrankreich. Aachen 1997

Held, Robert: Inquisition und das Verbrechen der Todesstrafe. Kehl a. Rhein 1992

Holl, Adolf (Hrsg.): Die Ketzer. Hamburg 1994

Hroch, Mroslav/Skybová, Anna: Ecclesia militans. Leipzig 1987

Ianu, Carol: Les juifs a Montpellier et dans le Languedoc a travers l'histoire du moyen age a nos jours. Montpellier 1988

Jakobs, Hermann: Kirchenreform und Hochmittelalter 1046–1215. München [3]1994

Kieckhefer, Richard: Magie im Mittelalter. München 1995

Kirn, Paul: Der mittelalterliche Staat und das geistliche Gericht. – In: Zeitschrift der Savigny-Stiftung für Rechtsgeschichte 46. Bd., Kanonistische Abteilung 15 (1926), S. 162–199

Koch, Gottfried: Frauenfrage und Ketzertum im Mittelalter. Berlin 1962

Kolmer, Lothar: „Ad capiendas vulpes". Die Ketzerbekämpfung in Südfrankreich in der ersten Hälfte des 13. Jahrhunderts und die Ausbildung des Inquisitionsverfahrens. Bonn 1982

Kramer, Johannes: Häretiker und Ketzer.– In: *Titus Heydenreich/Peter Blumenthal* (Hrsg.), Glaubensprozesse – Prozesse des Glaubens? Tübingen 1989, S.1–16

Lacoste, Auguste: Henri Arnaud und die Waldenser. Bern u. a. 1982

Lambert, Malcolm David: Ketzerei im Mittelalter. Freiburg/Br. 1991

Lea, Henry Charles: Die Inquisition. Nördlingen 1985

Lea, Henry Charles: Geschichte der Inquisition im Mittelalter. Frankfurt/M. 1997

Leff, Gordon: Heresy in the Later Middle Ages. New York 1967

Le Roy Ladurie, Emmanuel: Montaillou. Ein Dorf vor dem Inquisitor 1294 bis 1324. Frankfurt/M./Berlin 1980

Lortz, Joseph: Geschichte der Kirche in ideengeschichtlicher Betrachtung. Band 1: Altertum und Mittelalter. Münster 1962

Markale, Jean: Die Katharer von Montségur. München 1993

Milger, Peter: Die Kreuzzüge. München [5]1988

Molnár, Amedeo: Die Waldenser. Geschichte und Ausmaß einer europäischen Ketzerbewegung. Freiburg/Br. 1993

Moore, R. I.: The Birth of Popular Heresy. London 1975

Moulis, Adelin: Montségur, citadelles cathare. Paris 1979

Müller, Daniela: Albigenser – die wahre Kirche? Gerbrunn b. Würzburg 1986

Müller, Daniela: Frauen vor der Inquisition. Mainz 1996

Nigg, Walter: Das Buch der Ketzer. Zürich [6]1981

Rahner, Karl: Was ist Häresie? – In: *Karl Rahner*, Schriften zur Theologie. Band V, Neuere Schriften. Einsiedeln u. a. 1962, S. 527–576

Reeves, Marjorie/Lee, Harold/Silano, Giulio: Western Mediterranean Prophesy. Toronto 1989

Rill, Bernd: Die Inquisition und ihre Ketzer. Puchheim 1982

Roché, Deodat: Die Katharer-Bewegung. Stuttgart 1992

Roll, Eugen: Die Waldenser – Aufbruch in eine neue Zeit. Stuttgart 1982

Roll, Eugen: Ketzer zwischen Orient und Okzident. Stuttgart 1978

Roquebert, Michel (Hrsg.): Citadelles du Vertige. Toulouse 1984

Rottenwöhrer, Gerhard: Der Katharismus. Bd. 1,1 u. 1,2, Bad Honnef 1982

Rottenwöhrer, Gerhard: Unde malum? Herkunft und Gestalt des Bösen. Bad Honnef 1986

Runciman, Steven: The Medieval Manichee. Cambridge 1955

Runciman, Steven: Häresie und Christentum. Der mittelalterl nichäismus. München 1988

Russell, Jeffrey Burton: Dissent and Order in the Middle Ages. N 1992

Sachsse, Hugo: Bernardus Guidonis Inquisitor und die Apostelbrüd stock 1891

Schmidt, Eberhard: Einführung in die Geschichte der deutschen rechtspflege. Göttingen 1951

Schmitz, Johannes: Einführung in die Geschichte der deutschen St rechtspflege. Göttingen 1951

Schmitz-Valckenberg, Georg: Grundlehren katharischer Sekten des 13. Ja hunderts. München u. a. 1971

Schneider, Martin: Europäisches Waldensertum im 13. und 14. Jahrhundert. Berlin 1981

Schoeps, Julius H. (Hrsg.): Neues Lexikon des Judentums. Gütersloh, München 1998

Schwaiger, Georg: Mönchtum, Orden, Klöster. München [2]1994

Segl, Peter: „Stabit Constantinopoli". Inquisition und päpstliche Orientpolitik unter Gregor IX. In: *Horst Fuhrmann/Hans Martin Schaller* (Hrsg.), Deutsches Archiv für Erforschung des Mittelalters. Köln, Wien 1976, S.209–220

Segl, Peter: Die Anfänge der Inquisition im Mittelalter. Köln u. a. 1993

Seifert, Petra/Pawlik, Manfred: Geheime Schriften mittelalterlicher Sekten. Augsburg 1997

Selge, Kurt-Viktor: Die ersten Waldenser. 1. Bd.: Untersuchung und Darstellung. Berlin 1967

Selge, Kurt-Viktor: Die Ketzerpolitik Friedrich II. – In: *Josef Fleckenstein* (Hrsg.), Probleme um Friedrich II. Sigmaringen 1974, S. 309–383

Seligmann, Kurt: Das Weltreich der Magie. Eltville/Rh. 1988

Shannon, Albert C.: The Medieval Inquisition. Collegeville, Minnesota [2]1991

Sloterdijk, Peter/Macho H. Thomas (Hrsg.): Weltrevolution der Seele. Ein Lese- Arbeitsbuch der Gnosis von der Spätantike bis zur Gegenwart. 2 Bde Gütersloh 1990

Stemberger, Günter: Die Juden. München 1990

Töpfer, Bernhard: Das kommende Reich des Friedens. Zur Entwicklung chiliastischer Zukunftshoffnungen im Hochmittelalter. Berlin 1964

Tourn, Giorgio: Geschichte der Waldenser-Kirche. Erlangen 1987

Trusen, Winfried: Der Inquisitionsprozeß. – In: Zeitschrift der Savigny-Stiftung für Rechtsgeschichte 105. Bd., Kanonistische Abteilung 74 (1988), S. 168–230

Trusen, Winfried: Vom Inquisitionsverfahren zum Ketzer- und Hexenprozeß. – In: *Dieter Schwab/Dieter Giesen* u. a. (Hrsg.), Staat, Kirche, Wissenschaft in einer pluralistischen Gesellschaft. Berlin 1989, S. 435–450

Trusen, Winfried: Rechtliche Grundlagen des Häresiebegriffs und des Ketzerverfahrens. In: *Silvana Seidel Menchi* (Hrsg.), Ketzerverfolgung im 16. und 17. Jahrhundert. Wiesbaden 1992, S. 1–20

Ullmann, Walter: Die Machtstellung des Papsttums im Mittelalter. Graz u. a. 1960

Vekene, van der E.: Bibliographie der Inquisition. Hildesheim 1963

Vicaire, Marie-Humbert: Bernard Gui et son monde. Toulouse/Fanjeaux 1981

Wakefield, Walter L.: Heresy, Crusade and Inquisition in Southern France 1100–1250. London 1974

Wakefield, Walter L./Evans Austin P.: Heresies of the High Middle Ages. New York 1991

Walther, Helmut G.: Haeretica pravitas und Ekklesiologie. – In: *Albert Zimmermann,* Die Mächte des Guten und Bösen. Berlin, New York 1977, S. 286–314

Walther, Helmut G.: Häresie und päpstliche Politik: Ketzerbegriff und Ketzergesetzgebung in der Übergangsphase von der Dekretistik zur Dekretalistik. – In: *W. Lourdaux/D. Verhelst* (Hrsg.), The Concept of Herecy in the Middle Ages. Leuven 1976, S. 104–143

Weber, Edmund: Zur Dialektik der Entwicklung des Waldensertums im Mittelalter, vornehmlich nach dem sogenannten Passauer Anonymus. – In: *Wilhelm-Ludwig Federlin/Edmund Weber* (Hrsg.), Unterwegs für die Volkskirche. Frankfurt/M. 1987, S. 641–673

Wendelborn, Gerd: Gott und Geschichte. Joachim von Fiore und die Hoffnung der Christenheit. Leipzig 1974

Werner, Ernst: Ketzer und Weltverbesserer. Zwei Beiträge zur Geschichte Südosteuropas im 13./15. Jahrhundert. Berlin 1974

Werner, Ernst: Häresie und Gesellschaft im 11. Jahrhundert. Berlin 1975

Werner, Ernst/Martin Erbstößer: Ketzer und Heilige. Das religiöse Leben im Mittelalter. Wien/Köln/Graz 1986

Wessley, Stephan E.: Joachim of Fiore and Monastic Reform. New York 1990

Winter, Eduard: Ketzerschicksale. Christliche Denker aus neun Jahrhunderten. Zürich u. a. ²1983

Wirsching, Johannes: Kirche und Pseudokirche. Konturen der Häresie. Göttingen 1990

Zechbauer, Fritz: Das mittelalterliche Strafrecht Siziliens. Berlin 1908